まえがき

私は本書において、日本近世の経済思想の展開を、もっとも著名な経世家であり、時代を代表していると認められる熊沢蕃山・荻生徂徠・太宰春台・海保青陵・本多利明を取り上げることによって解明しようと思う。

ところで、経世家であった彼らは理想を実現するために、現実を直視して政策を論じた。しかし、そこに現実をどこまで正確に把握していたかの問題があることもたしかである。それにもかかわらず、彼らは細かい点はともかく、大局的には発展する経済の大勢をよくとらえていた、と認められる。そして、理想に反した現実と真摯に取り組み、その結果、思想史的にも注目すべき展開を示した。ここでは、この点を確認しておこう。

近世は封建制の時代とされるが、前代に比べて商品貨幣経済が飛躍的に発展した時代であった。一七世紀を通じて、生産と人口は倍化の勢いを呈した。この発展をもたらしたものは、一つには改良された鉄製農具の普及と、戦国期に発達した鉱山技術の水利への応用が指摘されるが、それ以上に武士の城下町集住が重要である。とくに江戸は一七世紀の間に、百万都市に成長した(1)。この需要に応えるために、大坂を中心とする上方から加工品が江戸に大量に運ばれた。年貢米も大量に江戸や大坂の中央市場に運ばれた。かくして各地に城下町を中心とする地域経済圏が成立するとともに、江戸と大坂を中心とする全国的な流通経済が成立した。

都市の成立は商品貨幣経済の発展を保証するものであったが、それを促進させたものとして、大量の貨幣の発行は見落とされるべきではない。とくに一七世紀中期までの金銀貨の大量発行は、価格革命を引き起こした。米価は慶長の初めは一石銀一〇匁ほどであったが、六、七〇年後の寛文年間には六〇匁前後に高騰したのである。(2)

寛文年間から本格的に思想家としての活動を始めた熊沢蕃山は、若いときの、寛永飢饉時の近江桐原での貧しいけれども心温まる生活を理想とした。蕃山は貧しくあれと説く。そして仁政を説いた。しかし、城下町集住をした武士は、身分を飾るために奢侈に流れて経済的に破綻していた。つけは農民への虐政となった。さらにこの流れは進行した。

岡山藩の番頭になった蕃山は、みずから土着し、配下の番士も土着させて手本を示した。しかし、蕃山が岡山藩を去ったあと、それが定着することはなかった。蕃山はその後も武士と農民の借財を整理し、自給自足的な本百姓体制の農村にかえして武士の土着を実現し、士農の生活が安定することを説いたのである。

蕃山が祭祀の法がないと述べて人心不安の世と認めたのも、晩年に清の侵攻を強調して改革を幕府に求めたのも、理想とは逆方向に進行する時代の流れに、危機感をもったからである。たしかに実体験と実績に基づく蕃山の所説は、具体的で説得力がある。それ故にこそ、後年の経世家に大きな影響を与えたといえる。しかし、都市化、発展する商品貨幣経済、見方を変えるならば生活の向上とは真向から対立する蕃山の所説は、一般的には受け入れがたいものであったことは疑いない。

元禄期は一七世紀を通じての経済的成長のうえに、元禄庶民文化が花開いたときであった。都市を中心とした生活の向上は、町人の地位を高めた。文化のみでなく、経済の実権も町人が握るようになった。さらに経済的には元禄八年(一六九五)からの改鋳によるインフレが加わった。商品貨幣経済が、いっそう発展した。

しかし、次の享保期は金銀貨を良質な慶長金銀に戻し、貨幣流通量を激減させたために、デフレになった。それにもかかわらず、米価は下落したが、ほかの物価は高値のままであった。新井白石や徳川吉宗は物価を安定させるために金銀貨を良質なものに戻したのだが、この目論見ははずれた。物資に対する需要は減らなかったのである。それほどまでに商品貨幣経済は発展していたのである。荻生徂徠は、この現実と対決した。

徂徠学は政策の基調に安民を掲げ、豊かになることを説いた。それとは裏腹に制度化の改革を唱えた徂徠は、士農工商の身分制の再確立を論じた。とくに経済の実権を掌握した町人の繁栄、消費の拡大を全面否定した。町人は百姓と同様に生きていく最低の生活でよいとの主張である。富は支配身分である武士にのみ帰すべきなのである。

徂徠は城下町集住をして、商品貨幣経済に巻き込まれて窮乏化した武士のために論じた。商品貨幣経済の発展を阻止し、武士を再生させるためには、武士を自給自足的な農村に居住させなければならないと、土着を強調した。だが、徂徠の現実をみる眼からは、それが可能な最後の時期であった。見方を変えるならば、儒教理論が社会的に有効性をもつ、最後の時期だったのである。それほど商品貨幣経済の発展は凄まじいものと、徂徠の眼には映っていたのである。

徂徠の『政談』が享保十二年（一七二七）ころに書かれたのに対して、徂徠の「禦侮」を自認していた太宰春台は、徂徠の死後の同一四年に『経済録』を著した。この書のなかで春台は、窮乏化した武士を再生させるために思索した。土着は有効な方法として一応は取り上げられたが、ほとんど顧みられなかった。商品貨幣経済の発展した現実は、低米価・低物価を理想とする春台の考え方とはあまりにも異なるものであった。

春台は経済の法則として、高米価は士農に有利で工商に不利、低米価は士農に不利で工商に有利を認めていた。士農は米を売り、工商は買う立場にいたからである。しかし、元禄から享保にかけての経済の動きを分析した春台は、もはやこの法則は機能していないと判断せざるをえなかった。高米価こそ、四民の生活は安定するとの結論をえたのである。多くの収入をえた武士は出費をし、それだけ経済活動が活性化するからである。

経済の法則が成り立たないまでに商品貨幣経済が発展した現実を前提にしなければならない、と春台は主張した。そして、『経済録』において出した結論は、老子の「無為」何もしないであった。対策を立てれば、かえって状況を悪くするからである。春台は近世国家の解体を予言したのである。

春台は儒教を有効な学問にするために、その後、諸子百家を含めた儒教の体系化に努めた。また、武士の救済のためにも考え続けた。そして、延享元年（一七四四）に『経済録拾遺』を著して、諸藩に専売制を実施して、重商主義的な金銀獲得の政策を採用するように説くに至った。この政治史的意味は、支配層の分裂にほかならない。

経済の混乱は元文元年（一七三六）の改鋳で収まった。一般に一八世紀から一九世紀初期は停滞の時代といわれがちであるが、そうではない。この時期の停滞は人口でみると、近畿・関東・東北が減少したためである(3)。このうちとくに問題なのは、この時期にも大飢饉に襲われた関東と東北である。これらの地域の人口が減少した原因は、気候的な問題のほかに、後進地帯であったために農業技術が劣り、そのためもあって商品貨幣経済の発展が遅れていたので、重税に耐えられなかったからである。

この時期は、元禄期から無視できなくなってきた商品貨幣経済の農村への浸透が、確実に進行したときである。私の住む後進地帯であった茨城においても、たとえば次のような事例があげられる。県北の蒟蒻と笠間焼の生産は安永年間に始まる。真岡木綿と称される下館の木綿生産は最初、上方から繰綿を購入していたが、享保期から地元で生産するようになり、天明以降は木綿を江戸出しするまでに成長した。もちろん生産地帯は南へ東へと拡大した。東方では幕末までに水戸近郊農村に達している。土浦の醤油は元禄期から始まるとされるが、この時期に拡大したのみならず、水郷地帯全体で醤油が生産されるようになった。また水郷地帯は一七世紀以来、薪を江戸出ししていたが、享保ころからは植林されるようになり、安定的に大量に出荷できるようになった。

こうした商品貨幣経済が、一段と地方へも発展した段階に、海保青陵は位置していた。青陵は各地を積極的に回り、実情を観察した。青陵にとって商品貨幣経済の発展は、もはや否定したり、抑制したりするものでなかった。積極的に利用して農民を富まし、そこから商人を含めて「まきあげ」る、専売制による藩財政の富裕化政策を説いた。そのためには産物廻しといって、たんに中央市場に出荷するだけでなく、他藩にも売り、利益があるなら、ほかから輸入して、べつな所に輸出することさえ提案した。一藩が身分の別なく一体となって、富裕化を図るのである。青陵の重商主義的な思考は徹底していた。武士の君臣関係さえも、「売買」と規定したほどである。

農民を富ますことで諸藩の財政再建をはたそうとした青陵であったが、その最終的な目的は、豊かな社会の建設ではなかった。逆に商権を回復した幕藩権力によって、自給自足的な経済に復帰させることが理想であった。しかし、青陵の理想は非現実なものでしかなかった。なぜならば、幕藩体制下において諸藩は幕府の統制下にあり、富裕化政策は他藩との終わりのない競争の坩堝のなかに置かれるからである。

儒者であった青陵が右のような先進的な思想をもてたのは、経典を自由に解釈したからである。「まきあげ」法も儒教の五行説を老子の四大説（天地人道）で解釈した成果である。しかし、このような解釈は経学上、成り立たない。青陵は現実と格闘するなかで、経典に書かれていないことを読み取ったのである。この事実は、儒教の理論体系がもはや現実にそぐわなくなっていたことを示しているのである。

青陵は諸藩を対象にしていて、幕政を論じることはほとんどなかった。しかし、青陵は近世国家の三制度、幕藩制・石高制・鎖国制に対して、現状を打破するために、かなり批判的な発言をしているのが眼につく。たとえば、一藩一体とならなければならないと説いたところで、青陵は秀吉の朝鮮出兵を、日本が一体化するために外国を攻めたと解説している。青陵は蘭学を学ばなかったけれども、問題の解決のためには、世界に眼を向けるようになっていたのである。

蘭学者の本多利明は青陵と同時代の人である。和算家であった利明は、蘭学を学んで北辺の問題に関心をもつようになった。さらに天明六年（一七八六）に大飢饉のさなかの東北行の体験から、利明は経世家になった。

利明の思想のもっとも評価すべき点は、民衆も含めた全体が豊かになる政治を説いたことである。利明の思想の核心は「自然治道」である。これは一方で儒教に堪能であった利明が、『易経』の「天地の大徳を生と曰ふ」(4)からえた概念である。すなわち、天地は万物を生々してやまない、その増大させる自然の法則に従うのである。

その一方、蘭学者であった利明は、豊かな社会を実現しているヨーロッパを理想視した。ヨーロッパが繁栄しているのは、世界と交易して工業製品を輸出し、金銀を獲得しているからであった。利明はもっとも豊かで最強国であったイギリスをモデルにして、重商主義的な世界交易を説いた。そしてカムチャッカ遷都論を提唱して、世界に羽ばたく新しい日本の建設を夢みたのである。

利明の所説は理想と現実との落差が激しい。封建制は肯定する。また、利明は人口の増大は食糧生産の増大より大きいとのマルサス的な人口論を説いた。この意味でも世界に進出しなければならないと説いたのだが、このために利明の論調は食糧確保の色彩が強い。そのうえ、北辺の問題が加わり、利明の世界への発展の三段階論、すなわち、国内→周辺→世界の順序を狂わせている。

もちろん利明は、商品貨幣経済の発展が豊かさをもたらすことを十分知っていた。先進地帯であった福山藩への報告書に、利明は商品生産のさらなる飛躍的拡大を説いている。しかし、利明はこの基調のうえに、世界交易への発展を説かなかった。ヨーロッパの輸出用の工業製品も、「奇器名産」でしかなかった。このように素直な展開になってはいないが、商品貨幣経済の発展は蘭学を媒介にして、利明の世界的な展開の主張に至ったのである。それは十分な内的発展を待つことなしに、外圧のために開国し、富国強兵のスローガンの下、世界に躍進しようとした我国近代国家の縮図ともいえるものであった。

その後も商品貨幣経済は発展し続けた。先進地帯では一九世紀になるころまでに、綿業と醸造業において、初期的なマニュファクチャーがみられるようになった。地方の発展も著しく、天保一二年（一八四一）の株仲間禁止令にみられるように、中央市場である大坂の統制力を揺るがすほどになった。そうしたなかで後進地帯においても荒廃期の復興の努力がみのり、天保以降は確実に回復に向かった。その一方、その後、青陵・利明を質的に超える経世家は出現しなかった、と私は考えている。経済思想が新たな展開を始めるのは、幕末開港以後になるのである。

経世論に新たな展開がみられなくなったからといって、一九世紀前半期を軽視してはならない。この時期は重商主義的な思考や世界を見据える視点が普及したときであった。私が研究する水戸学と水戸藩で、この点を確認しよう(5)。

水戸学の農政論を代表する書といえば、藤田幽谷の『勧農或問』とされる。この書で幽谷は農村を復興させるために、自給自足の農村にかえすことを論じた。これに対して、坂場流謙は『国用秘録』を著し、商品貨幣経済を発展させることを主張した。文化年間に郡奉行に就任した幽谷は、荒廃の進行を阻止できずに、四年で郡奉行を辞任した。一方、後者の説を採用して復興に努めた小宮山楓軒は成功して、管下の紅葉郡は人口増加に転じた。この結果は以後の水戸藩の改革に生かされた。天保検地では実高を一一万八〇〇〇石も減らしたにもかかわらず、年貢収入はほとんど減らなかった。その主たる理由は、畑方の換算率を二石五斗一両から、一石二斗五升一両に倍増したからであった。水戸藩は財政基盤を、発展する商品貨幣経済のうえに置くように改めたのである。さらに安政期以降になると、蒟蒻・紙・紅花・茶・板材木の領内産物に益金を上納させる、会所・仕法制度を実施するのである。

また水戸学のもっとも代表的な著作の一つは、会沢正志斎の『新論』である。この書は戦後長く頑迷固陋の書、打払攘夷を主張した書とされてきた。しかし、正志斎は蘭学の成果を積極的に取り入れている。それ故に、ヨーロッパ諸国を大艦・巨砲を有する強国ととらえていた。また、これは正志斎のヨーロッパ理解が古かったためであるが、強さの根源をキリスト教による民心掌握に認めた。そして、正志斎は天皇祭祀を核心とする神道によって、民志一つにすることを説いた。この強さを元にして、正志斎は世界制覇を説いたのである。鎖国下の文政八年（一八二五）の著作である『新論』でさえも、世界を見据えて立論しているのである。

（1）辻達也「『政談』の社会的背景」日本思想大系『荻生徂徠』、七四七頁、岩波書店、一九七三年。
（2）「近世米価表」『日本史辞典』所収、角川書店、一九六九年。
（3）関山直太郎『近世日本の人口構造』、一四二頁、吉川弘文館、一九六九年。
（4）新釈漢文大系『易経』下、一五七五頁、明治書院、二〇〇八年。
（5）拙著『水戸学と明治維新』（吉川弘文館、二〇〇三年）と拙著『水戸学の研究』（明石書店、二〇一六年）参照。

日本近世経済思想史研究◉目次

第一章　熊沢蕃山の経済思想

一　はじめに

戦後の思想史研究において、熊沢蕃山が中心的な学者として扱われることはなかった。その理由は、丸山真男の『日本政治思想史研究』が大きく影響している。丸山は思考様式論に基づき、近世思想史の本流を、朱子学・古学・国学の展開に認めた。そこでは陽明学派や蕃山は排除されて、取り上げられなかった。丸山は蕃山を除外した理由を、次のように述べている(1)。

この時代における逸すべからざる学者になほ熊沢蕃山がある。しかし彼は理論的な思惟よりもはるかに具体的な社会経済政策において、さらに実際政治家としての経綸において偉大であった。ひとは彼の著、たとへば集義和書において、全く陳腐な道学的説教が、個々的ではあるが非常にすぐれた経験的洞察と肩をならべてゐるのに、珍奇の観を禁じえないであろう。（中略）非宋学的な考へ方の萌芽もみられなくはないが、それらは他の部分と必ずしも調和せずに散在してゐるにとどまる。

丸山の書は高度に理論的な問題を扱った書である。したがって、「理論的な思惟」を評価できなかった蕃山を除いたのである。しかし同時に、「逸すべからざる学者」として蕃山を認め、「具体的な社会経済政策」と「実際政治家としての経綸」を、いいかえるならば、経世家として蕃山を評価していたのである。

理論面においても、まったく否定的にみていたのではなかった。「非常にすぐれた経験的洞察」「非宋学的な考へ方の萌芽」を認める。しかし、「それらは他の部分と必ずしも調和」しない、「珍奇」なものと切り捨てられた。

そこに私は、丸山が「偉大」な経世家であった蕃山の思想を、総合的にとらえようとしていないのではないか、影響を深く考えようとしていないのではないか、と思われるのである。こうした事情からであろうか、丸山の有力な批判者が蕃山を取り上げた。

尾藤正英は『日本封建思想史研究』において、体制に最初に組織的な批判をした思想家として蕃山を取り上げた。そこにおいて蕃山の思想は、「伝統的な身分道徳に依拠しながら、社会秩序の健全化、すなわち道徳的意味における合理化をめざしている点に注目して、かりに伝統合理主義もしくは伝統理想主義とでも命名しておく」と、とらえた。しかし、伝統理想主義に基づく批判精神は兵農分離によって社会的基盤を失っており、「朱子学と戦国武士の伝統とを結びつけて、幕藩体制の政治的原理に正面から批判的姿勢をとろうとした立場は、藤樹と蕃山とを以てほぼ終りをつげた」と結論づけた。なお理論的には「陽明学の思想を本格的に理解していたとは考えられない」と述べ、また「思考方法が朱子学の合理主義的なそれに近い」と述べつつ、「朱子学と陽明学との中間的立場」と理解している(2)。

また、日本主義・経世家・実務家といった従来の蕃山のとらえ方を批判した。日本主義に関しては神道が重要であるが、「「神道」の実体は、普遍的な「道」「大道」であり、具体的には、「聖道」つまり儒教の道と同一のものにすぎない」と断定された。実務家に関しては、伝えられる業績を検討して、「天下に冠たらしめるほど画期的であり」えたかと問うた。そして、岡山藩の改革は蕃山隠退後、津田永忠によって実施されたこと、隠居後は藩主池田光政と対立を深めたことから、「めざましい活躍がありえたとは、到底考えられない」と結論づけた(3)。

経世論に関しては、経世論の先駆といわれる蕃山と「徂来によって確立された後期経世論」とは、「本質的意味における連続性が認められるか」と問題設定し、蕃山と徂徠との道の違いを分析して、「徂来の客観的実証主義と、蕃山の主観主義という、学問の性格の相違は、それぞれの経世論のあり方を規定する」と、非連続ととらえた。具体的には同じように土着を説いても、蕃山のは、「土着の小領主」であったのに対して、徂徠のは「多数の地方行政官を配置」するものであったと指摘している。しかし、ここには蕃山の経世論に関する具体的な分析はなかった(4)。

源了圓は『近世初期実学思想の研究』で蕃山を取り上げた。源は右にみた丸山の蕃山評に反論して、「もし蕃山が思想家という名前に値するならば、実践面においてすぐれるだけでなく、それを基礎づける理論に関する関心をもち、しかも両者の間にある種の整合的関係、すなわち首尾一貫性がなければならない(5)」と述べて、経世家としての蕃山の論理を解明しようとした。

蕃山の思想は、「藤樹晩年の思想であった『中庸』に由来する「中和の心法」を、「太虚―天地―人」の相関的把握の基礎の上に、彼なりに深めていった」ととらえて、陽明学的な心法を核心としていたと認める。より具体的に心法とは、「心法の中心は、心内に向うことであり、慎独であり、独知を慎しむことであり、そして究極的には意を誠にすることであった」と述べている。しかし、朱子学の影響の大きい点も認める。その場合でも、朱子学的な窮理は事々物々を対象にするのではなく、心の惑いと治国・平天下に限定されると述べて、「陽明学的姿勢を保持して、朱子学的格物窮理を認めた」と指摘する。この意味において、蕃山は朱王折衷の思想家であったと認めるが、「理論的統一に成功していない」と指摘した(6)。

経世論に関しては、「心学に立脚する道徳的実践の実学が直ちに経世済民の実学になるような構造をもっていた」と論じる。しかし、経世論の具体的内容になると、「彼の経世策との関係をぬきにして彼の心学の内容を吟味した」と認めて、『大学或問』の紹介程度にとどまっている。また影響に関しては、徂徠学と比較検討して、蕃山は徂徠と対立する理想主義的な経世家であったが、「蕃山を一つの否定的媒介として徂徠の政治思想が成立した」と結論づけた。さらに蕃山の富有論は、幕末に「後期水戸学の徒や横井小楠らによって本格的に見直された」と指摘した[7]。

右の動きとは違って、友枝龍太郎は日本思想体系『熊沢蕃山』の解説に「熊沢蕃山と中国思想」を執筆した。友枝は「宋明学における理と気の問題」「江戸時代前期儒者の理気説受容」を説いてから、「熊沢蕃山と理気心性の学」を解説した[8]。

友枝は蕃山の思想を岡山藩時代以前の前期と、退去後の後期との二期に分けた。前期は「朱子の分析的な思考法はあまり採用されていないように思われるし、また良知の説も、陽明全書やまたは伝習録を精読して詳細に論じたところもあまり見受けられない」と指摘した。そして、後期の逆境の時代が「蕃山の思想を円熟せしめる」と述べて、『集義和書』によって蕃山の理気論を説いた[9]。

前期では「太虚は気であるという立場が濃厚であった」が、『集義和書』では「巻一に太虚一気の説が強く出るが、巻三から巻六の心法図解にかけて太虚理気の説が見え、更に初版本に含まれていない二版本追加の部分巻十五に理気不離一体の精しい議論が展開されている」と論じた。友枝は蕃山の思想に時期的な進展のあることを主張しているのである。この議論を基礎にして、蕃山の「心法図解」によって、「天道」「人道」「心法」と説き進んだ。その分析は朱子学を主としていて、陽明学は付随的である[10]。

たとえば、心法の核心は慎独であるが、朱子の「中庸の戒慎恐懼は未発の際の存養となり、中庸の慎独は已発の際の省察となった。蕃山の場合この区別はあまり明瞭ではない」と述べて、解説を加える。そして、その最後のほうに、「「独」の字義は朱子、「独知に照して私欲の思なき」は天理を存し人欲を去ることで朱子・陽明、独知神明は心法図解（凡心）の良知で陽明」と述べて、「朱・王折衷の立場」を認めるのである[11]。

友枝のこの解説は高度な純理論を扱っていて、経世論への言及はない。ただ「朱子の格物窮理説が実際の政治的実践に用いられる限り、その広がりについて反対するのではない」と述べている。また最後に人情時変・時処位論に触れ、普遍的な道に対して「特殊的な法を区別して論ずる」と指摘する。そして、「処」は「中国にはなく、蕃山独自の発想と見受けられる」と述べている。[12]

思想体系の解説にはもう一つ、後藤陽一「熊沢蕃山の生涯と思想の形成」がある。これは蕃山の伝記としては、これ以前のものより充実したものであるが、経世家蕃山に焦点をあてたものにはなっていない。なお「思想の形成」とは、「蕃山はその岡山藩政とのとりくみの現実的体験から、むしろ時処位の中を道徳・政治の要諦として説く、現実的・実践的傾向が著しく強められていった。さらに、京都時代の公家文化との接触の体験は、時処位に関して、一応客観的な歴史・水土・社会的身分などの認識論的思考を育てることに役立った」[13]点である。

具体的には前者は、「藤樹が晩年著しく観想的となって」実践的でなくなったのと、「藤樹晩年の思想に道仏の異学の弊のあること」から、藤樹晩年の思想とは別離した点である。後者は、「特に日本の神道を説き、朝廷の礼楽を王道の立場から論じ、王道・覇道の独特の展開に、日本の歴史的特性を認識するとし、儒教論理の普遍性を日本的特殊性で理解しなければならないとする主張」となったと、とらえている。[14]

右に立場の異なる研究者の蕃山論の概略をみた。非常に違っている。学派的な理解をみても、蕃山の思想は朱王折衷であるとは通説的見解であるが、力点のおき方が違っている。そして、経世家としての蕃山の経世論を十分にとらえていない、といえる。

蕃山の思想がとらえにくい理由は、朱王折衷のうえ中江藤樹の影響もあり、さらに我流の解釈をするからである。蕃山はいたるところで矛盾した発言をしている。そうした蕃山を学派的に合理的にとらえようとするところに、困難さがある。さらに蕃山の経世論がとらえにくい理由は、蕃山は危機感をもって幕藩体制の構造的欠陥を最初に警告した人であった点にある。それ故に、なぜ蕃山が安定期であったはずの幕初に、危機感を抱いたかが重要である。

これまでの蕃山研究では、蕃山の非合理的宗教的側面は重視されてこなかった。いいかえれば、神道の問題である。もちろん、この問題は無視されてきたのではない。しかし、右の後藤の所説にみたように、天皇制の存続する我が国の特殊性の認識程度のものでしかなかった。もっと心の内面にかかわる問題として、とらえなければならないのである。

そう考えて私は二〇〇五年に、『熊沢蕃山――その生涯と思想――』[15]を執筆した。本稿はこの成果に基づき、蕃山の経世論を論じる。まず思想の形成にかかわる範囲内で、蕃山の履歴を確認する。次に蕃山の経世論の根幹をなす、非合理的な宗教思想を明らかにする。さらに蕃山の理想と現実を述べて改革案を示す。そして、蕃山の意義と影響にも言及しようと思う。

二　履歴

熊沢蕃山[16]は、牢人であった父野尻一利と母熊沢亀の三男三女の長子として、元和五年（一六一九）に京都稲荷に生まれた。野尻家は織田氏に仕えた武士であった。祖父重政は佐久間正勝に仕えたが、その改易後に牢人になった。その妻は近江桐原の伊庭氏である。のちに一家がその城跡に身を寄せたのだから、伊庭氏は国人クラスの武士であった。したがって、野尻家ももともとは、かなり身分の高い武士であったと推測される。しかし、牢人は貧しい。蕃山は、この貧しい牢人の立場から終世発想する。また蕃山は武士は平等と主張するが、それも出身の高さに支えられているのであろう。

蕃山は八歳の寛永三年（一六二六）に、水戸家に仕えていた外祖父、熊沢守久の下に身を寄せた。そして養子になった。元和九年（一六二三）に弟の泉仲愛が、寛永二年に妹の玉が生まれているから、貧しさ故の口減らしのためであったといえる。それにしても、なぜ守久は蕃山を養子にしたのであろうか。ただし、幕初においては武家に、長男子相続制は確立していなかった。野尻家も家を継いだのは、三男の野尻一成である。問題はおじ半衛門がいたことである。

理由は二つ考えられる。半衛門は寛永一一年（一六三四）の守久の死亡後、間もなく子のないまま死亡したか[17]ら、病弱であったことが考えられる。第二に御三家水戸藩は、新規取立の二八万石の大大名であった。その家臣団編成は、藩祖頼房の時代に徐々になされた[18]。したがって、外戚の子というよりは養子にしたほうが、新規召出に有利と考えたのであろうか。

いずれが正しいかは判然としない。しかし、蕃山が養子になったことは儒学を学んだときに、異姓養子と同姓の結婚を禁じる儒礼に対して、「人は皆天地の孫なり。同姓にあらざるはなし」（集義和書一―一六八）[19]といって、それを認めた要因であった。さらにそれは、儒礼そのものをただちに認めずに、日本の時処位にあった易簡の法を求める基盤となったのである。

守久の養子になったことは、蕃山の一生にもう一つ大きな意義をもった。守久は福島正則に仕えた。元和五年（一六一九）に正則が改易されて川中島に流されたとき、幕府に殺されるとの流言に多くの家臣が逃亡するなかで、守久は「死を以て従ふ者、僅に七人」（慕賢録六附録―一六三）のうちの一人であった。守久は武士の鑑ともいうべき武士であったのである。蕃山はもっとも武士らしい守久の息子として、少年時代を水戸で過ごした。このことは少年蕃山に、戦国的な理想の武士となる志を抱かせたのである。

寛永一一年（一六三四）に蕃山は、将軍上洛に守久とともに藩主頼房に扈従して上洛した。このとき、蕃山は遠族で京都所司代であった板倉重宗に頼り、丹後峰山藩主であった京極高通の推薦をえて、池田光政に仕えた。ところが、二〇歳の寛永一五年に、光政に島原の乱への出動待機命令が下った。光政は岡山に帰った。このとき、まだ元服していなかった蕃山は、元服していないものは引き連れないとの軍律のために、江戸に残された。そこで蕃山はみずから前髪を切って元服し、岡山へ行って従軍を願った。結局、池田家は出陣しなかったが、蕃山はこれを機に、一度岡山藩を辞することになった。

「慕賢録」（六附録―一六四）によると、その理由として二説あげる。軍律に反したために追放されたとの説と、光政が大いに登用しようとしたが、蕃山が文武の未熟さを思い、みずから辞したとの説である。後説がよい。

なぜならば、光政は帰参した蕃山を三〇〇石の側役に取立てた正保四年（一六四七）二月一四日の日記に、「二郎八（蕃山の通称、注吉田）に申聞候は、そはに召遣可㆑申候。とさまに可㆑置者に無㆑之候。先年家退候へ共、我等の存候は他所へ可㆓罷出㆒者と不㆑存、一度は帰参可㆑仕者と存候」（池田光政日記抄七―二六五）と記しているからである。すなわち、光政は蕃山が退転したことを「他所へ可㆓罷出㆒者と不㆑存」と思い、かならず帰参すると期待していた。それ故に、処罰して追放したとは認められないのである。それどころか、右の事実は光政が蕃山を人格的に知っていたことを意味する。両者は情誼の通い合う君臣関係にあったのである。

それではなぜ、蕃山は岡山藩を辞したのであろうか。光政は少年のころから儒学を藩政に生かそうとした、好学の大名であった。それに対して蕃山は、「我年たけて問学せんとす。文才なく文字なし。気力盛なりし時は、不幸にして学あることを不㆑知」（集義外書二―一〇七）と述懐しているように、学問はしなかった。蕃山は武道にのみ励む戦国までの戦士としての武士たらんとした。しかし、このとき蕃山に新しい道が開けた。戦士としての武士でなく、文武両道に達した治者としての武士である。しかし、蕃山には学問がなかった。主君光政の期待に応えられない。今、登用されては学ぶときがない。こう考えて蕃山は岡山藩を退去したに違いない。蕃山は家族のいる近江桐原に行き、「二十歳以後、文学をつとめ」（集義外書二―一八〇）と述べたように、学問に励んだ。

具体的には二一歳[20]のときに、「初て四書の文字読を習ぬ。集註に仍《より》て四書を学びき」（集義外書二―一〇七）と述べるように、蕃山は「文字読」から始めて、集註によって朱子学を学んだのである。蕃山に漢学の手ほどきをした人としては、父一利が考えられるが[21]、蕃山は独学の人であった。「拙者若き時、田舎に独学いたし、聖言を空に覚え、山野歩行の時も心に思ひ、口に吟じ候へば、意味の通じがたきもふと道理うかみ、よろこばしく候き」（集義和書一―一五）と回顧している。独学するなかで、蕃山は考える力を身につけていったのである。見方を変えれば、それは日本的な思考で解釈する方法を身につけていった、といえる。礼の制約はあるが、人情、情欲の肯定[22]などの日本的発想は、蕃山の思想の特徴の一つである。

向学心に燃える蕃山は独学にあきたりなかった。師を求めて中江藤樹をえた。二三歳[23]の「七月高嶋に行て、中江氏に逢てうたがはしき事をとふ。帰て又九月に高嶋に行て、来年の四月まで居て、孝経・大学・中庸を学びき」（集義外書二―一〇七）と回顧している。蕃山が藤樹から直接指導を受けたのは、この二回だけである。あとは書簡によった。

正保元年（一六四四）、藤樹は『陽明全書』をえて、陽明学の良知説を採用した。蕃山にも知らせた。蕃山もこれを受け入れ、「書を見ずして心法をねること三年なり」（集義外書二―一〇八）と、書を読むよりも静座を重視した陽明学の方法にしたがい、三年も心の修養に努めた。

桐原での生活はきわめて貧しかった。農民と、むしろ下層農民というべきであろう、同じ衣食の生活をしていた。食べるものは「ゆりこぞうすい」に糠味噌がおかずであった。着るものは、紙の衣服に木綿のボロである。それでも蕃山は耐えて、読書を楽しんだ（集義外書二―一八〇）。

蕃山が桐原にいたころは寛永の大飢饉のときであったから、通常の下層農民以下の生活であったかも知れない。ともかく蕃山が極貧生活に耐えたことは、彼の思想の大きな論拠となった。蕃山は貧しくあれと説く。蕃山は貧農の生活以上の豊かな暮らしを、奢りときめつけるのである。この考えは、さらに土着論になる。

あまりの貧しさに、寛永の大飢饉の直後である、「しれる人、母弟妹あるをしり、飢饉の餓死に入なんことをあはれみて、つかへを求めしむ」（集義外書二―一〇七～一〇八）。「しれる人」とは、京極高通である。高通は正保二年（一六四五）六月一八日に、蕃山を「召返」すために、光政の意志を確認している（池田光政日記抄七―二六五）。蕃山の帰参は光政のはたらきかけで実現したと理解するべきである。

正保二年（一六四五）に蕃山は岡山藩に再仕した。当時「心法をね」っていた蕃山に同志が五、六人できた。これが問題になり、蕃山を殺そうとする者まで現れるほどであった（集義外書二―一〇八）。陽明学は講学という研究会を作るが、これが仲間内で固まってセクトとなる弊害を起こす。このためであろう。

この問題を光政が直接裁定した。光政は、蕃山を登用する機会を窺っていたに違いない。そして、再会した蕃山は大学者になっていた。「主人其《その》是非を格《ただ》しきかれき。これ世に名をしらるゝの初、主人志の出来たるはしなりき」（集義外書二―一〇八）。光政は驚嘆し心服した。自身、蕃山に学ぶだけでなく、岡山藩の教学に採用した。もちろん蕃山は登用された。正保四年（一六四七）二月には側役三〇〇石、慶安三年（一六五〇）五月には番頭三〇〇〇石にまで昇進し、政務にたずさわった。

慶安二年（一六四九）と四年に、蕃山は光政に扈従して江戸に下った。江戸では多くの大名・旗本などが蕃山に師事した。「慕賢録」（六附録―一六六）には大名では御三家の紀伊頼宣を筆頭に、老中松平信綱、京都所司代板倉重宗、のちに老中になった久世広之と板倉重矩、ほかに中川久清などが列挙されている。

慶安年間は蕃山の絶頂のときであった。しかし、長くは続かなかった。慶安四年（一六五一）の油井正雪の乱では、丸橋忠弥らが「己等《おのれら》熊沢某の学を慕ひ」と自白した。(24) 翌承応元年の別木庄左衛門の反乱計画では、光政と蕃山が期待された。そのために蕃山は、幕閣から危険視されるようになった。ただし、思想性が問われたのではなく、光政が大老酒井忠勝から承応元年の帰国のさいに申渡されたなかに、「大勢あつまり候所、もよう悪候間、御しめ可レ有候」（池田光政日記抄七―二六九）とあるように、徒党を組んでセクト化する点が問題視されたのである。「慕賢録」（六附録―一六六）によれば、蕃山は帰国するときに京都所司代板倉重宗から、「其の身を全くせんと欲せば、復《また》束することなかれ」と警告された。

光政は気にかけなかった。この時期の光政は家臣に心学を広め、仁政愛民の自覚を促そうとした。しかし、家中は反発した。そのために光政は慶安四年（一六五一）一月二〇日に、老中・組頭・物頭を集めて説得した。しかし、同時に蕃山を軍用懸に左遷しなければならなかった（池田光政日記抄七―二六七〜二六八）。

蕃山の軍事面の功績としては、知行地の蕃山村に自分の家臣を土着させたことと、配下の番士を国境の要衝八塔寺村に土着させて警備にあたらせたことが挙げられる。土着農兵制の成果は甚大であった。明暦三年（一六五七）に蕃山が隠居したときの譲状によれば、蕃山は鉄炮一〇〇挺、弓一〇八張、鑓五五本、馬八匹、用金二〇〇両、用銀五貫目、諸士四一人、小者六四人などを所持していた（譲状二解題及び口絵説明―二二六〜二二九）[25]。これを幕府の慶安二年（一六四九）の三〇〇〇石の軍役高、馬上二騎、鉄炮三挺、弓二張、鑓五本、人数五六人と比べると、いかに大きな数字であるか、理解できる。蕃山は城下町集住をして、経済的に破綻し、軍事的に弱体化した武士に、再生の道を明示したのである。しかし、土着は定着しなかった。貧しい半士半農の暮らしは都市生活に慣れた当時の武士にとって、蕃山のような有力な指導者がいなければ、もはや非現実になっていたからであろう。

藩政に復帰するときは、間もなくやってきた。承応三年（一六五四）七月、岡山藩は旱魃後に大洪水となり、大飢饉となった。死者は三六八四人に及んだ。この非常事態に岡山藩は藩庫を開いて振救するとともに、幕府から四万両拝借して救恤の資金にするなど、全力をあげて対処した。この中心に蕃山がいたことは、万治三年（一六六〇）に国許の民政指導に蕃山を派遣したいとの中川久清の相談に、「先年備前洪水の時、助右衛門（蕃山の通称、注吉田）に申付、下民かんなんをすくはせ申候故、飢人もなく候。左様事にはえ（得）申物にて候」（池田光政日記抄七―二九三）と、光政が答えていることから明らかである。

具体的には光政は承応三年（一六五四）三月に、若年寄の一角と外記に判断できないことは、蕃山と相談するように申し渡した。また翌明暦元年一月には、名代として蕃山を廻村させている（池田光政日記抄七―二七三・二八二）。飢饉対策は現場がなによりも大切である。その点、城下町で安穏と育った藩士たちと違って、農村で飢餓線上に暮らした蕃山の経験が生かされたのである。

明暦元年（一六五五）四月、飢饉対策が一段落して光政が参勤したのち、国許で蕃山と三家老との間に亀裂が生じた。なぜ対立したのであろうか。この年一月二日に光政は、「家中士共、百姓計《ばかり》を大切に仕、士共をば有なしに仕候、と申由に候」と、家中への申渡のなかで述べている。また、翌二年六月一八日に家老の一人である池田出羽は、光政が農村がまだ疲弊しているので減免を指令したのに反対して、「年貢有次第に取立可レ申」と反論した[26]。したがって、三家老は家中の意を汲んで、仁政愛民政策を取り続ける蕃山と対立した、といえる。

この問題がどうなったか、はっきりしない。ところで後年のものであるが、光政が蕃山を批判した覚書が残されている。そのなかに「先年了介（蕃山の字、注吉田）を可レ殺とて殊之外恐申候事」（書付七―二九九）の一条がある。蕃山に対する暗殺計画があったのである。いつのころか明確でないが、正保のときとは別で、このころであるのがふさわしい。蕃山は池田家中から忌み嫌われていたのである。

明暦三年（一六五七）一月、蕃山は三九歳で隠居した。このとき光政の三男政倫《まさとも》を養嗣子とした。異例の若さで隠居した理由は「慕賢録」（六附録―一六六）によれば、崖から落ちて軍務に堪えられなくなったからだとされる。『集義外書』（二―一〇六）をみると、「みづから川の瀬ぶみもし、山谷にもすゝまでは、事ある時も役儀達すべからず。人に信ぜらるべき徳はなし」と、家中から孤立していた蕃山は率先して活動しなければ、政績を上げられなかったとある。それが負傷することで体力を失い、そのために気力も失ったとみるべきである。

岡山藩政と関わった時期は、蕃山にとって困難の連続であった。この困難さは蕃山にとって思想を方法的に確立させた。蕃山の岡山藩政における治績としてたしかに確認できることは、右記の土着と飢饉対策のほかに、植林と百間川の開鑿と池溝や堤防の建設である。[27] 蕃山がこのように多様な分野で成功を収めた理由は、その道の人に「事に得たるの才、物に馴れたるの情を尽させき《聞》」くこと、すなわち、蕃山の用語でいえば「問学」によったのである。そして、蕃山は問学を「況や国家の政道にを《お》いてをや」と、「政道」、仁政を施すためにすべての分野に及ぼした。それのみでなく、「大舜は問ことを好給て、才知人情の下にうづもれとゞこほる事なかりき」と、問学を聖人の法と認め、自己の学問の基本に据えるのである。（集義外書二―一二六）。見方を変えるならば、一木一草の理を窮める朱子学の復活である。

岡山藩に帰参したころの蕃山は、陽明学の心法に集中していた。しかし、慶安元年（一六四八）の藤樹の死後、「学流の異端にちかき所あるを見」て反省した。そして、「註をしりぞけ末書をすてゝ、聖経のみ見れば、朱子・王子共に聖経にを《お》きて全からず。いづれをも助とはなすべし。堯舜を師としてあやまてるものはあるべからず」との、学問観を確立した（集義外書二―一〇八）。蕃山は述べないが、そのためには岡山藩での体験が大きく作用していたことは疑いない。

蕃山は朱子学と陽明学を、「助」と位置づけた。「助」とは、「惑を解ことの多きを理学といひ、心をおさむることの多きを心術といふ」（集義和書一―一三）と述べるように、外向きの問題への「惑」には「理学―朱子学を用い、内向きの心の修養には「心術」陽明学を用いるのである。なお外向きの「理学」とは、すべての事物・分野を対象とする「治国平天下の窮理」（集義外書二―一二二）であった。

蕃山は政治と道徳を分離して考えるようになった。しかも、蕃山は朱王折衷の立場を止揚して、最高の聖人である堯舜を師として、その方法を問学と認め、政治的社会的な問題に対処する学問の確立が目指された。その結果、さきに述べたように、自分自身で考え判断する一方、理論的に整合した価値基準をもたなかった蕃山の思想は、矛盾だらけの「強い機会主義的色彩を帯び(28)」ざるをえなかったのである。

寛文元年（一六六一）に蕃山は京都上御霊へ移住した。養子の政倫が、「万事いたし様悪く、父子の礼なく候」（贈池田丹波守書六―一四九）との反抗的な態度をとるようになったからである。隠居にあたり、光政の三男政倫を養子に迎えたことは、両者の親密さを物語るものである。したがって、政倫がこのような態度を取るようになった理由は、光政の意向が反映していたとみなせる。寛文以降、両者は対立を深めていく。光政が仁政愛民政策を放棄して、年貢増徴政策に転換したからである。蕃山はこの点を厳しく批判した。光政としても仁政を施したかったであろうが、財政の窮乏はいかんともしがたかった。天和二年（一六八二）の死亡にあたっては、「了介を御近付被レ成候事御無用」（呈池田侍従書六―一六七）と、遺言するまでに至るのである。

京都に上った蕃山は、公家・文人と交流をもった。「慕賢録」（六附録―一六七）は交流した公家として、一条右大臣教輔、久我《こが》右大臣広道らを列挙している。とくに小倉大納言実起からは琵琶を、藪大納言嗣孝からは箏を習った。これらの交流を通して、蕃山は王朝の雅を体得した。また、日本を安定的に統一していくために、古代以来の文化を伝える朝廷の意義を確信したのである。

京都は安住の地にならなかった。寛文七年（一六六七）春、京都所司代牧野親成《ちかしげ》に公家との交流を疑われて、一条家の知行所のあった吉野に移った。しかし、そこも親成は納得しなかった。結局、幕閣は七月に京都住居は認めるが、「公家衆は不二申及一、何《いず》れ共出合不レ申様に可レ然」（池田光政日記抄七―二九六）との決定を下した。これを受けて、蕃山は京都を避けて山城国相楽郡鹿背山《かせやま》に移った。しかし、ここでは京都に出て人に会うようになったので、京都所司代に就任した板倉重矩に依頼して、寛文九年五月に松平信之の城下、明石に移った。そして、延宝七年（一六七九）に信之の大和郡山への転封にともない、郡山に移った。

明石に移住して以後の蕃山は、寛文一二年（一六七二）の『集義和書』の刊行をかわきりに、次々と著作を執筆した。幕府による監視のために、人にも会えず住所もままにならない、そのうえ弟子の数は「二十人には過べからず」（集義外書二―一七〇）の現実に、蕃山は現在のみならず、将来にまで自己の思想を伝えようと決心したに違いない。

延宝八年（一六八〇）五月に、五代将軍綱吉が就任した。綱吉は前代の弛緩した政治を否定し、将軍専制の賞罰厳明政治を実施した。幕府の政策転換は蕃山にも及んだ。天和三年（一六八三）一〇月に、蕃山は大老堀田正俊の召命を受けて、江戸に下った。蕃山は正俊の尋問を二度受けて、「いづ方へ成共心次第に出可レ申由」（堀田正俊書状釈文附序六附録―七七）と、自由の身になった。

貞享四年（一六八七）八月に、側用人牧野成貞《なりさだ》から御用召が届いた。このころの蕃山は清の拡大に危機感を深めていたので、幕府に献策をしようとしていた。ちょうどこの時期の八月一一日に、弟子の田中孫十郎が大目付に就任した。就任にあたり田中は政務の心得を問うたところ、蕃山は『大学或問』を送った。危機を強調して改革を求めるこの書が問題になり、蕃山は古河に幽閉された。蕃山は四年後の元禄四年（一六九一）八月一七日に七三歳でこの地で生涯を閉じた。

三　鬼神と神道

蕃山の非合理思想の核心には鬼神論がある。本来、鬼とは死後の人の魂であり、神とは霊妙な自然の現象を意味するが、両者は混同されて、鬼とも神とも鬼神とも通用される。儒教には現実社会を秩序づける政治道徳論と祭祀を尊重する宗教性とが混在しているが、孔子以来、主流は現世主義であった。

儒教を合理的に理論化した朱子も同様であった。朱子は「鬼とは陰の霊なり、神とは陽の霊なり」（『中庸章句』）と、鬼神を陰陽二気の霊妙な作用と定義した。人が死ぬと、陽の気である魂は天に帰し、陰の気である魄は地に帰すのであって、死後の世界はないとする無鬼論であった。祭祀は「如《いますがごとく》レ在」行う、祭る本人の心の問題であった(29)。

蕃山は一見、朱子の説を継承して「人死すれば魂気はもとより天にゆき、魄体は土に帰する常の理」（集義和書一―一七二）と、無鬼論的な言辞をはくが、蕃山は死後の世界はあるとする有鬼論者であった。しかも、朱子は気で鬼神を論じたが、蕃山は理で論じるのである(30)。

蕃山は『集義和書』（一―三八〇）で、「人死して精神なし」との指摘に、次のように答えている。

たゞ人心のみを見て此見あり。人心は形気の心也。此形なければ此心なし。吾人の本心は理也。理は無レ始無レ終。生生して不レ息。則性則心也。

朱子学では、心は性と情からなる。性は理であり、情は気である。蕃山はこの分類を本心と人心にあてはめ、人心を気・情とし、本心を理・性とした。そして、理である本心は滅びないと主張した。精神はこの本心にあたるのである。それは心とも述べている。

それでは本心と理と鬼神はどのような関係にあるのであろうか。蕃山は『集義和書』（一―三七二～三七三）のほかのところで、「何《いずれ》の精神か一物と成て天に帰すべき」との質問に、次のように答えている。

世人形体の上より見を立るが故に、生死を以て二にす。この故に天に帰するの説あり。我本《もと》不来、天と吾と一也。何の帰するといふことかあらむ。吾心の霊明則天地の万物を造化する主宰也。則鬼神の吉凶災祥をなす精霊なり。

「形体の上」の説とは、気、陰陽で鬼神を説いた朱子の説である。それに反論している。ここで精神にあたるのが「吾心の霊明」である。それは「天地の万物を造化する主宰」に置き換えられた。造化を主宰するのは理である。さらにそれは、「鬼神の吉凶災祥をなす精霊」とされた。精神とは吾心であり、理であり、鬼神であると述べているのである。それ故に、理である「天と吾と一也」と断言するのである。なお心とは、前文にあったように、本心である。

蕃山は心、精神を本心・性・理・天・鬼神と同一とみなすのである。かくして蕃山は、「この精神を明には人とい、、幽には鬼神と云。君子の心は人鬼幽明一貫にしてへだてなし」（集義和書一―一七二）と、人は死後も鬼神となって存在すると説くのである。

ところで、右の朱子の「天に帰する」説の天は、物理的な天空の意味である。これに対して蕃山の「天と吾と一」の天は形而上の理である。蕃山は矛盾を感じなかったのであろうか。実は蕃山はこの二つの天を混同する。

それを蕃山のよく使う太虚の用語で確認しよう。

太虚には二つの意味がある。一つは『荘子』にある、朱子学の太極、理に比定される宇宙の根源といった意味である。もう一つは張横渠「正蒙」にある、天空の意味である。次の『集義和書』（一―六八）の文は、太虚を太極の意味で用いているように、一見思われる。

それ天地の大なる万物を造化し出す所は、太虚無一物の理なり。（中略）万の物はみな無より生じ候。

しかし、そう単純には読めない。たとえば、友枝龍太郎は右の太虚を、「そこに一物も存在しない太虚虚空間」と注記している。[31]蕃山が太虚を天空の意味で使うからであろう。たとえば、次のように述べる（集義和書一―一四四）。

仏氏は太虚を出、陰陽をはなる、と云り。太虚外《そと》なし。こえ出べき所なし。（中略）造化は無尽蔵にして無中より生ず。

「太虚を出」とあり、「外なし。こえ出べき所なし」とあるように、きわめて空間的に語られる。また「仏氏は太虚を出」とは、仏教の用語でいえば「出世間」である。世間とは、人びとが生活している場である。したがって、ここでの太虚は天空の意味である。それ故にこそ、「太虚を出、陰陽をはなるゝ」と続くのである。そして、「造化は無尽蔵」で「無中より生ず」と説く。造化は天空に充満した気、陰陽の作用であるから、ここでいう無は天空である。蕃山は天空を、いいかえれば空気を無ととらえていたのである。

天空を無ととらえた蕃山は大きく飛躍する。無色・無臭は、形がない形而上の意味的存在である理を形容する常套句である。空気も形がなく、無色・無臭である。この故に蕃山は気、陰陽で満たされているはずの天空を、理ととらえるのである。天は概念化されて理に置き換えられた。蕃山はこの天と天空とを混同するのである。

天空を理としてとらえた蕃山は、さらに「天の道鬼神の徳みな誠なり。天道鬼神自然の理にして至実無妄なり」（中庸小解三―三〇八）と、理とされた鬼神と結びつけて、非常に非合理的な性格を天にもたせる。それは人格的なはたらきをする天命として語られる（論語小解四―二三〇）。

天命は天理也。天理を知ときは畏《おそ》れざる事あたはず。人子ある時は、父たるの慈を命ず。臣民ある時は、君たるの仁を命ず。慈仁は君父の天職也。天職をつとめざる時は天罰あり。是《これ》天理の自然也。

人が道徳的責任をはたさなかったときには、天命として天罰が下るのである。もちろん天命は、「其感天地鬼神に応じて妖気生ず」（集義外書二―二七四）、また「天理にそむく処には、則神罰あり。いかんとなれば、鬼神は福善禍婬《かいん》なり」（集義外書二―一六三）などと、かたく鬼神と結びつけられて、よりいっそう神秘化されたのである。

右にみたように、蕃山の思想は宗教的性格が濃厚である。それは当然、天地・鬼神を祭る祭礼の重視を意味する。しかし、ここで蕃山は矛盾に陥る。祭礼のあり方、それを明示できなかったからである。どういうことであろうか。

蕃山は儒教を「仏仙共に聖学の徒也」と、仏教と道教も含めた聖学ととらえる。「本聖人の門より出た」仏教と道教には、「聖学の伝来明言を失」ったものが残っているからである（集義和書一―三九）。

蕃山は仏教と道教に易簡のよさを認める。道教に関しては、「周の礼法にくらべては、老荘の道といふべきまで、大簡になくては、天下に用て後世に行はる、事はならざる也」（集義外書二―一七四）と述べる。すなわち、『周礼』のような大規模で経費のかかる方法はやめて、道教風に簡素にしなければ、永続性は保てないというのである。仏教に対しては、廃仏論の最大の論拠であった火葬を、「火葬などの易簡なる事也」（集義外書二―二七八）と述べて、奨励さえするのである。

もちろん、根幹は儒教であるが、仏教と道教を取り入れる蕃山にとって、儒教はもはや十全ではなかった。道は「万古不易の道」として、五倫に限定された。さらに「礼法は聖人時処位によりて制作し給ふものなれば、古今に通じがたし」と、聖人を法の制作者ととらえた（集義外書二―一八四）。蕃山の法は、徂徠の礼楽刑政の道と同じで、制度のことである。法は道と違って普遍性をもたない。時処位に適合しなければならない。しかも、易簡でなければならなかった。それでは蕃山は儒教の法と時処位とを、具体的に日本において、どう考えていたのであろうか。

時。時代に関しては、蕃山には「世の勢と云もの五十年には小変し、五百年には大変す」（中庸小解三―三四七）との歴史認識がある。小変の五〇年の論拠は明確でないが、儒教には五〇〇年に一度、聖人が出現するとの思想がある。蕃山はそれを踏襲して、法は五〇〇年もたてば根本的に変わると考えていたのである。

処。蕃山は日本の地理的特性をどう理解していたのであろうか。蕃山にとって聖人の出現した中国は、世界の中心に位置する文明の発展した大国であり、理想の国であった。これに対して四方の国は中国に学ぶ未開の国であった。そのなかでも東夷は別格とされた。文字をみても、「南蛮は虫」「西戎は犬」「北狄は毛物」であって、「唯東夷のみ人にしたがふ。夷の字を分ちて見れば一弓人也。日本其本《そのもと》にあたりて武国也」と認めた（論語小解四―一八七）。字形から夷狄禽獣視を強調したこの荒唐無稽の説は、蕃山が漢字には、真理が含蓄されていると考えていたことを示している。その点はともかくとして、日本は人である東夷の中心に位置する武国であると、文明の中心と認めた中国に対して誇っているのである。

蕃山は中国に対する劣等感から、日本を高く評価するために暴言をはくのである。地理的にも、「日本は辺土なれども、太陽の出給ふ国にして、人の気質尤《もっとも》霊なり」（集義外書二―七八）と、日本を太陽の出る東方に位置する尊い国との、非合理的な地理的決定論を述べるのである。(32)

蕃山は日本を高く評価するために、極端な議論を展開した。その場合でも、日本は「夷狄」であり、「辺土」であった。蕃山自身もそう認識していたからこそ、否定しなかったのである。そして蕃山はもう一点、「日本は小国にして山沢ふかゝらず。地福よくして人多し」（集義外書二―一三）と、日本の劣った点を指摘しなければならなかった。

日本は面積の狭い小国である点である。そのために「山沢」森林は少ないが、土地の生産性が高いので人口が多いと述べている。この点を論拠にして蕃山は、日本に易簡の法を求める。さきにみたような理論的な意味のみでなく、小国日本の現実からも、蕃山は日本に易簡の法の採用を強く求めたのである。

位。蕃山は、日本をいかなる本質をもった国とみていたのであろうか。蕃山は国家成立論として、農から指導者として士が生まれ、さらに高次の指導者を求めて、諸侯・天子が生まれたとの合理的な説明をする（集義和書一―一九七）。しかし、蕃山はこれを日本に適用しない。蕃山によれば、日本の建国は天照に始まる非常に非合理的なものである（集義和書一―一九九～二〇〇）。

> 大荒の時、日本の地生の人は禽獣に近し。しかる所に天照皇の神聖の徳を以て、此国の人の霊質によりて教をなし給ひてより、初て人道明かなり。天照皇は地生にを《(お)》はしまさず。神武帝其御子孫にして天統をつぎ給へり。氏系図を云事も、王孫のたゞ人となりて、国土の姓に異なるが故なり。然れども一度たゞ人となりぬれば、天統をつがず。地生にひとしきゆへに、天下をとりても帝王の号を得事不レ叶《えることかなわず》。三種の神器を身にそへ奉りて、天津ひつぎをふまん事は、天照皇の恐多く、且天威のゆるさぬ所あり。日本のあらんかぎりはかくの如くなるべし。他の国にはなき例なれ共、日本にては必然の理也。

ここでは国家と身分の成立について、三つの重要な指摘をしている。第一は、大昔に「禽獣に近」い生活をしていた日本人を、天照が「神聖の徳を以て」教え導き、「人道明か」にしたこと、すなわち国家の基盤を築いたことである。天照とは誰かは、ここでは明記されていない。『三輪物語』（五―一二一）では、「日本の帝王の御先祖は姫姓にて、中国の聖人泰伯」と、天照は呉泰伯とされる[33]。

第二に、一般の日本人は地生であるのに対して、天照は天統であるとされる点である。第三に、臣籍降下した王孫は氏系図を尊重されるが、地生の一般の日本人と同じになったのだから、皇統は継げないと断定された点である。第二点と第三点は、少し説明が必要である。

儒教の発生論からすると、万物は天地の陰陽の運動から生まれる。万物の精なるものが人である。蕃山はこの理論を直截に適用する。はじめ人は陰陽の運動による気化から生じ、形化（胎生のこと、注吉田）に移ったと。それ故に「人は皆天地の子孫なり」と、平等の原則を立てる。しかし、この原則は、「中夏は皆天地の子孫なれば、本《もと》人に高下なし。徳あるを尊とし、徳なきを賤とす」と、中国に限定される。中国では徳の有無によって地位・身分が決まると説く（孝経外伝或問三―六一）。それでは、なぜ日本ではこの原則が適用されないかを、続けて次のように解説する（孝経外伝或問三—六二）。

士は王孫なれば、源氏平氏等を姓として氏筋あり。王は日本の地の生におはしまさず、神明の後なり。民は日本の土民也。此故に士民間《みんかん》に入て民と成といへども、姓氏あればこれを地士と云。所の百姓とは座席ことなり。これ日本の風俗なり。

平等の原則は消えて、血統的な違いとして語られる。「王」天皇は「日本の地の生」でなく、「日本の土民」とは血統を異にするのである。それは、たんなる血統的な違いではない。人は天地から生まれたはずなのだが、天統と地生には次の差別意識が込められているとみるべきである。「天統」とは天子の血統という以上に、神聖の徳をもった中国の聖人呉泰伯、すなわち日本の「神明」＝天照大御神(34)は、天から生まれたとの意味が込められている。一方「地生」とは日本に生まれた以外に、地から生じたとの意味が込められているのである。

そして「士」武士は、「民間に入て民と成」った王孫である。民間にあっても武士は「土民」と違って姓氏を名乗り、百姓とは座席を異にする優越した身分であった。しかし、武士は一度臣籍降下したので皇位に即けない。「天照皇の恐多く、且天威のゆるさぬ」からであった。蕃山は明言しないが、儒教では祭祀は直系の子孫が行うのがきまりであったからであろう。

さらに蕃山は「士」のなかでも公家を、「古家遺俗流風善政存ずる者あり、とは卿大夫の世々にして古き家有《ある》を云也」（孝経小解三—一一）と、古の聖代の遺風を伝えているので、別格として尊重していた。かくして蕃山は、天皇・貴族・武士・庶民の血統の違いによる、不動の神聖な身分秩序を日本に認めた。この天皇を頂点とする身分秩序の教えが神道である。

蕃山は「理二つあらず。中夏の聖人の道も天地の神道也。我国の神皇の道も、天地の神道也」（三輪物語五—二八一）と、一面では神道の普遍性を強調する。しかし、聖人が日本に来たとしても「其まゝに日本の神道を崇め」（集義外書二―四九）ると述べるから、原理的には同じでも方法的に「処」によって違うと認識していたのである。

神道の祭礼は、「祭ることはそれ〴〵の位にしたがふ」（集義和書一―四八）が、核心は天皇祭祀である。天皇は、「太祖を以て主とし、天帝を祭給ふ。上帝は賓の如し。日本にてこの礼あらば伊勢太神宮を主とし、天に配して祭給ふべし」（中庸小解三―三一七）とあるように、中国皇帝が太祖と天とを祭るように、天照と天とを祭るのである。しかし、蕃山が天皇制に論及するとき、天皇祭祀に関してはほとんど語らない。蕃山が天皇制の肯定論の論拠とするのは、本稿では論じないが、古代文化を継承して礼楽を保存し、国家を安定させる点である。(35) なぜであろうか。

神道は古来、日本に伝わった民族宗教である。そこには自然発生的であったために、経典といえるものがなかった。また祭礼の方法も一定したものがなかった。蕃山はこの点について、「神道の再興すべき事いかゞ」と聞かれて、『大学或問』（三―二六八）に、次のように答えている。

今世間に神道といへるは、昔の社家の法也。神道にはあらで、神職の人の心用ひの作法也。それを潤色して神書とし神道とす。日本紀を第一とすれども、漸陰陽大（太）極の皮膚をいへるのみ。其外の祓《はらい》などは、神代上下にも及ばず。日本の神書とすべき書は見へず。唯三種の神器のみ、此国の神書也。上古は文字もなく、書もなし。心の知仁勇を三種の象によりて示し玉《たま》へり。（中略）知仁勇は、天下の達徳なり。此三種の象を註解して、経伝とせば、是《これ》に過たる神書有じ。三種の註解は、中庸にしくはなし。

神道に正しい祭祀の法はない。いま伝わっているのは、「昔の社家の法」に過ぎないと断言する。神書も「それを潤色」したものに過ぎず、『日本書紀』も「陰陽大（太）極の皮膚」をいっている程度で、神書もない。ただ神書に代わるものとしては、『中庸』の知仁勇の三達徳を象徴する三種の神器がある。と述べて、神器を「註解」した神書が作成されることを望んでいる。

神書には神器という代替物があったが、祭祀の法は「喪祭の事は古は神道の法ありき。中比《なかごろ》仏法に移りて神道絶たり」(集義和書一―一〇〇)と、仏教のために断絶したのである。それでは祭祀の法がないとは、何を意味するのであろうか。

天地・鬼神は禍福を下す人格的な存在であった。祭らなければ妖をなす。天皇が天と天照とを祭らなければ、天変地妖が起こり、民心が動揺し掌握できなくなる。また祖先祭祀は孝子の道徳上、もっとも重要な行為とみなされていたから、正しい祭祀を行えないということは、不孝・不道徳を意味する。そのために人心も父祖の霊も安定しない。祖霊は妖をなす。蕃山の描く当代は、人心不安定の時代である。それは内憂の危機であり、外患の危機をも招くものであった。

蕃山は、「終《つい》に吉利支丹の為にうばはれぬべきか」(集義外書二―一七五)との危惧を抱いている。そして、「吉利支丹の法を断絶せんことはいかゞ」と問われて、次のように答えた(大学或問三―二六五)。

吉利支丹は、人心の惑と、民の困窮によりて、法を広むる者也。天下文明の教ありて、人心の惑ひ解け、仁政行はれて困窮止まば、広めよと云共あたわじ。

キリスト教は「人心の惑と、民の困窮」に乗じて民間に浸透する。民の困窮は領主の非道徳な虐政から生じる。見方を変えれば、領主の心の惑いからである。「惑」は「天下文明の教」があれば解消されると論じる。「天下文明の教」とは、再興された神道を意味する(集義外書二―一七五)。

願は上古の神道をかへし、誠を立てもろこしの法にもかたよらず、仏家の流にもならはず、易簡の善を用て知やすく、したがひやすき大道を行はん事なるを。

右のように蕃山は、中国の儒教や道教でもない、またインドの仏教でもない、日本に適合した易簡の法に基づく「上古の神道」の復活を強く主張するからである。蕃山は内憂である人心の惑いは神道が再興されるならば解消し、外患であるキリスト教も恐れるにたりない、と論じているのである。

神道再興の核心は失われた祭法である。かくして蕃山は、「日本の水土人情によりて、あまねく用ひて久しかるべき祭法あらん。後の君子を待而已《のみ》」（集義外書二―二八九）と、神道の祭法の再確立という大事業を、後進に期待したのである。

四　理想の社会

蕃山の家は牢人であった。当然貧しかった。二節で述べたように、桐原での生活は下層農民と同じか、寛永の飢饉時であったから、それ以下と予想されるほどであった。「今の無告の至極は牢人也。度々の飢饉に餓死せる者数をしらず。豊年にして米下直《(値)》にても、勝手つきはてぬれば益なし。毎年人しれず餓死する者多し」（大学或問三―二三八〜二三九）とは、実体験に根ざした発言といえよう。それに耐えた蕃山は、それ以上の生活を奢りととらえ、貧しくあれと説くのである。

ところで、前節で蕃山の天照による日本国家成立論をみた。そのときも一言したが、蕃山にはそれとはまったく異質な農民を基盤とした歴史的な国家成立論がある（集義和書一―一九七）。

まづ人の初は農なり。農の秀たる者に、たれとりたつるとなくすべて物の談合をし、指図をうくれば事調《ととのお》りぬる故に、其人の農事をば寄合てつとめ、惣の裁判のために撰びのけたるが士の初なり。在々所々ありて後又秀たる者に、惣の士が談合しひきまはされて諸侯出来ぬ。又諸侯の内にて大に秀たるあり。其徳四方へきこへ、を《(お)》の〳〵不レ及所は此人より道理出る故に、寄合てつが《(束)》ねとし、天子とあふぎ《(仰)》たるものなり。扨《さて》士の中より公卿大夫と云ものを立、農のうちより工商を出して、天下の万事備り、天地の五行に配して五倫五等出来たるなり。

蕃山の所説に、矛盾が多いことを示す典型である。それはともかくとして、「人の初は農なり」とあるように、国家の基本は農民である。そのために士・諸侯・天子は成立したのであり、公卿大夫・工商も同様である。つまり、天子以下の支配層も工商の民も、農民のために存在しているのである。「天下の事は農業より大なるはなし」（孝経小解三―一三）ともいっている。

前近代社会にあっては産業の中心は農業であったから、農業を基本と考えるのは当然といえる。しかし、時代が古くなればなるほど、食糧を持続的に確保することは、飢饉や戦乱などのために困難であった。そのために儒教の国家観においては、『礼記』「王制」の次の原則が重視された[36]。

国に九年の蓄《たくわえ》無きを不足と曰ひ、六年の蓄無きを急と曰ふ。三年の蓄無きを、国其《そ》の国に非ずと曰ふ。

蕃山の国家観もこの原則のうえに立つ。ここで蕃山に特徴的なことは、貧しさを尊重することである（集義和書一―六六～六七）。

世の中の人残らず富候はゞ、天地も其まゝつき候なん。貧賤なればこそ五穀諸菜を作り、衣服を織出し、材木薪をきり、塩をやき魚をとり、諸物をあきなひ仕候へ。六月の炎暑をいとはず、極月の雪霜を蹈《ふん》で塩薪野菜などをうり候こと、富候はゞ仕べく候や。農工商も貧よりおこりて世の中たち申候。たゞ農工商のみしかるにあらず。士といへども貧を常として学問諸芸を厲《はげ》み、才徳達し候なり。生まれながら栄耀なる者はおほくは不才不徳にして、国家の用にたちがたく候。

皆が豊かになったら、天地の資源は枯渇してしまうと述べて、貧しいからこそ農工商は困難な条件のなかで働き、それで「世の中」が成り立っている。士も貧しいからこそ学問などに励み、国家にとって有用な人材になれるのだと説いている。たんに士以下の人びとが貧しいだけでなく、そのうえの天子・諸侯といえども、その富は身分相応の礼用を整え、非常に備えて民衆の生活を保障しなければならないので、豊かには暮らせないと、次のように続けて説く（集義和書一―六七）。

　唯士農工商のみならず、国天下の大臣《たいしん》国郡の主といへども、吉凶軍賓嘉の礼用をそなへ、国土水旱の蓄《たくわえ》をなし、君につかふまつるの役儀なれば、富足《とみたる》ことあるべからず。上は天下の主といへども、来を薄《うすく》して往を厚《あつく》し、天下の人民の生を養ひ、死に喪して恨みなからしめ、且《かつ》異国の不意に備へ、天運の凶年飢饉をあらかじめまち給へば、天下の財物のおほきも、天下の人のために御覧ずればあきたることなし。

むしろ上級の支配者は非常に備えるために、倹約をして十分な食糧を備蓄しなければならない。「大身小身共に我一年の財用を四にし、三分を以て其年の用を達し、一分をたくはへとす。（中略）如レ此する時は、九年にして三年の用あまり、三十年にして十年のたくはへあり」（集義和書一―一五四）。こうなってこそ完璧な備えといえるのである。もちろん、それは民のために蓄えるのであるから、君主は「王城にあつめずして在々所々に五穀をつみ置て、水旱飢饉の備とし給ふ。民みな己《おの》が用と思ひて君の物とせず。君の私のたくはへなければ也」（集義和書一―四二二）と、君主には私はないのだから、民が使用できるように民のいる在所に保管しておくのである。

　蓄穀を確実にするには、農業生産の安定が必要である。そのために君主は貨幣を重視してはならない。貨幣は、「堯の時、天下洪水にて五穀不足ゆへに、銭を作って交易の助けとなし」（集義和書一―四二二）たのが始まりであるが、あくまで「助け」と補助的なものである。蕃山は貨幣経済の発展した現状を批判し、農業生産の重要性を強調する（集義和書一―一五三〜一五四）。

　財用と云は、金銀銭等の事にはあらず。金銀多ときは却《かえっ》て天下困窮するものなり。真の財用と云は、五穀の多と薪材木麻綿等、民生日用の物を云なり。

そのうえ貨幣は、「飢饉の年、金銀は食とならず。金銀をいだきてうへて死したる者多し」と、食べられない。そこで蕃山は、「万のうりかい物も、五穀にてす」と、穀物によって売買することを提唱する。そうはいっても、尭によって始められた交易上の貨幣の有効性、とくに蕃山にとって「軍国にも、少の金銀もちゆけば、先〳〵《さきざき》に食あり」と、出陣したときの有効性は否定できなかった（集義外書二―一九一）。蕃山は貨幣経済を否定はしないが、最小限度に抑えようとしたのである。そのために売買には、「米金銀銭きらひなく、取遣《とりつかい》する」（大学或問三―二四二）、貨幣と米穀との併用制を提唱した。

右に「金銀多ときは却て天下困窮するものなり」と述べているのをみたが、その理由は農業生産に励まなくなるからである。逆に貨幣経済の衰退は、農民に農業生産の意欲をわかせる（集義和書一―二四二）。

> 財をたつとびざればあつむることなし。財をの《（お）》づから天下に散じて民もたからとせず。たからとせざれば相争ことなし。井をほりて水のみ、田を耕して食す。五穀のみ年々に多く生じて水火のごとし。

ここにいう「財」は貨幣である。そして、「井をほりて水のみ、田を耕して食す」は、尭が農民に政治に関して質問したときに、農民が答えた言葉である。その農民は続けて、「帝徳の恩は何かあるやと」（集義和書一―一六〇）語った。すなわち、帝王の存在すら感じさせないほど、安定した農民生活を実現した尭の仁政を称える話である。

それにしても「井をほりて水のみ」とは、貧しい質素な暮らしを思わせる。人びとは先に述べたように、貧しくあるべきなのである。当然、彼らも倹約しなければならない。「倹約の本は無欲なり」（集義和書一―二四二）である。豊かな文化的な暮らしは欲してはならないのである。『大学或問』にも、「人無病にならば、むかしのごとく冬日には湯をのみ、夏日には水をのみて足べし」（三―二五九）とある。

蕃山の理想とする社会は、あくまでも貧しいのである。しかし、それは「乏し」い社会ではないと蕃山は確信する（集義和書一―一六〇）。

天下みな耕して食し織て着、工商はかへて食す。いとまなけれともせはくしき事なく、貧なれとも衣食乏しからざるは、政道の大なる徳なり。

みなが「いとまな」く働く貧しい社会であるが、「せはくし」いことのない、「衣食乏しからざる」社会である。自給自足を原則とする、豊富ではないが必要なものは確保できる、精神的に余裕のある社会である。それは「政道の大なる徳」の成果であり、道徳を実現した社会なのである。

ところで先にみたように、士農工商は貧しいけれども、上級の支配層は富を確保していた。しかし、彼らはそれを自由に使えなかった。一つには支配のための礼用を整えるためであったが、なによりも災害と外敵に備えるためであり、民衆の日常生活を保障する仁政を施すためであった。

逆にいうと、民衆の生活を保障する仁政を実施するためには、上級の支配層は豊かでなければならなかった。「仁政を天下に行はん事は、富有ならざれば叶はず。近世無告の者おほし」（大学或問三―二三八）と、蕃山は仁政を積極的に展開できるように、上級の支配層が富有になるための改革を説くのである。儒教において仁政の基準は、周の文王の仁政を模範として、鰥寡《かんか》孤独の「無告の民」を救済することであった。蕃山も、誰よりもまず「無告の者」(37)を救うことを求めたのである。

蕃山は上級の支配層は富有になり、仁政を施さなければならないと説いた。そのためには、積極的に民衆のために支出することを求めた（大学小解三―二〇九）。

下の財を上へあつむれば、下の心はなれ散ず。上の財を下へ散ずれば、下の心、上に服し聚《あつ》まる。

上が下のために積極的に支出する仁政こそが、民衆の心を掌握することを可能にするのである。幕藩体制下、領主は高額の年貢を百姓から取り立てたが、それを民衆のために使うことは、ほとんどまれであった。そうしたなかで蕃山は、領主の財政は民衆のためにあると説いたのである。

蕃山は上級の支配層は富有になり、民衆の生活を保障する仁政を施さなければならない、とくに頼るところのない「無告の者」を救済しなければならないと説いた。しかも、蕃山はそこにとどまらなかった。蕃山が貧しい者、生活できない者を救うことを期待したのは、上級の支配層のみではなかった。蕃山はそれをさらに広げて、すべての人に求めた（集義和書一―四一九）。

義理といふは時を失て微賤に居者《いる》にても、筋目のあるをばすてず。親類の末々なれば、いやしといへ共見《み》はなたず。知音の由緒までもわすれず。家頼《けらい》の功ありし者の子孫を取立など、たのもしきところあるを義理といふ也。

右の文は直接的には武家のことを述べているが、「義理」のあり方を説明している点からして、一般化できる。人は進んで貧しい親類・縁者を救わなければならない。そこにとどまらなかった。「天下の人みな（中略）相たすけて天下平なるべし」（集義和書一―一九二）ともいっている。蕃山の描く理想の社会とは、貧しくともみなが働いて衣食のたる、貨幣経済の発展していない農業中心の社会であった。そこでは、国家が民生の安定のために存在するのみでなく、そこに暮らす人びと全体が、貧しく質素な生活を営むなかで、互いに助けあう社会であったのである。

五　危機的な困窮の世

現実は蕃山の理想とは、およそ違っていた。幕藩体制における領主と領民の関係は、領民の領主に対する完全な隷属が原則であった。すなわち、身心ともに領主のものであるのみならず、家族や財産、耕作する田畑も生産された作物も、すべて領主のものであった。したがって、百姓が生きて行ける分だけを残す、全剰余労働搾取が年貢収奪の原則であった。そのためには、いかなる方法も許容されていた。蕃山はその悲惨な現実を、次のように率直に叙述する（集義外書二―一六七）。

百性(姓)は年中辛苦して作出したるものを、のこらず年貢にとられ、其上にさへたらずして、未進となれば催促をつけられ、妻子をうらせ、田畠山林牛馬までをもうらせてとらるれば、其百性(姓)家をやぶりて流浪し、行方なきものは乞食となり、たま〳〵村里にはさまり居といへども、凶年には餓死をまぬかれず。甚しきものは有無の差別をもしらず。水せめ・簀巻《すまき》・木馬などのせめをなす。これによりて病つきて死し、或は病者になりて用にたゝざるもあれども、いむ事なれば、うつたへもならず。

「百性(姓)は年中辛苦して作出したるものを、のこらず年貢にとられ」と、全部年貢にとられるとはいい過ぎであるが、生きていく最低限度まで取られるのである。そこにとどまらず、「其上にさへたらずして、未進となれば」、生きていく最低限度まで取っても不足として、それ以上の年貢を賦課してくるので、「未進」年越しの滞納になる。すると、「催促をつけられ、妻子をうらせ、田畠山林牛馬までをもうらせてとらるれば」、督促されて妻子や田畑などの財産を売らせてまで収奪する。そのために、「其百性(姓)家をやぶりて流浪し、行方なきものは乞食となり」、百姓は破産して村から出て放浪者となり、行く宛のないものは乞食になる。「たま〳〵村里にはさまり居といへども」、やっと村に居残れたとしても、「凶年には餓死をまぬかれず」である。みな餓死しては村が消滅してしまうから、凶作の年には飢餓線上に置かれ、餓死するものも多数いる点を強調しているのである。そんな百姓の現実なのに、農政担当者のひどいものになると、「甚しきものは有無の差別をもしらず」、百姓に年貢が出せるかどうかも考えないで、「水せめ・簀巻・木馬などのせめをなす」。水責めなどの拷問にかける。「これによりて病つきて死し、或は病者になりて用にたゝざるもあれども」、この結果、病死したり不具者になる者もいるけれども、「いむ事なれば、うつたへもならず」。訴え出ることは忌むべきこと、かえって処罰されかねないので、訴えることもできないのである。

　このような苛酷な年貢収奪の方法は、一八世紀、一九世紀と進むにつれて緩和されていったが、原則的には認められていたのである。まして一七世紀の幕藩権力の強かった時代は、珍しからぬ光景であった。

　それ故に、蕃山は私欲のある代官のほうが、清直の代官よりよいとさえいっている。私欲の代官は、「私欲よりまい《（賂）》なひをうけて免をゆるすは不直なれども、民大に困窮せず」と、百姓から賄賂を受け取って年貢を減免するので、百姓が暮らしていけるからである。これに対して清直な代官は、「己《おのれ》がまい《（賂）》なひをとらざるを以て清とし、直として、世間になき様に自満し、身にくもりなきまゝに、おそるゝ所なく上への奉公ぶりに、免をたかくあげ、米をつよくと」るからである。その結果は、「民困窮して乱逆の本とな」るのである（集義和書一―四五二）。年貢収奪にあたる代官は、農民の実状も考えずに、できるだけ年貢をとることを「上への奉公」と考えていたのである。

　代官がこうした考えをもつ理由には、家臣団の強制があった。「多くの傍輩、組頭用人の歴々ににくまれてはあしき故に、不便と思ひながらも、無二是非一人情にしたがふと見えたり」（集義外書二―一六七）。この指摘は、蕃山が年貢収奪の苛酷さを述べた右の文に対する問いとして、学友が述べたものである。学友はその問いを、当時の武士の人情の説明から始める。「今の世の武士の情は、民に不仁なるを以て、其道を得たりとし、仁なるをば、其道を不レ得とす。たま〳〵民に憐みある人あれば、大にそしりいかりて、慈悲に過て百姓のみをめぐみ、家中にはおろそかなり。事あらば百姓のみ用に立べし、とあざけり」（集義外書二―一六六）と。この批判は二節でみたように、実際に岡山藩でなされたものである。それも、飢饉対策に励む藩主光政に対してであった。

これが池田家中の百姓をみる現実であった。それ故に蕃山が、「武士の名をぬすみ、知行をぬすむは、貴方達なるべし」と告げた旧友とは、池田家中のものだったに違いない。なぜ武士が盗人扱いされるのか。「貴方常に云、事あらば侍下人かけて二十人あり。百性（姓）をかり出して、以上三十人の覚悟ありと」。しかし、「貴方家内の者にあはれみなく、民に不道なり」。したがって、「貴方三十人の者、戦場へは一人もしたがふべからず」と、知行を与えられていても軍役をはたせないからである（集義外書二―一六五〜一六六）。もちろん、池田家中は例外だったのではなく、全国みな同様であった。

なぜ武士はこのような過酷な支配、年貢収奪を農民に強いるのであろうか。その原因は城下町集住をして、商品貨幣経済に巻き込まれて困窮化したからである。それを蕃山は次のように説明する（集義和書一―三三四）。

一には大都小都共に河海の通路よき地に都するときは、驕奢日々に長じてふせぎがたし。商人富で士貧しくなるものなり。二には粟（籾のこと、注吉田）を以て諸物にかふる事次第にうすくなり、金銀銭を用ること専なる時は、諸色次第に高直（値）に成て、天下の金銀商人の手にわたり、大身小身共に用不足するものなり。三には当然の式（礼法の小なるもの、注吉田）なき時は、事しげく物多くなるもの也。

蕃山は三つの理由をあげる。第一に武士が「都」に居住する点をあげる。都とは城下町の意味である。それを都と表現した理由は、繁華で大きな政治の中心の消費都市であることを強調するために違いない。その都、城下町は大小にかかわらず、「河海の通路よき地」に位置している。すなわち、交通の要衝で、物資の集散地であり、地方経済の中心地である。それだけに消費活動が活発になり、武士は「驕奢」激しい奢りにふけるようになる。かくして出費が増えた武士は貧しくなり、その分、商人が富むのである。

なぜ城下町集住をした武士は、奢侈な生活をするのであろうか。蕃山は、「城をけつかうにし、屋鋪《やしき》をひろくし、小屋がけ大になりて、天下国家の用に立べき務めもなく、童遊びのやうなる事にて、天下の財用をついやす事出来ぬ」（集義外書二―二一〇～二一一）と述べている。一つには大城郭を築き、大規模な侍屋敷を建設した点である。それでは「天下国家の用に立べき務めもなく、童あそびのやうなる事」とは何であろうか。蕃山は別なところで、「武勇は武芸によらずといひて、衣服・飲食・家居・諸道具等に美を尽し」（集義外書二―一六二）と述べている。戦乱の収まった世になって、武士は身分を飾るようになったのである。城郭を築いて領民を威圧すること、支配身分として身分を飾ることは、蕃山は否定的にしかみないが、支配のためには必要悪であったともいえる。

問題はそれが増長して、「商人富で士貧しくなる」性格をもっていることである。なぜそうなるのかは第二点で説明されている。すなわち、「粟を以て諸物にかふる事次第にうすくなり」米遣いの経済が衰退して、「金銀銭を用ること専なる時」貨幣経済が発展したので、物価は次第に高値になって、貨幣は商人の手にわたり、武士たちは入用な貨幣不足に陥ったのであった。

それでは、なぜ貨幣経済が発展すると、物価は高くなるのであろうか。蕃山は別なところで、「金銀は多持よければ、手廻をして、手くろ（手くだの意味、注吉田）成よければ、奢長じ易《やす》し。五穀は多もたれぬものなれば、五穀つかひにすれば、商の利をあみすること成がたし。故に物下直《（値）》に成て、奢長ぜず」（集義外書二―一九一）と述べている。すなわち、価値の高い金銀は所持しやすく、流通に便利である。したがって、商業活動が活発になり、「奢」消費が拡大して物価が上昇する。これに対して、米遣いならば、金銀と同価値の売買をすると、大量の米穀を必要とする。しかし、個々の商人は大量の米穀を所持できないので、十分な商業活動ができず、利益もあがらない。したがって、「奢」消費が縮小して物価が下がる。以上のように、蕃山は貨幣経済と物価との関係を理解していた。

前節では農業生産との関係で蕃山は貨幣経済に批判的であったのをみたが、物価との関係からも蕃山は、「五穀を第一とし、金銀これを助け」（集義外書二―一九一）と、貨幣経済を二次的なものとして軽視するのである。

第三に「式」規則がないので、「事しげく物多くなる」と指摘した。「事」とは仕事とか事柄であり、「物」とは必要物資である。幕藩体制においては次章の徂徠の指摘にみるように、慣習的に積み上げられたものが格式となっていった。そのうえ、質素から奢侈への流れがあった。かくして煩瑣で費用がかかるようになったのである。右のように武士が困窮化する理由を三点あげたのち、続けて重い年貢となって全体が困窮化すると、次のように述べている（集義和書一―三三四）。

士は禄米を金銀銭にかへて諸物をかふ。米粟下直《値》にして諸物高直《値》になる時は用足ず。其上に事しげく物多ときは、ます〳〵貧乏困窮す。士困すれば民にとること倍す。故に豊年には不足し、凶年には飢寒に及べり。士民困窮する時は、工商の者粟にかふべき所を失ふ。たゞ大商のみます〳〵富有になれり。

武士は禄米を売って貨幣をえて、その貨幣で物資を買う。そのために大量の禄米が市場にあふれて低米価になる。一方、物価は下がらないので武士は入用金に不足する。そのうえ煩瑣で費用のかかる環境にあるので、ますます困窮化する。困窮化した武士は農民から倍増した年貢を取るようになる。この虐政のために農民は「豊年には不足し、凶年には飢寒に及[38]」ぶ状態になる。士農が困窮化すると、彼らから仕事をえている「工商の者」も、収入がなくなって困窮化する。かくして「たゞ大商のみ」富む社会になったのである。蕃山はここでは述べていないが、大商人が栄えるのは、次にみるように主として高利貸をするからである。

蕃山はここで、幕藩体制の構造的欠陥を一つ明確に指摘している。すなわち、城下町集住をした武士は商品貨幣経済のために困窮化し、それが農民への虐政となって、ついには士農工商ともに困窮化することである。

しかし、困窮化の原因はそれだけではなかった。幕府の基本政策である大名統制策が加わる。それは軍備を強化できないように、主として参勤交代制によって財政的余裕をもたせない、弱体化政策であった。

蕃山は、「諸大名困窮すれば勢なくして、公方の御為却《かえっ》てよし」との指摘に、「諸侯不勝手」は、武士・百姓・工商の困窮化へと進み、「天下の困窮」になると、右と同趣旨の発言をしたのち、鎌倉時代の参勤交代制の法であると認めた、「三年に一度、五十日」の滞在に戻すべきだと主張した。そして、「それさへ鎌倉にて費多からぬ様にと戒られたり」と付け加えた（大学或問三―二六〇）。

諸大名は参勤交代のために、「米をうらでは公役も何もと、のほらず。此故に大坂江戸の津には、売米のみみちく〳〵て、買者すくなければ、下直《(値)》に成て諸人困窮す」（大学或問三―二四一）る現状であった。諸大名は年貢米を中央市場に売って、獲得した貨幣を江戸で消費していた。それでも不足するので、「諸大名諸家中、身上不相応の借金」をした。これに「民間の借物」も加わって、「貴賤共に借金のおいた《(負倒)》を《(お)》れといふ」状況を呈していた。その総額は、「今天下の借銀高は、天下の有銀《ありがね》の百倍にも過べし」と蕃山はみている（大学或問三―二三九）。もちろん、大口の貸し手は中央の大商人である。

困窮化した大名・武士は商人から借金をし、財政破綻していた。民間も同様であった。かくして蕃山は『論語』「堯曰」の次の言葉をしばしば引用して、徳川幕藩体制に警告を発するのである[39]（集義和書一―三四九）。

四海困窮せば、天禄永終へんと。君の禄福もながくたえて、天下やぶると也。

困窮は虐政となって内乱の元になり、内憂の危機を招く。三節にみたように、蕃山は「人心の惑と、民の困窮」に、キリスト教の浸透と亡国の危機を予想していた。内憂の危機は外患の危機を招くのである。

蕃山が具体的に対外的な危機感を抱いたのは、キリスト教ではなく清であった。蕃山の生きた時代は、東アジアは明清交代の大動乱期であった。

明は虐政のために農民反乱となり、反乱軍の李自成が北京を陥落させ、ついで清が北京に入城して中国支配を開始したのは正保元年（一六四四）であった。清は明を次第に追い詰め、寛文二年（一六六二）に明は滅びた。

台湾に拠って抵抗を続けた鄭氏も、天和三年（一六八三）に滅びた。

蕃山ははやくから大陸の情勢に留意していた。『大学或問』（三―二四九）に、「北狄の上策の軍法に、まけまじき上策あり。我国の為と思ひたる故に、先年紀劦公其外へも語たれ共、其人々皆なく成給へり」と回顧しているから、慶安年間に江戸に行ったときに頼宣らに説いたのである。内政の乱れは外敵の侵略を招く実例を、聖人の出現した師国とも中華ともいって尊敬していた中国が提供したからに違いない。

貞享年間になると、蕃山は危機感を深めた。貞享三年（一六八六）か四年の「稲葉昌通宛書状」（六―一九七）には、「来年か来々年はだつたん《(韃靼)》可レ参かと存候」と書いた。そして、その対策として、改革を求めて執筆されたのが、『大学或問』であった。一節にみたように、そのために蕃山は古河に幽閉された。

それでは、蕃山は現状のままで清が攻めてきたら、どうなるとみていたのであろうか。実に悲観的である。戦うまでもなく、騒乱状況になって戦えないと、次のように分析している（大学或問三―二四八）。

今北狄来りなば、彼と合戦までに及ばず。内虚《うちきょ》にして、人心散ずる事あらん。今の諸矦一国の人数を出して、其上其兵糧あらん事は、二十矦に一二人もまれ成べし。大坂へ出したる売米の残りは、皆国々え戻すべし。其上に用銀あらば米をかふべし。十日廿日の間には、米は壱石銀百目弐百目の売買になり、廿日丗日の間には、四五百目とならん。しからば諸牢人諸町人、民間の一日過の者、諸宗の坊主、忽《たちまち》餓死に及なん。其時は世間さはがしく、諸人うは気に成、虚説のみお丶ければ、無事の時の飢饉のごとく、居ながら餓死する者はすくなからん。皆強盗と成て、少きは五十人百人、多きは五百人千人、組て横行すべし。軍法者歴々の牢人など大将に取立て、いか様成《なる》事をせんもはかりがたし。

ほとんどの大名には兵糧米がないので、大坂に売りに出した米を国許に戻す。そのうえ、資金があれば米を買い集める。そのために米価は急騰して、牢人や町人などは餓死線上に追いやられる。しかし、世間が動揺しているので、彼らは餓死する前に強盗団となり、武装集団となって各地に横行する。対応を誤れば、「国中一揆を《（お）》こり、乱に乱をかさぬべし」（大学或問三―二四九）とまで述べる。以上のように予想して、とても戦える状況にないとみているのである。それでも幕府が出陣を命じたら、どうなるか（大学或問三―二四九）。

一旦は武命のおもきに人数を出す共、重ては出す事あたわじ。それを見ごり《（懲）》する人も有べし。扶持米なく、路銀なしといはゞ、公義《（儀）》にも貯なければ、しゐて下知し給ふ事叶まじ。是《これ》により武威かろく成初ては、たくはへ有人もなしといひて、出ざる者もあるべき歟《か》。弊に乗て、北狄日本をしたがふる事あり。若《もし》したがへずして、ひいて帰りたり共、跡は戦国と成べきか。公方に向て敵する人はなく共、糧尽力尽て、無㆓是非㆒下知に随はずば、上よりも下知し給ふ事不㆑叶して、諸国我々持の漸成べし。

一度は出陣しても、二度出陣する力はない。そんな現状を考えて、幕府に兵糧米も軍資金もないと報告すれば、幕府も財政的な余裕がないので援助できず、強制できない。幕府の威令が衰えて、出陣できる大名も出陣しなくなる。こうした弊害に乗じて、「北狄日本をしたがふる事あり」。たとえ撃退したとしても、戦国になるか、幕府は威信を失って分裂状態になる、と予想しているのである。

ここで蕃山は、もう一つの幕藩体制の構造的欠陥を洗い出している。すなわち、戦国の争乱を平定した徳川幕府は、国内的な平和を維持することに専念した。そのために鎖国をし、厳格な身分制度を採用し、弱体化させる大名統制策を実施した。しかし、そこには対外戦が想定されていなかったのである。困窮化した大名には、外敵が攻めてきても出陣する十分な資力はなかった。また同じく困窮化した民衆は権力を支える意志をもたず、かえって内から反抗する、権力にとって危険な存在でしかなかったのである。

六　改革案

一部の大商人を除いて、士農工商全体が困窮化し、幕藩権力が弱体化する現実、この内憂の危機は外患の危機をも招来すると、幕藩体制の構造的欠陥を指摘した蕃山は、改革を提唱する。蕃山には尚古主義・衰退史観が色濃く認められるが、一方では当然ながら、「世はいまだ末世にあらず。今を上代となして、万歳を末世になさんも此方次第にて候。今をよく改れば、中興の上代に成申事也」（集義外書二―四三）と、強い改革の意欲をもっていた。改革に関する言及は蕃山の著書に散見するが、清の侵攻に備えるために、それらをまとめて幕府に献策したのが『大学或問』である。したがって、本節では主として『大学或問』によって、蕃山の改革案を検討しよう。

農業中心の社会を基盤として論じる蕃山にとって、前節にみた城下町集住による武士と農民との乖離は、困窮化の原因であった。蕃山にとって武士は農村に居住するべきであり、それは聖人の法でもあった。したがって、困窮を解決する根本的な方策は武士の土着であったが、蕃山はただちに土着農兵制の採用を説かなかった。蕃山の方法論はつねに漸進主義的なのである[40]。

蕃山は『大学或問』の最後に、「凶年にて行ひ難しといひて、居ながら変を待んよりは、変に通ずる政あるべきか」の問いに、次のように改革案を要約して示している（三―二八一）。

> 是《これ》も諸大名在国にて、米遣となり、米を銭の直段《（値）》のごとく定て、金銀米さりきらひなく取遣し、前に論ずるごとく借金をのべ、酒屋を止め、江戸人すくなに成て、いそぐ事なくば、米船の往来もすくなく、彼是に付、米のすたり少なき様にせば、少しは補ひには成べきか。

蕃山は改革案を、次の六点に要約している。①諸大名在国、②米遣いと貨幣との併用制、③借金延納、④酒造禁止、⑤江戸の人口減少、⑥廻米の減少。そして、これらの政策を実施すれば、蕃山が経済的にもっとも重視する米穀の浪費はなくなり、財政再建の一助になると述べている。具体的にみていこう。

蕃山の改革案は、諸大名の財政再建のためにただちに実施するべきものと、その次の段階に実施するべきものとの二段階になっている。右のうち①から④は、ただちに実施するべき政策である。その第一は諸大名在国、すなわち参勤交代制の停止と改革である。まず「在府の大名不レ残帰国せしめ、来年参府の大名も、来年御免」（三―二五〇）と停止する。これを三年続けて、その後は「諸大名、三年に一度の参勤、在府五十日六十日に定給ひて式あらば、三十万石の国主、米五千石にては余りあらん」（三―二五二）と、参勤交代制の大幅な緩和を実施する。かくすることによって、大名は過剰な負担となっていた参勤の費用を、大幅に軽減できる。軽減された結果、三〇万石の大名で費用は五〇〇〇石以下ですむという。これはどれくらいの軽減額になるのであろうか。

第四章にみるように、海保青陵によれば、加賀藩は毎年一〇万石を必要としたと指摘している。この数字を元に単純計算すれば、三〇万石の大名は、年々三万石必要であった。三〇万石といっても家臣の俸禄に三分の二を支給し、五公五民だとして、年収は五万石である。この計算は荒いが、事実、諸大名は参勤にともなう江戸入用で半分以上を出費していたのである。

参勤交代制の改革によって、大名の出費が大幅に軽減されたとしても、大名にはそれまでに蓄積された厖大な借金があった。それを救済するために、「借銀当暮の返弁を相延」（三―二五〇）すモラトリアムを実施する。次に「主人家中共に公義（儀）の下知」によって、すなわち大名のみならず家来の分も含めて、幕府の命令によって、「諸国へ金銀かしたる者を記し」と、武家の借金調査をする。返済は「百石二百石」「三十石五十石」と、米で支払う。多額の者へは「十年二十年」「五十年七十年」の長期返済にする。さらに多額の者へは「永代の知行のごとくして、其家の用を達せしむべし」、すなわち御用商人の特権を与える。こうすることで、三〇万石の大名[41]でも、「借金多く共、漸二三千石にては借銀の埒明べきか」と展望している（三―二五二～二五三）。

モラトリアムの実施にともない、諸大名は年貢米を売らないで、「当秋の納米は、粟《もみ》にて諸国に積置なば、兵《ひょう》粮《ろう》の気遣いなくして」と、兵糧米として確保する。しかし、諸大名には資金がないから、「諸のあき物代も、米にてつけつかわすべし」と、米遣いにする。米遣い経済に戻す絶好の機会とみているのである。ただし、貨幣経済を否定したのではなく、「旅人幷《ならびに》銀銭を持たる者、米なくてかふ者も可レ有ば、能程《よきほど》に米屋を置、京にて五十目にうりて」と、旅人などのために貨幣の使用を認める。その前提として米価は京都で一石銀五十匁、すなわち金一両の公定価格を定めるのである（三―二五〇）。

ただし、対清戦の改革がなされなかったとしても、「壱石五拾銭目に定」めて米金併用制を提唱している。また、「米の直（値）段五拾銭目六拾銭目の間に定」めて、それ以上になったら「買下げ」、以下になったら「買上げ」て、米価を調整するように提唱している（三―二七九）。「五十匁余」の安定した米価は、「一日過も、武士と民とよければ、工商もよし」と、人びとの生活を安定させるからである（三―二八〇）。

兵糧米の確保のためには、「一二年酒屋を止給はずば、国々の積米、来年の北狄の備に不足すべし」（三―二五〇）と、酒屋による酒造の禁止を求めた。蕃山は「酒屋昔に百倍して、水に成てすたる米数しらず」（三―二四一）と、酒造米の量の多さを指摘する。たしかに幕府の元禄一五年（一七〇二）の調高では、醸造米高九〇万九三三七石であった[42]から、莫大な量であった。したがって、近世、幕府は凶作の年には酒造制限令を発令していたほどである。

しかし、酒は日本人の生活に密着した飲料である。最低限必要な分はどうするのか。「神事婚礼には、昔の風に濁酒を作るべし。家内の用には、手酒たるべし」（三―二五〇）と、自分で作るのである。「如レ此ならばさのみつま（約）しからで、酒米の費止べし」（三―二五一）と、その程度ならば容認できる量だと述べている。

かくして十分な兵糧米を数年で確保する。それを蕃山は次のように目論んでいる。「今在国の大名、三十万石の国主、十五万石の蔵米、拾壱万石を以て用を調へ、四万石を備とせば」と。三〇万石の大名の年収は家臣の分を含めて、五公五民で一五万石ある。それを『礼記』「王制」の貯蓄法を準用して、一一万石は必要経費に使って、四万石は備蓄する。すると、「三年には十二万石（中略）五年には二十万石也」。しかし、普通は玄米で上納させるが、「粟《もみ》にては四十万石のかさ也」と、保存のために籾で備蓄するので、体積は二倍になって、五年後には四〇万石になる。ところが、「三十万石の国、城下大坂の蔵共に、中分にて五万石入べし」と、三〇万石の大名の米蔵は、国許と大坂を合わせても五万石分しかない。もちろん一〇万石、二〇万石入る米蔵を持っている大名もいるだろうが、それでも「三年の後は、たくはへ用《様》」がないほどの大量の兵糧米が確保されるのである（三―二五一）。

置き所のない兵糧米は有効に活用される。何よりも御救である。対象の第一は、「知行の物成にて、家内の用も足がたき」「家中の小身者」である（三―二五二）。

第二は百姓である。三〇万石の大名ならば、三年から五年の間、毎年二万石を出費する（三―二五三）。

今の高免にても、年貢程は大方あれども、借銀の元利にひかれて不足すれば、いよ〳〵借銀多く成て、今は至極困窮に及べり。借物さへ済し給はゞ、所により、一寸の免のさがりたるにあたるべきか。

この文章は多少難解であるが、次の意味であろう。百姓の借金の総額は、高免の年貢ほどある。つまり、三〇万石の大名領ならば五公五民で一五万石と見積っている。この多額の負債のために、百姓は借金の元利返済に追われて、経営は赤字になっている。それがさらに借金を増やし、今では極窮の生活に陥っている。借金さえなくなれば、経営は安定して負担能力は向上し、年貢上納も滞りなく済むようになる。これを思えば、年二万石の出費は、一部の地域で年貢を少しだけ下げた程度のものである。ただし、年二万石で五年続けたとしても一〇万石である。一五万石の借金総額に及ばない。この差は自助努力を期待しているのであろう。

第三は牢人である。牢人の説明文はより難解なので、要点を記そう。牢人の家人一人あたり二人扶持を与える計算で、牢人一〇〇人に四〇〇〇石を支給する。ただし、格式のあるもの、名のあるものには、より多く五〇から七〇人扶持を与える。また貯えのあるもの、合力のえられるものは除く。この条件で三〇万石の大名ならば、六、七〇〇〇石から一〇〇〇〇石の扶持米を出す。つまり二〇〇人ほどの牢人を召抱えて、軍事力を強化する。しかし、彼らは正規の家臣ではなく、当面は「今まで宿かり居たる所に、其まゝ指置」く、臨時に召集される存在である（三―二五三～二五四）。それでも、従来は「国主郡主不勝手にて、家中を扶持はなし」（三―二三九）と、財政難のために人員整理をして、軍事力を弱めてきたのとは、まったく逆の政策である。

藩財政が再建され、家中や農村の借金も御救で整理され、牢人を召抱えられるまでに改革が進むと、次により根本的な改革が実施される段階になる。武士の土着である。土着は経済的軍事的のみならず、「文武の芸を務、君の干城と成べき、真の武夫ならん」（三―二六二）と、精神的にも肉体的にも武士を再生させる方法として重視された。

その前提には、「先《まず》民間の借物かへし給はり、質の田地取返し、売たる田地も、上より本銀にて買もどし給はるべし」（三―二六〇～二六一）と、借金の問題は解決したとしても、次に農民間の土地移動、土地集積の解消という大問題があった。五節に重い年貢のために農民が没落するのをみたが、その対極には「凶年にて百性（姓）の迷惑する時には、よき田地山林屋敷等を、下直（値）に買得などして、富人はいよ〳〵身代よろしくなる」（集義外書二―一六七）地主が形成されていたのである。この問題を解消して、小農自立の本百姓体制の再確立が求められた。経営の安定した農家によって構成された農村が求められたからである。

農地が領主権力によって均分化され、本百姓体制が再確立されたとき、武士は農村に土着する。そのとき、農家のこれ以後の経営の安定のために、「民に免一寸ゆるし給ふべし」と述べる。「一寸」とは、どれくらい年貢を軽減するのであろうか。また、なぜ可能なのであろうか。続けて次のように述べる（三―二六一）。

> 又士の心得にも、此後子々孫々生死を共にする普《（譜）》代の民なれば、民の為あしからぬ様にたしなむべし。軍役は民をつれて出る事なれば、常に人をおほくは抱を《（お）》かず、二成にても三成にても足べし。

譜代になった領民を軍役に動員するので、家来は少なくてすむ。したがって、年貢率は二割か三割で十分だと述べている。このほかに、「少づゝの手作あれば、菜園の草を取やうなる事、慰みの養生に、下人の手伝し、山野に狩し、川沢に漁し」（三―二六一）とあるように、自給的な質素な生活を送ることも挙げられた。

武士の土着は城下町の縮小になる。あいた土地は田畑にする（三―二六二）。

> 城にも今の様には入べからず。本丸二ノ丸にて足べし。士屋敷は、猶以《なおもって》今の十分の一なるべし。大方田畠とならん。

江戸も同様である。江戸は参勤交代制の改革によって、大部武家地が不用になるはずであるが、さらに旗本も土着させる（三―二六二）。

> 江戸に大名の屋敷も一所にて足べし。町も今の十分の一にて足べし。旗本衆も、大身は各の領地にひかるべし。（中略）江戸の屋敷跡、夥敷《おびただしき》ことならん。本来水掛りもよければ、大分田と成べきか、（中略）農兵と成て安楽長久を見及ては、小身の旗本衆、知行所〳〵にゆかん事を願はるべし。

江戸の人口減少は、米廻船の減少になる。海難による米の損失は多かった。また、参勤交代制の緩和も、米廻船の大幅な減少になる。蕃山は「江戸の大廻舟、九刕四国西国北国より、大坂への米船、破損のすたり数しらず」（三―二四一）と指摘している。

さらに土着農兵制の採用は、領主制のあり方をも改変するものであった（三―二六四）。

> 諸国の運上うき物成は、公義《（儀）》へ取給ひ、国主郡主には甲乙なく、田畠ばかりを給ひ、（中略）古《いにしへ》名山大沢

をば封ぜず。

諸大名には領知として田畑のみを与える。「運上のうき物成」、すなわち非農業からの収入は幕府が掌握するのである。これは大名を自給経済に閉じ込めるためといえる。

ただし、中略部分には、「うき物成は天下のためにさげてよきはさげ、ゆるしてよきはゆるし給はゞ、日本国中の為よかるべし」とある。浮役《うきやく》とは本途物成以外の見取田畑を除けば、山や河海にかかる雑年貢である。山や河海からの産物は第三章第四章にみるように、商品として売買されるようになる。蕃山は一見、農民的な商品貨幣経済の発展を促す提言をしているように思われる。しかし、それは蕃山の意図するところではないであろう。おそらく蕃山は重い年貢に耐えるために、米作中心の農家の経営を維持させる副収入として、山からなどの産物を重視したのである。

　蕃山が商品貨幣経済の発展に否定的であったことは、右にみた本百姓体制の再確立の提案にも読み取れるが、より積極的には木綿と煙草の生産は年貢収奪によいとの質問に、反対した点によく示されている（三―四二三～四二四・四二五）。理由は「たばこ地のすたり」「田に木わたを作るすたり」（三―二四一）と、米穀生産の障害になるからであった。

　また蕃山は武家の女性に生糸と木綿の生産に従事するよう説いたが、その理由は「日本にて蚕《こがい》し、糸取ことは、民間のいそがわしき中にて、農業に取まぜてする故に、よき綿よき糸出来がたし」と、農民が農作業と糸取りを同時にするために、良質の糸が取れない点にあった。その点、時間のある武家の女性が生産すれば、「年をかさねて、女事くわしく成、いかやうの糸織物も出来べし」状態になる。そうなったときには「絹綿沢山にな」って、農民は「田の木綿やみ、昔のごとく畠のみに作る」ようになる。すなわち、品質のよい生糸・木綿の生産を理由としているが、田方にまで広汎に拡大した農民の木綿生産を、生糸生産も含めて、縮小することを目的にしていたのである（三—二六四〜二六五）。

自給自足的な農村を再確立して土着農兵制を構想した蕃山は、発展してきた農民的な商品貨幣経済に反対し、縮小させるように論じたのである。(43)

七　根源的問題の解決

蕃山は自給自足的な農村に武士を土着させることによって、困窮の問題を解決することを目論んだ。しかし、三節にみたように、蕃山は社会を不安定にする内憂の原因として、困窮と人心の惑いとをあげていた。したがって、前節でみた解決策は十分なものではない。より根源的な問題といえる、人心の惑いの問題が解決されていないからである。

ところで、諸問題を論じる蕃山の論理構成は、現実的対応と理想の実現の二段階論になっている。典型は教化政策である。

儒教の支配は道徳支配である。日々の労働のために、修養によってみずから道徳性を身につけることのできない民衆は、道徳性を身につけた支配層の徳化を受けて道徳性を身につける。この結果、上に従順な風俗が形成され、支配は安定するのである。しかし、蕃山はこの民衆を道徳的に教化する方法をとらなかった（集義和書一—一五二）。

　民の如きは、あまねく教て知しむること不レ能、たゞ政を以て、不レ知不レ識無欲になることあり。

儒教の伝統とは違って、「政」、すなわち支配こそが教化であると説くのである。民は愚かで、一人ひとり教えることはできないとは、『論語』「泰伯」の孔子の言葉、「民は之に由るらしむ可し。之を知らしむ可からず(44)」に基づいているが、蕃山の愚民観はこれ以上に抜きがたいものであった。三節にみたように、士以上の日本人は天統で民衆は地生と、身分の違いを血統的な違いとして絶対化させていたからである。

それでは、蕃山は民衆を教育することを否定したかというと、そうではない。蕃山は『論語』「子路」の次の文に拠って、改革に庶富教の三段階を設定する。(45) ただし、庶富が現実への対応で、教が理想である。

子、衛に適《ゆ》く、冉有《ぜんゆう》僕たり。子曰く、庶《おお》きかなと。冉有曰く、既に庶し、又何をか加へんと。曰く、之を富まさんと。曰く、既に富めり、又何をか加へんと。曰く、之を教へんと。

この文では、明らかに庶富教の対象にされているのは身分を限定しない、国民全体である。それ故に蕃山も、この文を次のように解説している（論語小解四―一八二）。

諸侯のたから三つ、土地人民政事也。政事の中に教あり。土地広く士民多くても、政事あしければ貧乏困窮す。其生を不レ楽者は用ゆべからず。もし孔子政をし給はゞ、士民富足《とみたり》て生を楽むべし。其上に学校を作り、礼儀明らかにし、寄《よする》に三事を以てすべし。三事は父生し、師教へ、君養ふ也。これに事《つかう》る道一のごとし。

ここでも「政事の中に教あり」といっているが、「士民富足て生を楽むべし。其上に学校を作り」「師教へ」とあって、この学校で師から教えを受けるものは、「士民」と解釈すべき文になっている。より明確に『孝経外伝或問』には、次のように記されている（三―六九）。

富有大業の政を行て、万民富足やうにする也。困窮してせはしき人民には教をほどこしがたし。何のいとまありてか、礼儀を修べきや。

富有大業の政が成熟した暁には、民衆にも余裕ができて、礼儀を教えることができる、と説いているのである。

右にみたように、蕃山の民衆教化策は、困窮化した現実には支配によるが、一方ではその対策として富有化政策を実施し、それが達成されたときには、理想とする民衆教育を実施する二段階になっているのである。ただ注意しなければならない点は、蕃山が理想を語るとき、右にみたように士民の差は血統的に絶対であった蕃山の日本主義の時処位論の限定がくずれてしまい、おうおう儒教的理想主義に陥ることである。この点が蕃山を理解するうえでの難点の一つになっているのである。

改革論も同様に二段階論になっている。ただし、これも少し複雑である。前節では困窮に対する改革案として、今とるべき政策を説き、次にそれが達成されたときの、困窮対策としては理想的な政策である土着が説かれた。その後に人心の惑いを解消するための改革が説かれる。『大学或問』の構成をみても、前節の政策が説かれた後に、「吉利支丹之法断絶之事」「仏教再興之事」「神道再興之事」「賢君日本中興之事」「学校之政之事」の諸項が続く。この場合、困窮対策と人心の惑いを解く対策とが、二段階になっているのである。それでは、理想はいかに語られたのであろうか。具体的に検討しよう。

三節にみたように、人心の惑いは神書と祭祀の法の欠如から生じた。神書には代替物として三種の神器があったが、やはり作成が望まれた。一方、祭祀の法は仏教のために断絶してしまい、不安定な世にする根源的な問題であった。その解決のためには「天下文明の教ありて、人心の惑ひ解け」(大学或問三―二六五)ることが望まれた。三節では「天下文明の教」とは、再興された神道を意味すると述べた。しかし、時処位論の下で方法論を論じる蕃山にとって、方法的にはともかく、理論的には儒教に負っているのだから、この「文明の教」とは儒教理論に基づく教である。

それを求めた蕃山であったが、当面、その展望はもてなかった。なぜならば、儒者といえる存在は、「いま日本国中をかぞへてわづか数十人に過ざる儒者の道を行ふ人」(集義外書二―一三)しかいなかったからである。しかし、蕃山は希望がもてた。「十年このかた、武士の中にも志ある人はしく〳〵見え候間、後世には好人余多《あまた》出来候べし」(集義和書一―八)と、着実に儒教が広まっていると実感できたからである。

蕃山は、消極的に儒教が広まるのを待ったのではない。むしろ積極的に儒教を広めようとした。そのために蕃山は、「人道を教る」学校（大学或問三―二七二）の建設を提案した。学校は「京に昔の学校を興し、国々にも古のごとく学校あらば」とあるように、中央にのみでなく、地方にも遍く設立される。しかし、そのためには、「師になすべき人稀ならん」と、教師になる人材があまりに不足していた。そこで蕃山は、まず京都に学校を建設し、皇族・公家などの子弟を教育して、地方の学校に派遣する計画を立てた（大学或問三―二七七）。朝廷の権威をかりることと、当時、教養のある階層として期待できるのは、皇族・公家くらいだったからであろう。

学校では「八歳より三十まで」の「武士の子」が、年齢相応に礼楽弓馬書数の六芸を学ぶ。この学校教育を通して、「五十年の間には、君子国と成べし。是《これ》日本の中興にあらずや」と、五〇年後の完成を期している（大学或問三―二七二～二七四）。五〇年とは三節でみたように、小変する時間であった。なお、蕃山は「道徳の学も興起」するときを、「百年の後」ともいっている（集義和書一―九八）。

『大学或問』では、学校で学生に均質的な教育がなされるように読めるが、そうではない。『集義外書』では、次のようにそのなかから優れたものにエリート教育をし、文武の道に達した士が養成され、風俗が改善されるのを期待している（二―九五）。

其中《そのなか》道に志有《ある》人をば、別にひきわけて、四書五経を講習し、礼楽弓馬もとりわけ委しく稽古し、文武二道の士出来れば、今の国俗をも変ずる事あるべし。

こうした風俗を改変するほど「文明」化した社会になってこそ、三節の最後に引用した、「日本の水土人情によりて、あまねく用ひて久しかるべき祭法あらん、後の君子を待而已《のみ》」（集義外書二―二八九）の、祭法を制作する君子も出現する、と想定しているのである。

ところで、この「君子」とは何者であろうか。三節にみたように、法を制作するのは聖人であった。儒教は喪祭の礼をもっとも重んじるから、この「君子」は聖人以外ありえない。蕃山は「儒学する者、志を得ば喪祭の礼を起し」と述べたところ、「其神道いかん」と問われて、その荷い手を次のように賢君と良相とに限定した（論語小解四―一八四）。

日本を中興し、五百歳千歳の治世の基を立べき人は、君は賢君、臣は良相たるべきのみ、

それでは「賢君」と「良相」とは、どのような存在であるのか。蕃山の理想とする君主とは、次のような道徳的存在である（孝経外伝或問三―八四）。

天子は天下の父母なれば、他は全く不レ備《そなわれざれ》ども愛敬だに誠おはしませば、天職にそむき給はず。

帝王が道徳的存在であることは、無為にして天下を治めた舜をモデルにした儒教の理想的君主像である。したがって、蕃山の理想の君主とは聖人であったと認められる。しかし、舜は何もしなかったのではない。舜は人材を登用して、それぞれにふさわしい分野の官職に任命して政績をあげた帝王であった。

この支配の形式を蕃山は理想とする。「人君の天職は何ぞや」と問われて、蕃山は「人民の父母たる仁心ありて、仁政を行ふを天職とす」と答えて、そのためには人材登用が必要であると、次のように答えている（大学或問三―二三五）。なお、本才とは政治的な才能のことである。

仁政を行ふことは、其人を得るにあり。賢者を位に置、本才ある人に国政をとらしめ、能者を諸役に命ずる時は、君の仁心ひろく成て、仁政行はる。

賢者を登用するのだが、それぞれの才能にあった職務を分担させるのである。なお、この考えの基礎には、「君も其質の得たる所を察し給ひて、其職を命し給ひ」（集義和書一―二一四）とあるように、蕃山は人には「質」、すなわち気質が違うのだから、能力に違いがあり、それに適した職務を担当させるとの考えがある。

蕃山は「文明」化した世には、聖人に等しい道徳性をもった君主と、儒教を学んで文武二道に達した道徳性の

高い才能のある臣下によって、仁政が実施されると説くのである。蕃山は、仁政は君主を中心とした道徳性の高い集団によってこそ、完遂されると説く。それ故に、「一人して極《き》めしるべからず。力を合せ謀をあつめて、天下の知を用て天下の事を尽すべし」（集義和書一―二一四）と論じるのである。

同様に先には祭祀の法を制作する「君子」は聖人と述べたが、正確には聖人といえる君主と才能ある賢臣たちによって制作されると理解される。「文明」化されたときには、有能な人材が輩出し、そうしたなかから聖人といえる君主も出現すると考えているのである。

祭祀の法が制作される環境は、神書が作成されるときである（大学或問三―二六八～二六九）。

天下を知人《しるひと》は、神の主也。いづれの時にても、天下の主たる人《ひと》智仁勇の徳を明にして、時処位に叶ひ、人情事変に応じて、天下を治給ふ。徳行は神道となり、其跡を記したる書は、神書と成べし。

右の文では「いづれの時にても」とあって、一見神書はいつでも編纂されそうな口ぶりである。しかし、智仁勇の三達徳を明らかにする人とは聖人とみなせるから、それは「文明」化されて聖人といえる君主が出現したときである。

祭祀の法が制作されて神書も編纂されるときは、人心の惑いが解消される。しかし、蕃山はその条件・筋道を示しただけで、内容は語っていない。なぜであろうか。

蕃山の解決法は聖人レベルの君主、日本であるから天皇の出現に期待した。蕃山にとって祭祀の法を含めた礼楽は、聖人が制作すべき法であった。蕃山は「其礼儀の則の当然なる式はいかゞ」と聞かれて、「予其位にあらず、亦時にあらず。知と云とも云べからず」と答えている（集義和書一―一五三）。法のみでなく、その細則である式に関してさえ答えようとしなかったのである。蕃山は聖人レベルの問題である、もっとも理想的なあり方には発言を避けたのである。

蕃山の時代は学問、すなわち儒学が未発達な時代であった。蕃山自身、五百年・千年の基を定める聖人の法にくらべれば、心法や現実問題や時の政策論が中心の蕃山の議論は、「予が言のごときも今の人の惑に当り、今日の受用に益あり共、時去て後人の議論に及ばゞ、大半非ならん」（集義和書一―四一一）と認める。それ故に、「予が後の人も又予が学の未熟を補ひ、予が言行の後の時に不レ叶をばあらたむべし」（集義和書一―三四〇〜三四一）と、自身に未熟さのあることを認めて、蕃山の学説は後世修正されなければならない、と後人に要望したのである。

八　時代的意義

蕃山は主観の強い人である。貧しく助けあう社会を理想とするのも、若いころの近江桐原での実体験に基づくものである。食い詰め牢人の身で父方の祖母の城跡に身を寄せた蕃山一家は、衣食ともに貧農の生活を思わせる暮らしをしていた。彼らは屋敷畑を多少は耕したかもしれないが、武士としてそれ以上はしなかったに違いない。そうした一家を援助し支えてくれたのは、帰農した一族や縁者だったのであろう。蕃山が『集義和書』（一―二九〇）に、次のように述べているのは、実体験に基づく見解とみなせる。

親類はみな先祖の子孫なり。貧賤の者を先すくふべし。取あぐることならざる者ならば、常に念比《ねんごろ》に音信すべし。貧賤の者は少しの助にて大に益を得て悦ぶものなり。

金銭を使うこともない自給自足の貧しい暮らし、しかし、そこには心温まる人びとの暮らしがあった。蕃山が、彼の理論からすれば武士と農民は血統的に違うはずなのに、武士は農民を憐れみ、農民と同じ生活水準であるべきだと説くのも、この実体験のたまものである。

蕃山の生きた一七世紀は幕藩体制の確立期であった。問題は、蕃山が理想とした社会関係が、喪失されていったことである。城下町集住した武士はもはや農村に根拠を置かず、農民から重い年貢を収奪するのみであった。しかも、武士は商品貨幣経済に巻き込まれて窮乏化し、財政破綻していた。つけは農民への、さらなる重税の賦課である。

蕃山は仁政を強調した。その蕃山が祭祀の法がないとして、すなわち天地・鬼神の妖を認めて、当代を人心不安の時代ととらえたのは、このためといえる。蕃山の人心不安の認識は三節に記した以上に激烈で、狐や狸、怨霊や幽霊、そして魑魅魍魎《ちみもうりょう》の妖怪が跋扈する世の中であった。蕃山は俗信の世界を肯定する。その理由は、理論的には天地・鬼神を非合理的な禍福を下す人格的な作用をする存在としたためであるが、一方では非合理的な俗信がはびこる社会に、人道が成り立っていない現実を認めたからであろう。

幕藩体制の構造的な欠陥からくる内憂の危機を認めた蕃山は、それを外患の危機に結びつけた。外患の危機には異質な二つのものがあった。理論的には、右のような「人心の惑」に付け込むキリスト教である。もう一つは清である。晩年の蕃山は、清の侵攻を危惧して『大学或問』を執筆して、幕府に提出しようとした。

蕃山は、なぜ清がすぐにでも攻めてくると考えたのであろうか。その理由は、財政的に破綻し弱体化した幕藩権力、さらに民衆と乖離した幕藩権力に、強力な外敵と戦う力はないと判断したからである。幕藩体制は対外戦を前提にしていなかった。戦国の争乱を終息させて、国内の平和を持続するための体制であった。しかし、ここまで衰弱した原因の根源には、内憂の危機をもたらした諸問題がある。蕃山は外患の危機を強調することで、改革を求めたのである。蕃山の理想とする社会に復帰するための改革である。

具体的に改革案の特徴を検討しよう。一見したところ蕃山の改革案は、次章以下に述べる徂徠たちと違わないようにみえる。すなわち、武士が城下町集住したために奢侈になり、そのうえ参勤交代制もあり、武士は経済的に破綻した。その一方、商品貨幣経済が発展して商人が栄え、経済の実権は商人が握るようになった。商品貨幣経済は都市のみでなく農村にも浸透した。かくして体制が動揺している。この解決策は、商人から商権を回復して自給自足の経済に戻す。そして、根本的解決には徂徠は土着を説いた。しかし、春台以下は重商主義的な政策を説くようになって、この点、蕃山とは違っている。

一見同じようにみえる改革案であるが、実際は質的といえるほど違っている。まず武家の財政破綻であるが、その程度が違う。蕃山は「今天下の借銀高は、天下の有銀《ありがね》の百倍にも過べし」（大学或問三―二三九）と、武家の借金総額を指摘した。これを受けて春台は、次のように千倍になっていると指摘している。(46)

昔熊沢了介が、海内の諸侯の借金の数は、日本にあらゆる金の数に百倍なるべしといへるは、寛文・延宝の年の事なり。それより七十年を経たれば、今は千倍なるべし。

蕃山も春台も数的根拠を明示していない。百倍から千倍に増大したとは誇張ともいえるが、諸藩が借金に苦しみ、それがますます増大していったことは事実として認められる。したがって、百倍・千倍の数値はともかくとしても、急激に増大していった事実への、二人の実感であったとはいえるであろう。

厖大な借金といっても、蕃山の時代は後年に比べると、まだまだ少額であった。蕃山はモラトリアムを実施して、武家全体の借金調査をする。そして、米での長期返済か、それ以上の分は特権を与えて解消する提案をした。その結果、三〇万石の大名でも「借金多く共、漸二三千石にては借銀の埒明べきか」（大学或問三―二五三）と展望している。

したがって、財政的な対応に質的な差が出てくる。第一に蕃山は民衆のための政治である仁政を強調するが、それはたんに御救を施すのみでない。その眼目は本年貢の軽減であった。この点に関して蕃山は、私欲の代官のほうが、清直の代官よりよいとさえ述べていた。私欲の代官は賄賂を取って年貢を軽減するからである。

蕃山は浮役に関しても、廃止もしくは軽減を主張していた。浮役とは本年貢以外の主として山や河海に賦課する雑税である。水戸藩の場合、浮役の賦課は明暦三年（一六五七）に始まるとされるから[47]、浮役は本来賦課されなかったのである。それが財政の悪化とともに賦課されるようになり、多様化し増大したのである。

蕃山は年貢を増徴するのではなく、減免を主張した。次章以下にみる徂徠らに、この主張は認められない。また、この点が池田光政と対立するようになった原因と認められる。光政が減免から増徴へ政策転換した理由は、財政が維持できなくなったからである。幕藩権力の立場から立論した徂徠たちも、もはやそのような余裕は見込めなかったからである、といえる。それどころか、三章四章に明らかにするように、春台や青陵は浮役を重商主義的な政策の主要な財源とするのである。

一方、蕃山が年貢減免を主張できた理由は、一つには蕃山が農民に強い同情心を抱いていたからであるが、他方では右にみたように借金の返済は可能であり、したがって減免できると判断できたからであろう。

商品貨幣経済の発展に関しても、後年とは質的に違うと感じさせる。たとえば木綿作である。蕃山の語る農村は、彼が取り組んだ備前藩領といえる。その備前の農村は蕃山の記述によれば、蕃山の時代一七世紀中後期には、畑方のみならず田方にも木綿作が普及していた。これは水戸に住んで、後進地帯の水戸藩領とその近くの農村をみている私にとって驚きである。木綿生産の詳細は語られていないが、蕃山は武家の女性に絹と綿の生産に従事させれば、「田の木綿やみ、昔のごとく畠のみに作る」（大学或問三―二六五）ようになると展望している。

ここでの蕃山の提案、武家の女性に養蚕と木綿作、そして糸取りに従事させることは非現実である。しかし、それ以上に農村に浸透する商品貨幣経済を、阻止できると考えられた点が重要ではないだろうか。田方における木綿生産が、米穀生産よりも十分優位になっていないことが予想されるからである。

商品貨幣経済の発展が不十分であること、自給自足的な生活がまだかなり維持されていることは、破綻した武家を再生させる根本的な解決策として提唱された土着を可能にする基本的条件であった。蕃山は実際に知行地の蕃山村に自分の家臣を土着させるとともに、配下の番士を国境の要衝八塔寺村に土着させて警備にあたらせた。蕃山は土着を成功させて成果をあげた。その前提の一つには、備前藩領の農村にも発展度に差があったことも考えられなければならない。

備前藩領の農村は疲弊していた。農家は重税のために借金に苦しんでいたし、農村には地主が抬頭していた。この地主の性格であるが、蕃山は「凶年にて百性《姓》の迷惑する時には、よき田地山林屋敷等を、下直《値》に買得などして、富人はいよ〳〵身代よろしくなる」（集義外書二―一六七）と、たんなる貧窮分解のように説いている。しかし、田方に木綿作が普及する農村となると、やはり商品貨幣経済の発展が作用しているのではないかと、私には思われる。しかし、蕃山は発展度の問題は顧慮していない。むしろ無視できるものとみなしている。

疲弊した農村に土着を実現させるために、蕃山は藩権力の御救によって借金を解消し、質地取戻、売地買戻を実施することを説いた。そのとき藩権力は「上より本銀にて買もどし給はるべし」（大学或問三―二六一）と金融的援助で買い戻すのである。地主の成長は藩権力が強権を発動する必要のない程度のもの、諸営業とのかかわりを問題にする必要のない程度のものと判断できたのである。かくして均質的な本百姓体制が再確立される。この前提の上に武士は農村に土着する。そして、自給自足的な環境のなかで知行地の農民を譜代に取り立て、戦国期以前の土着農兵制の在地の小領主制に戻るのである。

蕃山の土着の構想は借金の解消、土地問題の解決と具体的である。一つにはこれは蕃山が農政に通じた人であったからであるが、一方では蕃山自身が土着の手本を示したように、その環境は失われつつあったが、まだ可能性を残した経済的・社会的環境にあったことを示しているといえるのではないだろうか。

なお徂徠は『太平策』に改革の時期として「茂卿（徂徠の字、注吉田）が愚存には、厳廟の末、憲廟の初を、よき時節の至極とす」[48]と書いて、厳廟四代将軍家綱と憲廟五代将軍綱吉の変わり目がよかったとした。二人の将軍の交代の時期は延宝八年（一六八〇）である。このときが最良とした理由は、徂徠の改革とは土着と制度化であるから、徂徠自身の時代感覚と蕃山の実績を評価しての土着の時期の提言といえる。次節にみるように、徂徠は蕃山の著作を読み学んでいるのである。ただし、徂徠の土着論は観念的で、農村の実情を顧慮せずに、地方支配の安定のための軍団と地方行政官の配置との意味あいを強くもっていた。

蕃山は一七世紀幕初の人であった。若いときの自給自足的な農村での、貧しいけれども心温まる社会を理想とした。そして、壮年期に実際に岡山藩政に携わった蕃山は、農政をはじめ具体的な諸問題に取り組み、実績を積んだ。蕃山の発言はこの実績に裏付けられている。それは理想を実現する、そのための提案であった。一見、後年の経世家の議論と同じようにみえる蕃山の所説は、この確かさと理想への復帰の実現可能性とが違っているのである。そして、それ故にこそ、時代的環境が変わったにもかかわらず、蕃山の経世論は後年の経世家に大きな影響を与えたのである。

九　影響

蕃山は大きな影響を後世に与えたが、ここでは理論的に徂徠学との関係[49]を中心に、その概略を述べよう。

荻生徂徠は藪震菴に与えた書状のなかで、次のように蕃山を高く評価した。[50]

熊沢の集書、不佞は未だその書を見ず。曽《かつ》てその人はなはだ聡明なりと聞く、蓋《けだ》し百年来の儒者の巨擘《きょはく》は、人才は則ち熊沢、学問は則ち仁斎、余子は碌碌未だ数ふるに足らざる也。

徂徠は儒教が興隆したこの百年間に、「学問」理論的には伊藤仁斎を評価した。それと併称して、「はなはだ聡明」な「人才」、役に立つ才知ある人物として蕃山を評価したのである。たしかにこれまで述べてきたことからも理解できるように、徂徠学のエッセンスといわれるものは、蕃山がすでに説いているのである。以下にそれをまとめて示そう。ただし、右の文では徂徠は蕃山の書を読んでいないと述べているが、これは多くの影響を受けたが故の、気位の高い徂徠の遁辞である。

聖人は蕃山が法といい、徂徠が道という礼楽刑政の諸制度の制作者であった。それは安民のために人情に基づいて制作された。もちろん情欲は肯定された。そして最高の徳である仁は安民のために治者のもつべき徳であり、教化とは支配そのものであった。制作者である聖人は最高の存在であり、また政治的君主として、そこに学ぶ古学が指向されたのである。

聖人の絶対化は、異端を包摂する視野の広い学問を形成させた。また、両者ともに改革の思想を唱えた。政治は多様な分野を対象とする。そのために蕃山は人に問うこと問学を聖人の法として方法論として採用した。徂徠も知見を広めて、あらゆることを知ることに努めた。こうした彼らの学問観は、多様な分野が学問として開花する方向性をもつものであった。

改革には人材が求められる。政治と道徳は分離された。人材は気質、生まれつきの才能に応じて有効に登用されなければならない。そして、支配は一人ではなく、全体の力で完遂されるのである。もちろん、改革の最重要施策は、城下町集住のために経済的に破綻し、軍事的に弱体化し、精神的にも肉体的にも退廃した武士を再生させるための、農村への土着であった。

右の事柄は徂徠学としてよく知られたことであり、蕃山に関しては本稿でみてきたものである。これに対して、意外と知られていないのが宗教的側面である。史料を引用して説明しよう。

二人は有鬼論者であった。ともに最初の聖人の制作は、禽獣に等しい自然状態にあった人間に、喪祭の礼を制作して道徳と国家の基礎を定めたと説いた。蕃山は自然状態を次のように説いている（集義和書一―一七二）。

上世は棺槨もなく、つかをつき、木をうえ石を立ることなく、亦喪に居こともなし。人死すれば広野の人なき處にを《(お)》くり、其上に薪を積て覆《おおい》たるばかりなり。ほどなく朽失《くちうせ》て跡なし。

こうしたあり方は、「孝子の心にを《(お)》いて不レ忍ところ」であり、また「遊魂変をなす」ので、不安定な社会である。そのために、「死に事《つかえ》ること生に事るが如くする」喪祭の礼が制作されたのである（集義和書一―一七二～一七三）。もちろん制作者は、「聖人の教は、其親を祭て敬の本を立候。親の神すなはち天神と一体にて候」（集義和書一―五二）とあるように、聖人である。聖人は「天神と一体」の親の霊魂を祭る喪祭の礼を制作することによって、「敬の本」道徳を確立させた。それは国家の基礎を確立させたことをも意味するのである。

一方、徂徠は祭祀の起源を次のように説いた[51]。

聖人のいまだ興起せざるにあたりてや、その民散じて統なく、母あることを知りて父あることを知らず。子孫の四方に適《ゆ》きて問はず。その土に居り、その物を享《う》けて、その基《はじ》むる所を識ることなし。死して葬ることなく、亡して祭ることなし。鳥獣に群《むらが》り以て殂落し、草木と倶《とも》に以て消歇す。民、これを以て福《さいわ》ひなし。蓋《けだ》し人極の凝《な》らざるなり。故に聖人の鬼を制し、以てその民を統一し、宗廟を建て以てこれを居《お》き、烝嘗を作り以てこれを享す。その子姓百官を率ひ、以てこれに事《つか》ふ。儼然として臨むが如く、洋洋として上に在り。人をして粛然として以て畏《おそ》れ、凛然《りんぜん》として敢へて肆《ほしいまま》ならざらしむる者は、これに取る所あらんか。

すなわち、聖人が出現する以前の自然状態にあっては、人は禽獣に等しい生活をしていて、葬祭を営むことはなかった。そのために人びとは幸福でなかった。そこで聖人は鬼、死後の霊魂を祭る祭祀の礼を定めて人心を統一して、秩序を確立したのである。聖人は鬼を祭ったのみではなかった。「それ然る後、神に配し明に殽《なら》ふ。人道以て尊く、能《よ》く百福を降し、以て造化を輔《たす》く。礼楽政刑、これに由りて出づ。聖人の教への極みなり[52]」と、聖人はそれを「神に配し」た。蕃山と違って徂徠は鬼と神とを、「鬼神なる者は、天神・人鬼なり[53]」と、厳密に使い分ける。神とは天の霊妙な作用である。すなわち、鬼、死後の霊魂を祭る祭祀の意義を明確にするために、天の神聖で霊妙な作用に結びつけたのである。かくして人道は確立し、道である礼楽刑政も、すなわち国家も、この神聖な祭祀を基盤にして成立したと説くのである。

両者の喪祭の礼の根底には、天がある。それは天命を重視することでもあった。ところで、蕃山は根本的な問題として、祭祀の礼が失われてしまったと提起していた。この点でも趣は少し違うが徂徠も、「吾が邦の先王、喪祭の礼を制せず。これを以て世の人遵守する所あることなし[54]」と、日本には祭祀の礼がないとするのである。

蕃山と徂徠との共通点、似ている点はこのほかにも、ともに東夷と称して中国を過大に評価した点など、数多く指摘できる。しかし、違いも大きい。徂徠の方法論が古文辞学であり、論理的にも堅実なのに対して、蕃山のは朱王折衷のうえに我流の解釈をするからである。したがって、結論的には同じであったとしても、論理的な意味あいが違っていることが多い。それ故に、違いに着目するならば、両者はまったく異質な思想家であった。しかし、右にみたように、徂徠学のエッセンスといわれるものがすでに蕃山にそなわっていたということは、両者の影響関係が十分認められることを意味する。徂徠学は蕃山学を基礎にして成立したのである。

蕃山の思想は、なぜ後世に影響を与えたのであろうか。その理由は次の点にあるのであろう。儒教は政治と道徳の学であったにもかかわらず、近世日本の儒教は経典を読んで知識をえる道徳学に堕していた。現実の諸問題に対処できる能力を喪失していた。これに対して、蕃山は改革を指向する政治学として、多様な問題を取り上げ、儒教理論に基づいて具体的に考察してみたからではないだろうか。

たとえば『集義外書』の巻十二・十三・十四は、「窮理」上中下であるが、そこで取り上げられた問題は、人事・特権・河川改修・仏教と多様である。そのなかには、なぜ蕃山は書簡に相手の姓名を書かないかとか、公家は狩衣を着るべきかなどの子細な問題まで取り上げられているのである。

蕃山の意義は、現実の多様な諸問題を具体的に考えてみた点にあった、と私は考える。幕末に横井小楠が、研究会のテキストに『集義和書』を使用したのも、こうした意味からであったに違いない。さらに蕃山は水戸学を通じて、我が国の近代国家の形成にも寄与した。

水戸学[55]への影響としては、東方の日の本の国という非合理的な地理的決定論や政策論、水戸学が学問をするうえで基本とした四綱目（神儒一致・忠孝一致・文武一致・学問事業一致）などにも認められるが、もっとも注目するべきは天皇祭祀の問題である。

蕃山は時処位に適応した易簡の法を、天皇を頂点とした神道に求めた。天皇祭祀は神道の核心であった。しかし、祭祀の法は伝わっておらず、欠如していた。その結果は人心の惑いの内憂であり、それは外患の危機を招くものであった。蕃山は天皇祭祀を確立して、神道を再興することをもっとも根源的な問題として論じていた。

一方水戸学は、とくに会沢正志斎の『新論』は、民心が離反して内乱直前の状態にあり、そこに外患の危機も生じているとの現状認識の下、欧米列強に対抗できる国家を模索した。そして、民の志を一つにできるならば、欧米列強と対抗できると考えた。そのために、天皇祭祀を核心とする神道の再編を提唱したのである。動揺し離反する民心、この心を権力が掌握し、国家を安定化するために、天皇祭祀を中心とした神道の根本的な改革を実施する、この発想こそ、蕃山が水戸学に与えた影響の最大のものであったに違いない。

（1）丸山真男『日本政治思想史研究』、四三～四四頁、東京大学出版会、一九五二年。傍点は丸山。

（2）尾藤正英『日本封建思想史研究』、青木書店、一九六一年。なお引用は順に、二四五・二七四・二五五～

二五六・二五六・二五六頁。
（3）同右書、引用は順に、二二〇・二三三・二三七〜二三八頁。
（4）同右書、引用は順に、二二七・二二七・二三〇・二七二・二七三頁。
（5）源了圓『近世初期実学思想の研究』、四二〇頁、創文社、一九八〇年。
（6）同右書、引用は順に、四二七・四五九・四五八・四五八頁。
（7）同右書、引用は順に、四六一〜四六二・四八四・四八三・四九二頁。
（8）友枝龍太郎「熊沢蕃山と中国思想」日本思想大系『熊沢蕃山』解説、岩波書店、一九七一年。なお引用はいずれも節題。
（9）同右書、引用は順に、五六二・五六三頁。
（10）同右書、引用はいずれも、五六四頁。
（11）同右書、引用はいずれも、五七六頁。
（12）同右書、引用は順に、五七七・五七九・五八〇頁。
（13）後藤陽一「熊沢蕃山の生涯と思想の形成」同右書、五一九頁。
（14）同右書、引用は順に、五一九・四七八・五一九頁。
（15）拙著『熊沢蕃山——その生涯と思想——』、吉川弘文館、二〇〇五年。
（16）蕃山とは、隠居して蕃山了介と名乗った苗字であるが、本稿では一般的な呼び方にしたがって、熊沢蕃山と称する。
（17）『水府系纂附録』、茨城県立歴史館寄託、石川治家文書二四—一（整理番号）。なお蕃山とその家族の履歴に関しては、とくに断らないかぎり、『増訂蕃山全集』第七冊（名著出版、一九八〇年）所収の「蕃山年譜」と「蕃山関係系譜」による。
（18）『水戸市史』中巻㈠、第二章第三節「家臣団の形成」、水戸市役所、一九六八年。

(19)『集義和書』『増訂蕃山全集』第一冊、二六八頁の意味。以下、全集によるときはこのように記す。なお文脈から書名の明らかなときは、書名は省略した。また、史料を引用するにあたって、次の処置などをした。片仮名は、かえって不自然にならないかぎり、平仮名に改めた。漢字の誤字などは正しい字を、平仮名でわかりにくい場合も、漢字をカッコに入れて傍書した。仮名遣いが間違っていて意味が取りにくい場合は、今の仮名をカッコに入れて傍書した。適宜、振り仮名をつけた。

(20)『集義外書』で蕃山は、ここで年齢を一歳多く数えている。なお前掲拙著、二七〜二八頁参照。

(21) 前掲拙著、二三〜二六頁参照。

(22) 前掲拙著、Ⅱ―二―2「情欲の肯定」参照。

(23)（20）と同じ。

(24) 林羅山「草賊前記」。

(25)『徳川禁令考』前集第一、九〇〜九二頁、創文社、一九五九年。

(26)『池田光政日記』、山陽図書出版、一九六七年。引用は順に、六二四・三四八頁。

(27) 前掲拙著、五三〜五四頁参照。

(28) 渡辺浩『近世日本社会と宋学』、一九七頁、東京大学出版会、一九八五年。

(29) 鬼神論に関しては、子安宣邦『鬼神論』（福武書店、一九九二年）を参照した。なお蕃山は学派的には朱王折衷の思想家であるが、陽明は朱子との違いにもかかわらず、その根底においては朱子の説を継承している（津田左右吉『蕃山と益軒』『津田左右吉全集』第十八巻、四四六〜四四七頁、岩波書店、一九六五年）ので、必要と認められるほかは、朱子学との関連を主軸として論じた。

(30)（鬼）神を理ととらえることは、近世日本の儒家神道の歴史のなかでは、それほど特異なものではない。たとえば、林羅山が提唱したのは理当心地神道であり、山崎闇斎も神を理ととらえていた（高島元洋『山崎闇斎』第一部第三章、ぺりかん社、一九九二年）。

(31) 友枝前掲書、五五頁、上段注。

(32) この非合理的な地理的決定論は、理論的には「心法図解」において、元を東とした説に基づいている。しかし、そこで蕃山自身が、元亨利貞の「四徳もと一理にして無方の神なれとも」(集義和書一―一三三)と述べたように、儒教の伝統のなかに元を東とする学説はないようである。なお拙稿「『新論』元気考」(『茨城の思想研究』6、二〇〇六年)参照。

(33) 泰伯皇祖説は『翁問答』に、「本朝は后稷之裔なりといへる説まことに意義あることなり」(日本思想大系『中江藤樹』、一四三頁、岩波書店、一九七四年)とあるように、中江藤樹の学説であった。蕃山はこれを継承したのである。また、幕府の儒官であった林家の私説でもあったから、当時の儒者の間では、むしろ通説的な見解であったとみなすべきである。なお中国の古典で日本が「太伯」の後裔と自称したことは、『魏略』と『梁書』に記されている(渡辺義浩『三国志よりみた邪馬台国――国際関係と文化を中心として――』、一六〇頁、汲古書院、二〇一六年)。

(34) 簡野道明『増補字源』、一三六三頁、角川書店、一九二三年。

(35) 前掲拙著、Ⅱ―二―8「天皇と武家」参照。

(36) 新釈漢文大系『礼記』上、一九七頁、明治書院、一九七一年。

(37) ただし、牢人の立場から立論した蕃山は、「今の無告の至極は牢人也」と述べ、次に武士・農民・町人を位置づける(大学或問三―二三八〜二三九)。

(38) 引用文の「問」には、「豊年ありて食足ときは士困窮し、凶年にして食不足ときは民餓」(集義和書一―三三三)であるが、引用文は豊年・凶年ともに苦しむのは農民と解釈できる。

(39) 蕃山はこの「堯曰」の言葉をしばしば引用して、徳川幕藩体制の崩壊を予言する。たとえば、『大学或問』(三―二六〇)など。

(40) 前掲拙著Ⅱ―二―9「改革の指針」参照。

(41)史料のこの部分の表現は、「たくわへ米、四万石づ、有国主も」(三―二五三)であるが、その前に「三十万石の国主、十五万石の蔵米、拾壱万石を以用を調、四万石を備とせば」(三―二五一)とある。
(42)『国史大辞典』7、柚木学「酒造業」の項、吉川弘文館、一九八六年。
(43)このほかに蕃山は大きな問題点として、内乱の元になるとみる仏教と山の問題を取り上げている。要点のみ示すと、仏教は得度の法を再興して僧侶の質を向上させることと、町中の寺院を撤去して山中に移す計画である。また、山は都市と寺院の縮小によって再生すると説いている。
(44)新釈漢文大系『論語』、一八六頁、明治書院、一九六〇年。
(45)同右書、二八八頁。
(46)『経済録拾遺』日本思想大系『徂徠学派』、四五頁、岩波書店、一九七二年。
(47)『水戸紀年』『茨城県史料近世政治編Ⅰ』、四五七頁、茨城県、一九七〇年。
(48)『太平策』日本思想大系『荻生徂徠』、四六四頁、岩波書店、一九七三年。
(49)徂徠学との関係については、前掲拙著Ⅲ―一「熊沢蕃山と荻生徂徠」参照。
(50)「与藪震菴」『徂徠集』『近世儒家文集集成』第三巻、二四六頁、ぺりかん社、一九八五年。
(51)(52)「私擬対策鬼神一道」『徂徠集』前掲書、一七六頁。
(53)『弁名』『荻生徂徠』、一二八頁。
(54)「復安澹泊」第六書、同右書、五四〇頁。
(55)水戸学との関係については、前掲拙著Ⅲ―二「蕃山と水戸学」参照。また水戸学に関しては、拙著『水戸学と明治維新』(吉川弘文館、二〇〇三年)と拙著『水戸学の研究　明治維新の再検討』(明石書店、二〇一六年)参照。

第二章　荻生徂徠の経済思想

一　はじめに

荻生徂徠は、丸山真男が近世思想史の主要な流れ、朱子学・徂徠学・国学を、思考様式論の立場から封建思想の「内部からの」「解体過程」ととらえて[1]以来、本居宣長と並称される近世思想史のキーパーソンである。したがって、これ以後の徂徠研究は思想史的に徂徠学の論理構造の解明に向かった。私には徂徠の研究史をまとめる力量はないが、徂徠学が儒教を外在化させた政治学であったことを思うとき、政治学としての徂徠学が現実をどうとらえ、いかに対処しようとしていたのか、政治史的経済史的考察がなおざりになっているのではないかと思われる[2]。

かくいう私も『熊沢蕃山』[3]を著したとき、「熊沢蕃山と荻生徂徠」の一章をおき、影響関係を論じた。そこでは「道と法」「改革論」「宗教的性格」の大きく三点にまとめて、両者の影響関係を指摘した。しかし、そこで扱ったのは論理構造であった。「改革論」でさえ、気質論・人才論・助け合い・問学であり、「具体的な政策に関しては、『大学或問』にまとめられている」「政策に関しては、『政談』にまとめられている」程度で処理してしまった[4]。そこに具体的な両者の政策論の比較検討という、大きな課題が残されたのである。

そこにとどまらず、近世の改革論＝経世論の系譜は、蕃山・徂徠・太宰春台・海保青陵と本多利明、と展開する。それを具体的におさえることも必要なのではないか、と考えるようになった。蕃山に関しては右の拙著で、それなりに論及した。それをまとめ直して、第一章においた。次に求められるのは、徂徠の改革論である。

右のように考えて、本稿ではまず徂徠の改革案を理解するために必要な範囲で、徂徠の履歴と徂徠学を紹介する。そして次に徂徠のみた現実をとらえ、それに対する根本的改革案と当面する諸問題への提案を検討しよう。

徂徠は「蓋《けだ》し百年来の儒者の巨擘《きょはく》は、人才は則ち熊沢、学問は則ち仁斎、余子は未だ碌碌数ふるに足らざる也(5)」と、蕃山を伊藤仁斎と並んで高く評価していた。評価した内容は、仁斎が学問であるのに対して、蕃山は改革のための経世論であると、近世以来、考えられてきた(6)。そこで本節の最後に、徂徠の改革案をよりよく理解するために、蕃山の経世論をごくごく簡単に紹介する。

蕃山の生活感覚の基礎は、若いときにすごした近江桐原の祖母伊庭氏の城跡での貧しい暮しである。下層農民の暮しといえる貧しさであった。蕃山は貧しくあれと説く。桐原での生活以上の生活は、蕃山にとって奢りである。蕃山は武士以上は天統、農工商は地生と、身分制を血統論で合理化するが、身分の別にかかわらず、この貧しさを要求するのである。

しかし、現実は城下町集住のために奢りが蔓延しており、そのために武士は窮乏化していた。武士の窮乏化は農民への苛斂誅求である。そのために農民も窮乏化した。また武士の窮乏化は武士の出費を減らし、一般の町人も窮乏化した。富み栄えているのは一部の大商人だけである。

右の現実を解消するために武士の土着を説いた。自給自足の農村に土着することで、武士は商品貨幣経済から逃れて再生し、譜代の家来を確保して軍事力も増強される。なお蕃山は、知行地の備前蕃山村で実践して成功している。

貨幣経済は完全には否定しないが、自給自足的な米遣いの経済に戻す。そして支配者は蓄穀に励んで天災と外敵に備えるとともに、民を救う仁政のために使う。人びとを救うのは上級の支配者のみではない。社会全体が身分の違いがあっても、働いて助け合うのである。

蕃山の経世論は実体験に基づいていた。中世的な自給自足の自然経済に回帰するのである。武士の土着も、おのおのの知行地に土着するのであった。在地の小領主制に戻るのである。小領主制下での、心が通い合う安定した社会を構想したのである。それが実現可能と考えられたのは、蕃山が一七世紀の人だったからと思わずにはいられない。

二　履歴

徂徠は寛文六年（一六六六）二月一六日に館林藩主であった徳川綱吉の侍医を勤めた荻生方庵の次男として、江戸二番町で生まれた。

学問の初めは七、八歳のときから父の「口授」(7)によって、家の日記を書かされたことであった。漢文で書いたのである。かくして「予《わ》れ十一二の時、既に能《よ》く自ら書を読み、未だ嘗《かつ》て句読を受けざりしは、蓋《けだ》し此れに由る」(8)と、一一、二歳のころには師に句読を授かることなく、漢文が読めるようになっていた。

延宝七年（一六七九）、一四歳のときに父方庵が綱吉の不興を蒙り、上総国長柄郡本能村（現茂原市）に流罪となった。徂徠も父に従った。以後、元禄五年（一六九二）二七歳のときに赦免されるまで、この地で暮らした。田舎の学問的環境は一見、最悪であった。師友もなく、本といえば祖父の手沢になる『大学諺解』一本があるのみであった。徂徠はこの本を熟読して、「遂に講説に藉《よ》らずして、遍く群書に通ずるを得たるなり」と回顧する。「和訓」によらずに漢文が読めるようになったのである。(9)本をえるのは本当に苦労した。弟子の岡井仲錫が水戸藩に出仕して常陸に行くときに贈った序文に、「性書を読むを好めども、書借るべきなく」と述べている。しかし、大成できたのは「南総之力也」(10)とも述べていることから理解できるように、逆境に陥ったからこその努力が報われたのである。もちろん、その努力は尋常一様のものではなかった。「不佞少《わか》くして南総にありしとき、すなはちすでに洛下の諸先生、先生を踰《こ》ゆる者なきを聆《き》くなり。心誠に郷《むか》ふ(11)」と、宝永元年（一七〇四）に仁斎に宛てて書いたように、すでに仁斎を慕っていたほどである。田舎で暮らした効用は、もう一つあった。現実をみる眼を養い、政治的な判断力を身につけた点である。『政談』に次のように告白している（290）(12)。

某幼少より田舎へ参り、十三年上総国に住て、身にもさまぐ〜の難儀をし、人々のことをも見聞し上、（中略）十三年を経て御城下に返りて見れば、御城下の風の以前に抜群代りたるを見て、書籍の道理をも考へ合せ、少は物の心も付たる様也。

上総での「難儀」とは、なんであろうか。一つには右にみた学問的環境であるが、ここでは苦しい生活である。宝永三年（一七〇六）に田中省吾と甲斐へ出張したときの紀行文「峡中紀行」に、徂徠が杼《ちょ》実（どんぐり）を貰い受けていたのを省吾に、「未だ公の狙《そ》公（猿まわし）たるを聞かず、杼実遂に何に用ゐん」と笑われたのに対して、徂徠は次のように反論した。親戚や知人との音信も絶えていた(13)。（なお藜藿は「あかざとまめのはと、粗食の義『字源』」）

これを以て日夜山谷の間を窮め奔走し、牧豎《ぼくじゅ》耕夫と伍し、備《つぶさ》に稼穡の艱難する所を嘗《なめ》ること、十数年間なり。その四方に餬口する所は、大氏《たいてい》盤中藜藿《れいかく》芹藻を堆盛す。荒歳にはすなはち草根樹皮その大半に居る。糅《まじ》ふるに半掬《すく》ひばかりの菽麦を以てす。

百姓と同様の食生活で、米を食べるどころか、雑穀も満足に食べられない現状であった。徂徠は都市に暮らして奢侈に流れる人と違って、貧しい農民の苦しい生活を知っていたのである。

元禄五年（一六九二）六月二日、父方庵が家綱の十三回忌に赦免された(14)。徂徠も江戸に帰り、増上寺近くに塾を開いた。塾の経営は順調でなかったが(15)、このころ徂徠は唐音を学び始めた。江戸の黄檗宗の寺院で中国僧に学んだと推測されている。(16) 徂徠は弟子に「誦するに華音を以てし、訳するに此の方の俚語を以てし、絶して和訓廻環の読みを作《な》さしめず」(17) と、経典を中国語で読めと説いた。当然といえば当然なのであるが、今日でも私を含めて、日本人は日本式に漢文読みをする。それでは重々しい漢字に煩わされて、中国語の正確な意味あいは読み取れないのである。当時の儒学会にあっては、斬新な方法の提起であった。

元禄九年（一六九六）八月二二日に、徂徠は柳沢吉保に仕えた。将軍綱吉の側用人として権勢を誇った吉保の屋敷には、しばしば儒学好きの綱吉が訪れて講釈をしたから、吉保は有能な儒者を採用していた。そのうえ、禅宗の信者であり、中国人の黄檗宗の僧侶について修行した吉保は、唐音にも通じた人であった。したがって、家中の儒者も唐音を学ぶものが少なくなかった。(18) このような環境に恵まれて、徂徠は本格的に唐音を学ぶようになった。(19)

徂徠は吉保に重用された。最初一五人扶持で召抱えられたのが、ついには五〇〇石取までに出世したことが、(20) 何よりもこのことを証明している。藩邸内に住居した徂徠は来邸した綱吉の講釈を拝聴するのみでなく、江戸城にも登城して拝聴した。柳沢家に仕官した徂徠は、その名を天下に知らしめたのである。(21)

徂徠は朱子学者であったが、朱子学に懐疑的であった。そうしたなかで、同僚で仁斎門下の渡辺子固と親しくなった。徂徠は仁斎の『大学定本』『語孟字義』を読んで、仁斎をますます高く評価するようになった。そして二人で読書会をして、子固に「何ぞ吾が先生の言と肖《に》たるやと」言われた。(22) そこで宝永元年（一七〇四）に仁斎に書簡を送った。

仁斎からの返書はなかった。仁斎は翌年三月一二日に死亡したから、そのためであろう。しかし、ことはこれで収まらなかった。同四年に東涯が「古学先生碣銘行状」を著し、そこに徂徠に無断で徂徠の仁斎宛の書簡を掲載したからである。徂徠は激怒し、反仁斎、朱子学に回帰してしまった。正徳四年（一七一四）に刊行された

『蘐園《けんえん》随筆』は、次に述べる古文辞文学を大成した書と評価されるが、その内容はほとんど仁斎批判である。

宝永元年（一七〇四）か二年のころ、徂徠は「天の寵霊《ちょうれい》に藉《よ》り[23]」、明代の李攀竜《りはんりゅう》『滄溟集』一六巻と王世貞『弇《えん》州山人四部集』一七四巻を入手した。文は秦漢、詩は漢魏盛唐の模倣文学であったが、徂徠はこの方法を採用した。すでに唐音を学び、中国語で経典を読むことを説いた徂徠であったが、古文辞学を知って、中国語でも古言と今言は違うことを認識したのである。経典を古言によって正しくとらえる。前漢以前の古言に精通するためには、儒教の経典だけでは限りがある。そのために同時代の諸子百家の書も積極的に読む。ここから徂徠は多様な分野の研究に道を開くことにもなった。

宝永六年（一七〇九）一月一〇日の将軍綱吉の死亡により、柳沢吉保は六月三日に隠居した[24]。失脚したのである。この間の三月二四日に徂徠は「町宅申付」られ、学者として「世上之為」に働くように吉保から命じられた[25]。徂徠は江戸市中に塾を開いた。徂徠の下には有能な人材が集まり、古文辞文学は一大勢力となった。

享保になると徂徠は古文辞学を文学から思想に応用して、徂徠学を確立した。理論的には仁斎学を跳躍台にして、儒教を外在化させた朱子学のアンチテーゼとしての政治学を確立させたのである。このために正徳四年（一七一四）に刊行した古文辞文学を大成した書として評価される『蘐園随筆』さえも、「不佞未熟之時の書に候。御用被レ成間敷《まじく》候[26]」と、切り捨てられたのである。

すなわち、享保二年（一七一七）ころになった『弁道』『弁名』「学則」であり、翌三年ころから着手した『論語徴』『大学解』『中庸解[27]』、そして『答問書』である。

徂徠は六代将軍家宣、七代家継の時代は幕府から冷遇されたが、八代吉宗になると厚遇された。このきっかけとなったのは、享保六年（一七二一）に明の太祖洪武帝が民衆教化のために編纂させた「六諭衍義」に訓点をつけた仕事であった。中国語の俗語で書かれたこの書に訓点を加える仕事は、幕府の儒官室鳩巣では手に負えなかった。生きた中国語に通じていた徂徠だからこそできたのである。

その後、徂徠は吉宗の諮問に預かる隠密御用を命じられた。月に三度、側衆の有馬氏倫宅へ通った。こうしたなかで享保一二年（一七二七）に、吉宗に献上されたのが、『政談』である。(28)『政談』は解体に向かい始めた徳川幕藩体制を再確立するために、将軍権力を絶対化させ、土着と制度化を説いた書であり、本稿の分析の対象となる書である。なお同種の書に享保六年ころの『太平策』がある。

吉宗の信頼をえた徂徠は、享保一二年（一七二七）四月一日に将軍吉宗に拝謁するという破格の厚遇をえた。ただし、『政談』に提起した改革案の根本である土着と制度化が、採用されることはなかった。

学問を大成させ、社会的にも高く評価されるようになった享保一三年（一七二八）一月一九日に、徂徠は六三歳で死亡した。

三　徂徠学

儒教ははるかな原始の昔のシャーマニズムに由来し、次第に政治・道徳思想として発展した。それを孔子が整理・総合して、儒教が成立したが、まだ理論の体系性といえるものはなかった。儒教が理論体系をもつには、朱子の出現を待たなければならなかった。このような由来をもつ儒教は、政治道徳思想として合理的な現世主義をとるが、下部は喪祭の礼をもっとも重視する宗教的性格をしていた。

朱子学は孔子以後に編纂された四書（『大学』『中庸』『論語』『孟子』）を根本経典としたが、古文辞学を方法論として採用した徂徠学は、より古い、孔子が古の聖人の道を伝えるために編纂したと伝えられる六経（『書経』『詩経』『易経』『礼記』『春秋』『楽記』）を根本経典として採用した。より古い経典を根拠にした徂徠学は、それ

だけに非合理的・宗教的な色彩が濃厚であった。なによりも敬天の思想として、天を絶対視する。(29)

天は解を待たず。人のみな知る所なり。これを望めば蒼蒼然、冥冥乎として得てこれを測るべからず。日月星辰ここに繋《かか》り、風雨寒暑ここに行はる。万物の命を受くる所にして、百神の宗なる者なり。至尊にして比なく、能《よ》く踰《こ》えてこれを上《しの》ぐ者なし。故に古より聖帝・明王、みな天に法《のっと》りて天下を治め、天道を奉じて以てその政教を行ふ。ここを以て聖人の道、六経の載する所は、みな天を敬するに帰せざる者なし。これ聖門の第一義なり。

天は「万物」に命令し、「百神」の大本の「至尊」である。したがって「聖帝・明王」もこれに法って統治した。聖人の道は敬天に帰するのである。

天に基づいて統治した聖帝＝聖人とは、「聡明睿智の徳あり、天地の道に通じ、人物の性を尽くし、制作する所あり(30)」と、天地に通じることのできる聡明な人であり、道を制作した人である。聖人が天地に通じることができるのは、窮理の成果である。(31)

然れども天下の理は、あに窮め尽くすべけんや。ただ聖人のみ能《よ》く我の性を尽くし、能く人の性を尽くし、能く物の性を尽くして、天地とその徳を合す。故にただ聖人のみ、能く理を窮めてこれが極を立つることあり。

聖人は自分と人と物との本性を尽して、天地と合一になる。それ故に理を窮めて「極」、基準となる道を制作したのである。

この窮理の理は、朱子学のいう窮極的原理としての理である。徂徠は朱子学の理を否定しなかったが、窮理を達成できる存在は聖人のみに限定したのである。前文の次に、「「理を窮む」といふ者は、聖人の事にして、凡人の能《よ》くせざる所なり(32)」と述べて確認している。

天地に通じて理を窮め、道を制作した聖人は、「学問の道は、聖人を信ずるを以て先となす[33]」と、信仰の対象に高められた。それでは、聖人とは誰か、その制作した道とは何か。

道は「これ数千年を更《へ》、数聖人の心力知巧を更て成[34]」ったものであるが、聖人は大きく二段階に分かれる。人びとの生活を豊かにした伏羲《ふくぎ》・神農・黄帝の「利用厚生の道」の段階と、「堯舜に至りて、礼楽を制作し、しかうして正徳の道始めて成り」「王道ここに肇《はじま》る」段階である。堯舜は礼楽を制作して「正徳の道」、道徳に基づく「王道」の行われる国家を確立した。その後、夏・殷・周の「三代の聖人も、またみな堯舜の道に遵《したが》ひ、礼楽を制作し」て、国家は長く安定して存続した。この国家を安定的に統治する礼楽の道を制作した七人の聖人を称えるのである[35]。

> それ堯・舜・禹・湯・文・武・周公の徳、その広大高深にして、備らざる者なきは、あに名状すべけんや。ただその事業の大なる、神化の至れるは、制作の上に出づる者なきを以て、故にこれに命《なづ》けて聖人と曰ふのみ。

そして、孔子はこの七人の帝王的存在である聖人＝先王の道を六経にまとめて、後世に伝えたのである[36]。ただし、礼楽は道のなかでもっとも重視されるが、徂徠の道はもっと広範囲に及ぶ[37]。

> 道なる者は統名なり。礼楽刑政凡《およ》そ先王の建つる所の者を挙げて、合せてこれに命《なづ》くるなり。

すなわち、礼楽のほかに刑政など、先王が統治のために制作したあらゆるものを含むのである。

王道の行われる礼楽刑政の道を制作した聖人、先王の目的は、「先王の道は、天下を安んずるの道なり[38]」である。「天下を安んずる」とは、「要は民を安んずるに帰するのみ[39]」である。すなわち、「相親しみ相愛し相生じ相成し相輔《たす》け相養ひ相匡《ただ》し相救ふ」「能《よ》く億万人を合して、その親愛生養の性を遂げしむる[40]」ことであり、民衆に安定した生活を保障することである。そして、「聖人の礼を制するは、人情に本づく[41]」と、聖人は道を人情に基づいて制作したのである。

このようにみてくると、徂徠学は民本主義を説いたように錯覚する。次のように士農工商の身分制は、互いに助け合うために聖人が制作したと、説いているように思わせる一文もある(42)。

世界の惣体を士農工商之四民に立候事も、古の聖人の御立候事にて、天地自然に四民有レ之候にては無二御座一候。農は田を耕して世界の人を養ひ、工は家器を作りて世界の人につかはせ、商は有無をかよはして世界の人の手伝をなし、士は是《これ》を治めて乱れぬやうにいたし候。各其自《みづから》の役をのみいたし候へ共、相互に助けあひて、一色かけ候ても国土は立不レ申候。されば人はもろすぎなる物にて、はなれ〴〵に別なる物にては無レ之候へば、満世界の人こと〴〵く人君の民の父母となり給ふを助け候役人に候。

たしかに「相互に助けあひて」と記されている。しかし、この場合でも、それは四民が職分をはたすことによって、「人君の民の父母とな」るべく、すなわち個人にとって絶対的存在である親同然の存在に人君がなるように「助け」るのである。慈愛に満ちた父母とは方向が逆である。

徂徠学は身分制に厳格である。それ故に儒教の最高の徳である仁は、「仁なる者は、人に長となり民を安んずるの徳を謂ふなり。これ聖人の大徳なり(43)」と、「古の、天下に君たる(44)」聖人に帰せられた。儒教を学んで官僚として君主を補佐する君子は、「おのおのその材に因りて以てこれを官にし、以てこれを民を安んずるの職に供せんと欲するのみ(45)」と、能力に応じた官僚となって民政を安定させる存在である。それが君子にとって「仁を輔《たす》くる所以(46)」なのである。このモデルが徂徠学の身分制度なのである。そこでは民は仁から疎外された被治者でしかない。

徂徠学において民衆は、被治者として愚かな存在としてとらえられる(47)。

術なる者は、これに由りて以て行はば、自然にしてその至るを覚えざるを謂ふなり。「民はこれに由らしむべし」のごときは、この意あり。けだし先王の道は、みな術なり。

「術」を用いれば自然と達成すると説いているが、次の「民はこれに由らしむべし」とは、『論語』泰伯の一文で、孔子が愚民観をもっていたことを象徴する言葉として有名である。愚かな民衆は、権力に依頼させるとの意味である。さらにここには記されていないが、「これを知らしむべからず」と続く。愚かな民衆の一人ひとりに意義を説いて、理解させることはできないとの意味である。

総じて徂徠学は大局からものをみる。それは上からの視線といえる。(48)

先王の道は、その大なる者を立つれば、小なる者おのづから至る。（中略）故に大を識る者を賢となし、小を識る者を不賢となす。後人の不賢なるは、ただ小をのみこれ見る。銖銖にしてこれを称《はか》れば、石に至りて必ず差《たが》ひ、寸寸にしてこれを度《はか》れば、丈に至りては必ず過《あやま》つ。その論、務めて精微の極を窮めんと欲し、蚕糸を析《さ》き、牛毛を剖《さ》けども、その大なる者すでにまづこれを失へることを知らざるなり。

徂徠のこの論は、朱子学の修養論が一木一草の理を窮める格物から始まり平天下に至るように、精微な考察を重視する朱子学に対する批判である。しかし、そもそも「その大なる者を立つれば、小なる者おのづから至る」との命題は成り立つのであろうか。

右の引用は『弁道』によった。『弁名』でもほぼ同じ内容が繰り返されているが、次の一節が違っているのは見過ごせない。(49)

人いやしくも聖人の教へに循《したが》ひてその大なる者を得ば、すなはち小なる者おのづから失はざらん。それ或いはこれを失ふといへども、また大害なし。何となればすなはちその大なる者を失はざるが故なり。

ここで徂徠は、「それ或いはこれを失ふといへども、また大害なし」と述べている。すなわち、大を得れば小も得られるとの命題は、かならずしも成り立たないことを認めている、と判断できる。その場合、どのように処理されるのか。「大害なし。何となればすなはちその大なる者を失はざるが故なり」と説かれる。この意味するところは、「大害」にならない小なるものは、大なるものを達成するためには、時として切り捨てられるのである。徂徠学は支配のための政治学である。政治には大所・高所からの視点と、一人ひとりを見逃さない微細な視点と、両方が求められる。しかし、徂徠学には後者が欠けているのである。

聖人は安民のために礼楽刑政の道を制作した。それは「みな術」、術策であった。その民衆観は、仁から疎外した「民はこれに由らしむべし」の愚民観であった。その視線は大なるものを達成するためには、時に小なるものを犠牲にしても仕方がないとする、上からの視線であった。こうした徂徠学において民衆教化の方策は、道徳支配による徳化を説いた儒教の伝統とは異質であった。『政談』には次のように説かれている（277）。

古聖人の道に、民に孝悌を教ゆることを第一と言るも、儒者などに講釈をさせて民に聞せ、民の自から発得して孝悌に成る様にすることと心得るは、大ひなる誤也。右に云る如く、其町村の睦じく、民の風俗の善なる様に、奉行の仕込ことを、孝悌を教ゆるとは云也。

すなわち、民衆に道徳を説き聞かせるのではなく、支配そのものが教化であると説くのである。

徂徠学において聖人とは、至尊である天に通じて礼楽刑政の道、政治制度を制作した先王、建国の帝王的存在であり、信仰の対象であった。徂徠は聖人の教を体得し、その普遍性を認識することを求める[50]。

学者いやしくも能《よ》く一意に聖人の教へに遵《したが》ひ、これに習ふこと久しく、これと化せば、しかるのち能く聖人の教への万世に亘《わた》りて、得て易《か》ふべからざる者あるを見るなり。

聖人の教を体得し認識した学者は、次にそれを支配者に説いて、礼楽刑政の道が実現されることを期すのである[51]。

王公大人など当務多き人の、かくの如くに学ぶことかたかるべし。夫《それ》は只聖人の道を会得したる人に習ひ染て、ひたすらに其人をたのむ心になりて、吾ものずきを出さず、其人の教に随ひて、年月をつまば、自然に

> 智恵の働き各別になり、右の如くに自身に学たると、何のかわりめもあるまじきことなり。

かくして徂徠学は、礼楽刑政の制度化を求める改革の思想として機能するのである。徂徠にその機会は訪れた。吉宗に信頼された徂徠は、拝謁を許されたのみでなく、改革を求める『政談』を献上したのである。

四　現状認識

徳川幕府が成立してから百年余、この間、着実に奢りが進行し、抜き差しならない風俗になっていた（331）。

> 慶長の比《ころ》より今日に至ては既に百年に及ぶ。其時よりは段々に世上の人、高下貴賤に不レ限、人々の身持、家の暮方、不レ覚奢《おごり》になり、今は又其《その》奢世の風俗となりて、世界の常となる故、是《これ》を可レ止様なし。

右の引用では、百年間に次第に進行したように述べているが、徂徠の認識では二節にみたように、元禄期に「抜群に代」った（290）のである。その元凶は、武士が「衣食住を始め箸一本も買調ねばならぬ」（295）城下町集住のために商品貨幣経済に巻き込まれたからであり、都市での生活は支配身分であった武士にとって、身分を飾る華美な生活を余儀なくされたからである。

風俗が変わったとは、どのようなことなのであろうか。「武家柔かにして、然も愚に成り」（273）、奉公人が欠落・逐電しても「手討成敗」はしないで金で処理するようになった（272）。また遊女屋や歌舞伎に通い、「傾城町・野郎町の詞を無二遠慮一使ひ」「是《これ》を真似ぬは田舎者と言詈《ののし》る」（284）。「任侠の風」も絶えて（273）、「親類近付」で浪人となったものの面倒はみなくなり、「唯利勘の心強なる」（285）。要するに武骨もので一族郎党が団結して対処してきた武士が、華美な都市生活に流されて古来の風を失い、金銭を重視するようになったのである。

たんに金銭を重視するようになったのではない。都会である城下町、徂徠は御城下と表現して江戸を論じているので以後は江戸といおう、江戸には武士の需要に応えるために商人がいて何かと便利である。「昔の武士は兼て心掛よく、左様のこと有ても手支《てづか》へ無レ之様に了簡支度《したく》して置たる」（308）と、かつての武士は何事が起きても対応できるように、準備万端調えていたが、そうはしなくなった。なぜならば、「金さへあれば如何様の火急なる事も皆間に合」う（308）からである。これは我々の眼からみれば、一見合理的である。いつ使うかわからないものを、何から何まで買い調えておくなど無駄だからである。

しかし、徂徠は我々のようには考えない。二点の弊害を指摘する。一つはそこに乗じて商人が高値に売りつけるからである（308〜309）。また「明日の出仕に下々の合羽《かっぱ》見苦しと夜に成て言ば、急に人を走らかして買調る」と、身分を飾るために値段を考えずに買うからである（309）。

高い商品を買わねばならない武士は、現金を確保するために質入をし、借金をした（309）。かくして武士は困窮化したのである。それではなぜ武士は困窮化を招くまでに、身分を飾るのであろうか。その原因として徂徠は、小笠原流の弊害を挙げる（314〜315）。

さて今の世には実の礼と言はなくて、小笠原と言物を礼の様に覚る也。小笠原の諸礼には上下の差別はなく、唯真草行と云ことを立て、丁寧に念を入るを真とし、略したるを草とす。去《され》ば丁寧に念を入たるが故実也と覚ゆるより、近年は何もかも丁寧に念を入るゝをよき人と思ふ人多し。これによりて人々心任せに詳に念を入んとすること、中頃より世の風俗となりて、物の数品多くなる。

礼法として尊重された小笠原流は身分上下の差別はしないで、「丁寧に念を入るを」重んじる。そのために「物の数品多く」なった。それにつれて「辺りを見合する風俗」（315）も形成された。

具体的に増えた品として裏附 裃《かみしも》と鼻紙 嚢《ふくろ》を挙げている。裏附裃はかつては三万石の嫡子も持っていなかったが、今では徂徠の子も持っていると（315）。鼻紙嚢は家康さえ持っていなかったのに、今では誰でも懐中に入れていると（316）。たんに増えただけではない。次第に装飾もきらびやかになったのである。

元禄期になるとそれがいっそう進行して、「公辺の勤方に脇を見合せ、例を聞合せすることを肝要とし」「世間並を見合せ」「格式作法の様なる物も世に連《つれ》て多く出来たる也」（316）と、「格式作法」と認識されるに至った。そうなると、大名といえども格式のために倹約ができなくなっていると指摘する。

もちろん徂徠は、大名が困窮化する第一の原因を、幕府の大名統制策である参勤交代と御手伝普請に求める。そして、当時の「金銀の代目《かわりめ》」、吉宗による通貨量縮小のデフレ政策に求める（321〜322）。それ故にこそ、大名は倹約をしなければならない境遇にあるのだが、格式のためにできないと、次のように説明している（322）。

其倹約をすべき様なき子細を詮議するに、大名の格と言物に支《つかえ》て、今は石にて手を詰たる様に成て、倹約をすべき様無なりたり。其格と言物は、朝夕の身の持様、衣服・飲食・器物・家居、人の使ひ方、奥方の作法、音信・贈答、使者の次第、御城下徘徊の供廻り、道中の次第より、冠婚喪祭の礼迄、古の制度にも非ず、亦公儀より定玉ふ法にも非ず。世の風俗にて自然と奢美に成たるに、傍を見合せ、時の風俗にて出来たる事の年久く取行《とりおこなう》故、当時に至ては是を格と号《なずけ》て、其身も家来も脇よりも一大事の事と心得、此格をはづれては大名と云詮なしと思ふ人の心也。其中に末の考へも無くしたる事も、多は世の奢に連《つれ》て出来たる時行事《はやりごと》の、年久く成て堅《かた》まりたることにて、役体《やくたい》もなき事ども也。去《され》ども是《これ》を格と覚居る故、是を少も損益する事不レ成、石にて手を詰たる様也。

公式に定められたものでなく、「世の奢に連て出来たる」ものにすぎない格式なのに、「朝夕の身の持様」からはじまって、あらゆる物事に及んで遵守しなければならないのである。そのうえ、当時の大名家は「内証の奢近来以外《もってのほか》に超過す」、すなわち奥向の経費が増大した。それというのも、身分の高い公家の娘と結婚するからであり、子を生んだ妾を本妻同様に扱うようになったからである。しかも、これも格式となっていた（322〜323）。

下級武士も物価高のために生活に苦しみながらも奢り、身分を飾る華美な暮らしをするようになっていた。三〇俵二人扶持しか俸禄がない同心は[52]、「同心の類は御宛行にて妻子を養ふことならず。何れも様々の細工を為て売り、夫《それ》を御宛行に合せて妻子を養ひ、家を持て、漸に御番を勤む」(264)境遇であるが、彼らの生活の現状は次のようであると指摘している(331)。

　此三四十年以前は、同心の家に畳をしきたる家なし。上下を著《き》ることなし。今は畳をしき、唐紙《からかみ》を立、家居も身上よければ与力とさのみ替《かわ》りなし。上下《かみしも》を著て出たる所は、よき知行取なり。

ところで、江戸に居住するようになった武士は、譜代の家来を「皆暇を出して、今は武家に絶てなし」(291)と、持たなくなった。それというのも、譜代は「我家に属したる者」なので、いろいろ「世話に為《せ》ねば成ぬ者」である。しかし、「悪き人柄」だと、江戸は「諸方の人入込《いりこむ》故、下々に附、出入の出来る事嫌ふ心第一也」との理由で、出替り奉公人に改めたのである(290〜291)。「譜代の家来は其主人と同く備立《そなえだて》に列る」(292)立派な軍事力である。それに代えて一年契約の奉公人などを連れて出陣しても、「箱根をも笛吹《うすい》をも越たら、皆欠落仕るべし」(293)と徂徠は指摘して、譜代の確保を説くが、それは次節に論じよう。

その出替りの奉公人さえも、武士は「身上相応に持事成ぬ様に成」った。理由の一つは物価高であるが(292)、彼らの暮らしも彼らなりに向上したからである。たとえば、以前と違って伽羅《きゃら》の油・元結・刻み烟草を買うようになったなどのために、「給金にては足らぬ程」であると指摘している(331)。かくして給金は高騰し、四、五〇年前は若党が二両ばかり、中間が三分か一両であったものが、若党が三、四両に、中間が二両二、三分になった(292)。

そのうえ彼らの仕事も、「供一辺と云こと中比《ごろ》より出来ぬ」と、ほかの仕事はしなくなった。たとえば以前は普請があると人足に動員されたのだが、当時は日雇人足に変わった(291)。また二、三〇年前から米舂屋ができて、彼らは米を舂かなくなった(292)。こうした意味においても、武士の出費は増大したのである。

武士の奢りの進行とは消費の拡大であり、それは商品貨幣経済の発展をもたらした。江戸の町人人口は「年々に弥増《いやまし》て」（306）、町は拡大した（265）。

民の心儘《まま》に家を建続ける故、江戸の彊限《きょうげん》年々に弘まり行き、誰許すとも無く、奉行御役人にも一人として心附《こころづく》人も無て、何《い》つの間にか、北は千住、南は品川まで家続に成たる也。

増大した町人の消費生活も活発で、町人の「暮しの物入莫大にして、武士の知行は皆商人に吸とらる」（306）ようになった。商人は武士の生活を支えるために、武士に奉仕するために置かれたはずであったのに、主客が逆転したのである。経済の実権は商人の掌中に握られた。それ故に「少も能《よき》町人は」「金さへ有ば大名と同じ」であった。また町人の消費の拡大は、「是《これ》諸物を用る人多き故、諸色の高直《たかね》なること尤《もっとも》也」と、物価高の一大原因となったのである（328）。

経済の実権を掌握した商人の力をさらに強めたのが、元禄の改鋳によるインフレである（332）。

其金民間に広まり、民間金又多くなりし故、人は弥《いよいよ》奢り、商人愈《いよいよ》利を得て、一人の身、一軒の家にても物入の品多くなり、又竈の数、一軒は二軒にふえ、二軒は四軒・五軒にふえたり。御城下の端々に家居立続きたること、亦田舎の末々迄商人の一面に行渡りぬること、某《それがし》覚ても元禄以後のこと也。

インフレのおかげで商人は利益をえて奢り、町人の消費も拡大したのみならず、軒数も大幅に増加した。そこにとどまらず、商人は広く農村部にまで進出したのである。

いかに町人が栄えたか、徂徠はその典型として仕舞《しまう》た屋を挙げる。仕舞た屋とは賃貸住宅業者であるが、家守に管理させて自分はなんの仕事もせずに、上がりで生活しているものである。徂徠は風俗の害になるので、「何にても工商の業を勤めさすべし」と提唱している（276）。

仕舞た屋が出現したのは人口が増大して、地代が高くなったからである。いかに高騰したかを、徂徠は荻生家の実例で紹介している。それによれば、祖父玄甫が江戸に出てきたときに五〇両で買った屋敷が、八〇年後に父方庵が売ったときには、二〇〇〇両だったというのである（327）。江戸の町が拡大し、いかに商品貨幣経済が発展したかを、象徴的に示す実話である。

ところで、江戸の商人が進出した農村部は、どのような変化がみられたのであろうか。まずは消費生活の活性化が指摘される（328）。

田舎の者も江戸の御城下を見習て、是又《これまた》金次第に、何事も江戸の町人に負じ劣じと奢をすることに今は成たり。

江戸から商人が行き、物を買うようになったと指摘していると理解できる。これも消費の拡大であり、物価高の一因であるが、そこにとどまらなかった。以前の農村は「皆米麦にて買たる」段階にあったが、「元禄の頃より田舎へも銭行渡て、銭にて物を買ことに成たり」と、貨幣経済が浸透した段階に至った（330）。そのなかから「総て百姓の奢盛なるより、農業を厭ひ、商人となること近来盛にて」（362）と、受身ではなく積極的に商売をする在郷商人が出現した[53]。ただし、何を売買していたかは記されていない。

地主経営も変化した。農村でも「譜代は損也。出替り者がよし」と、譜代から奉公人へと以前に変わったが、当時はさらに小作に変わったと、次のように指摘する（291）。

大百姓も田地を不ㇾ残手前にて作るには作男の数も入り、切米に物入るとて、多くは入作にして、手前にせぬことになる。

「作男」奉公人の「切米」給料が「物いる」高騰したので、「入作」小作に出すようになった。豪農が寄生地主化したのである[54]。寄生地主となった豪農は、その収入で何もせずに生活していると、徂徠は次のように述べている（276）。

田舎にても、大百姓の農業をせず、田地を皆小作に作らせ、其身は江戸の仕舞た屋の真似をする者近年は多く見ゆる。

しかし、これは受け入れがたい。なぜならば、近世の豪農は地主であるとともに、醸造などの産業を経営し、また質屋のような金融業を営んでいるのが、一般的であるからである。[55] この場合、右の在郷商人との関係が問題にされなければならないが、徂徠は言及していない。徂徠の農村の描写は詳細ではない。しかし、元禄以降、商品貨幣経済が浸透し、在郷商人と寄生地主が台頭したことが描かれている。ここから農民層分解が生じていると、推測できる。

城下町江戸に住んだ武士は奢り、身分を飾る消費を拡大した。それは物価高を招き、武士は困窮化した。奢りは武家奉公人を含む武家社会全体を覆った。しかも、それは格式として固定化し、倹約ができないほどであった。一方、商品貨幣経済の発展の結果、商人が台頭し、経済の実権は商人の手に移った。江戸の町は拡大し、物価高を昂進させた。さらに元禄のインフレはこの傾向をいっそう促進させたのみならず、農村へも商品貨幣経済が浸透した。封建社会の基盤である農村も、変質し始めたのである。

五　根本的改革

『政談』巻之二は経済論であるが、その巻頭を徂徠は次のように記した（303）。

太平久く続ときは漸々に上下困窮し、夫《それ》よりして紀綱乱て終《つい》に乱を生ず。和漢古今共に治世より乱世に移ることは、皆世の困窮より出ること、歴代のしるし、鑑に掛て明か也。故に国天下を治るには、先富豊《とみゆたか》なる様にすること、是《これ》治の根本也。

儒者特有の治乱興亡の循環史観である。もちろん徂徠は治世から乱世に向かう必然性を説いているのではなく、そうなる原因である困窮を除き豊かになる対策を立てることが、政治の要諦であると宣言しているのである。

それでは具体的にどのような救済策があるのであろうか。金銀などの御救では、「御蔵の金を悉く御出払ひありて御救ひなされても、又跡より元の如く成べし」(304)と、否定する。そうではなくて、「一銭を不レ費して下の恵となる」「聖人の道にしくはなし」(304)と提唱する。その大綱は土着と制度化である(305)。

> 古の聖人の法の大綱は、上下万民を皆土に在着けて、其上に礼法の制度を立ること、是《これ》治の大綱也。当時は此二色欠たる所より、上下困窮し、種々の悪事も出る也。

ここでは二点注目される。第一に困窮の原因は、土着と「礼法の制度」が欠けているからとの指摘である。なお土着も一種の制度であるから、ここでは「礼法の制度」と表現したのであろうが、徂徠は『政談』において普通は「礼法の制度」とは表現しないで、たんに「制度」と表現している。第二に二つの順序は土着→制度である点である。

徂徠は上下ともに豊かになる、土着を含む、たしかな制度の確立を模索した。このため当時、吉宗によって実施されていた享保改革の倹約令には、批判的であった。第一に制度ではないので、「下たる者可レ守様なく、唯「上には御物数奇《おものずき》」等の様に取沙汰する迄」だからである(339)。また享保の倹約令は、「前代迄のような身分を弁えぬ贅沢を禁止する命令ではなく、支出減少令であった[56]」ことは、二点の批判を招いた。一つは次に述べる身分差別の問題である。第二は通貨量縮小下のデフレ政策による幕府の財政再建は、「上に計《ばか》り御倹約有て御勝手直りたりとも、万民困窮せば不レ宜御事也」(445)と、民衆の困窮の原因となったからである。

それでは制度とは何か(311)。

> 制度と云は法制・節度の事也。古聖人の治に制度と言物を立て、是《これ》を以て上下の差別を立、奢を押へ、世界

を豊かにするの妙術也。

制度とは法制・節度のことであって、聖人は身分相応の差別を立てて奢りを押さえ、世の中を豊かにしたと説いている。しかし、当時の日本は大乱のために制度が亡びて、「上下共に心儘の世界と成」っているのである（311）。

ここではまず土着を除いた「礼法の制度」から、みてみよう。

「上下の差別を立」てるうえでの民衆観とは、どのようなものであろうか。「田舎の人は風俗にて雑穀を食する故、人何程多くても余らぬ者也」（279）。農民は雑穀を主食とするので過剰人口はない、との意味であろう。たしかに近世の農民は一般的に、祭礼か農繁期以外は米を食べずに、雑穀を食べていた。二節にみたように、上総の農村で青年期を過ごした徂徠は貧しい農民の生活を知っていたが、彼らに同情して改善しようと発想したのではなかった。農民の貧しい生活を当然視するのである。かくして下々は食生活のみならず、すべての分野において貧しくあれと説いた（313）。

扨《さて》上下の差別を立る事は、上たる人の身を高ぶりて下を賤むる意より制度を立るには非ず。総じて天地の間に万物を生ること各其限りあり。日本国中には米が如何程生る、雑穀如何程生る、材木何程生じて何十年を経て是《これ》程の材木に成と言より、一切の物各其限り有事也。其中に善《よき》ものは少く、悪《あしき》ものは多し。依レ之衣服・食物・家居に至る迄、貴人には良物を用ひさせ、賤人には悪ものを用ひさする様に制度を立るときは、元来貴人は少く賤人は多き故、少きものをば少き人用ひ、多きものをばおゝき人が用れば、道理相応し、無二行支一《ゆきつかえなく》、日本国中に生る物を日本国中の人が用ひて事足こと也。

単純再生産と国内自給経済の前提のうえに制度は立てられる。その趣旨は、上が下を賤しめるものではないといいながら、「衣服・食物・家居に至る迄」、少数の貴人には少量しかない良きものを、多数の賤人には大量に生産される悪しきものを割振るのである。それが道理に相応すると主張している。そして、続いて次のようにその効果を説く(313)。

此制度不レ立ときは、其数夥《おびただし》き賤人が其数少き善き物を使ひ用る故に、事不レ足して、もの丶価も高直《たかね》になる。又其数夥き賤人にも美物を望の儘に叶へさせんとする故、その美物も次第に麤《そ》相《そう》に成行也。又右の如く上下の差別なき故、上下混乱し、争の端と成て、諸の悪事是より生る也。兼て制度を立て是《これ》を守らするときは、人々其節限・分量をしる故、分に過たる奢は自然と無して、世上に費なし。

厳格な身分制が前提となっている。この制度によって、人びとは分限を知って奢りはなくなり、物価高も解消される。また争いや悪事もなくなると説いている。そこには需要が供給を生み、競争が品質を高めるとの発想はない。

右の議論は貴賤・上下と単純化されている。貴・上にあたる支配身分である武士にも階層があって、同等ではない。その間も厳重に差別化されることが求められた(339)。

制度を立る仕形《しかた》は、上大名より下小身の諸士に至る迄、衣服より家居・器物・食事・供廻り、其役席・官禄の限を以て立べし。役儀の品、席の高下、官の高下、禄の多少に従て其法を極《きめ》るときは、分に過たる奢は仕《し》度《たく》ても成らぬこと也。

このうち徂徠は衣服と供廻りを重視して、少し詳細に論じている。当時の武士の正装は将軍以下、みな麻裃であった。登城して綱吉の講釈を聞いたときに、この現実を目の当たりにして涙を流した話は、『政談』のなかでも有名な話の一つである(314)。

御先々前御代(綱吉の代、注吉田)に易の御講釈拝聞被二仰付一、某式も登城して御講釈の坐に列《つらな》りし時、熟々《つらつら》と傍を見廻したるに、御老中も、若老中も、大名も、御旗本も、有官無官ともに某等が衣服と何の異りもなし。是《これ》を見て、余りのことに涙こぼれて茫然となりし也。

徂徠は衣服の違いを、「衣服の品に依て役席・官禄明かに見ゆる時は、自ら無礼なし」（339〜340）と、身分を明確に表現するものとして重視した。また倹約のためにも重視した。かくして大胆に服制の改革を提唱した（340）。

衣服の制度は烏帽子・直垂を用るに非れば制度不レ立也。

裃から昔の直垂に戻せとの主張である。理由は、裃では小袖がみえるので、装飾を競うようになる。そのうえ、裃は種類が多く、附属の衣類も多いので倹約にならない。その点、直垂ならば下はみえないので、下に何を着ていてもよいし、二着もあれば一年過ごせるからである。ただし、「直垂は地も一定し、色も一定し、紋も模様も附られず、抜差のならぬ物数奇《ものずき》すべき様なし」と論じて、直垂を着た武士間の身分差別をどう表現するかは説いていない（340）。身分格差を表現することと倹約をすることとの、二つの論理が整合していないのである。そして、烏帽子を被るために、月代《さかやき》から総髪に改めるのである（341）。

供廻りも衣服と同様に、「供廻の装束、乗物・馬具の品にて役席・官禄明かに見ゆるときは、是《これ》又自ら途中の無礼なし」（340）と、視覚的に身分を表現するものとして重視した。そこにとどまらず、人数の減少を提案した（341）。

供廻は大勢召連ること、大名にても無用たるべし。国持大名も当時一万石位の供廻にし、夫《それ》より下段々に減少し、二三百石以下は供一人と云程のことに仕度こと也。

理由は費用がかかるからである。服制と供廻りの改正は身分を表現するのみでなく、「兎角倹約の仕形《しかた》、人の困窮を救ふ仕形、烏帽子・直垂にて供廻りを減少するより外は有まじき也」（342）と、困窮を救う眼目として重視されたのである。

これらの武士の改革は、日光社参を契機にして実施するよう求めた（342）。

右の如く衣服等の制度を定んには、代り目の際《きわ》、境無ては不レ叶事也。先東照宮へ御告可レ有事也。日光御社参を被二仰出一、二三年前より、「御供廻りの装束・諸大名参詣の装束、此度は如レ此可レ有」と号令有て、得と支度《したく》させ、夫《それ》より直に平日に用る様に有度こと也。

吉宗は、寛文三年（一六六三）以来六五年間実施されなかった日光社参を、享保一三年（一七二八）に実施した。徂徠はこの計画を知って、絶好の機会と期待したに違いない。

制度化によって支配身分の武士は困窮から救われる。そのためには、武士にも倹約が求められた。これに対して、多数者である下々の被支配身分である百姓・町人には、「上下の差別を立」てる以上の、「最初に町人・百姓と武家との差別を屹度《きっと》可レ立事也」（342）との方針の下、次のような厳しい生活統制が求められた（342〜343）。

町人・百姓共に衣服は麻・木綿なるべし。老人・女は紬迄を著用すべし。其外堅く不レ可レ用、如レ此立るときは、仮令《たとえ》桟留《さんとめ》・カナキン・唐木綿の類を木綿の内也とて用る様なる紛しき事を堅く可レ禁。家居には床《とこ》・違棚・書院作り・長押《なげし》造り・切目縁《きりめえん》・唐紙障子・張附・赤塗・白土・腰障子・舞羅戸《まいらど》・杉戸・欄間の類、玄関に式台を附、天井を張の類堅く禁ずべし。器物に蒔絵・梨地・青貝・黒塗・朱塗幷《ならび》に金・銀・赤銅の金物堅く可レ禁。脇差は皮柄《つか》・藤柄・革下緒を用ゆべし。糸柄・金・銀・赤銅の飾り堅可レ禁。但し鞘は黒塗を可レ許。乗物は町人・百姓共に可レ禁。紙は奉書・杉原・糊入・美濃紙・中杉・小杉、尤《もっと》も檀紙等堅く可レ禁。燭台・挑燈《ちょうちん》・合羽《かっぱ》、百姓には堅く可レ禁。

ながながと引用したが、和服や日本建築・調度品に疎い私にとって、イメージのわかない品物のほうが多いが、要するに身分不相応なすべての高級品・装飾品は禁止されるのである。ここには食料品はないが、前に百姓は「雑穀を食する」との指摘をみた。町人に関しては、この改革が成功したときには、「御城下の町人皆雑穀を食する様に可レ成」（345）と、展望されている。

被支配身分である百姓・町人は、雑穀を食べて装飾のない安価な必需品のみで暮らすのが身分相応だ、と決めつけているのである。それを合理化するのは、彼らの生活の向上による出費の増大は困窮化をもたらす、との考え方である。右の引用に続けて次のように述べる（343）。

　是《これ》町人・百姓を憎むに非ず。彼等が身上右の如くの奢りに依て物入多く、暮しに物入ことは今は常に成たれば、此制法出ること、彼等が為にも能《よき》こと也。

しかし、本音は続けて、「第一右の諸物を町人・百姓心儘に用る故、諸色の直段《ねだん》逐日高直《たかね》になる也」（343）と語られる。前にもみたように、多数者である身分の賤しい百姓・町人が良き物を消費することは、物価政策上、避けなければならなかったのである。

右の問題点を、徂徠学の論理から確認しよう。三節に聖人は人情に基づいて、安民のために礼楽刑政の道を制作したことをみた。制作された道は、次に生活水準を国家が安定的に維持される程度にとどめる作用をする（312）。

　往古の聖人能《よく》人情を知て、人情相応に、人たる者の勝手能《よ》く、亦人情にて悪き方へ流たがる所を知て、夫《それ》を押へ玉へる。

人情は「悪き方へ流」れやすいので、道はそれを予防する作用をはたす。なぜ悪い方へ流れるのか。それは「華美を好むは人情の常」（314）だからである。

道である制度は「華美」、奢りに流れる人情を予防する。その人情とは、「人情には時代の替り無て古今同じこと也」（312）とあるように、普遍的なものである。もちろん、身分によって変わりがあるわけではない。

制度は身分差別を前提にするとしても安民、すなわち人びとに安定した生活を保障するものであった。徂徠も「富豊《とみゆたか》」になることを改革の目的に謳っていた。「親愛生養」する社会の建設は、徂徠のように消費を身分によって徹底的に差別化する論理からは、生まれないといえる。それ故にこそ、徂徠は身分によって消費を差別化するのに、「上たる人の身を高ぶりて下を賤むる意より制度を立るには非ず」といい、「是町人・百姓を憎むに非ず」と、いわなければならなかったに違いない。徂徠は民を安んじるためでなく、武士を安んじるために発想しているのである。

そのうえ、建国の聖人の時代は質朴なときであったことが前提にされるが、徂徠の時代は奢侈と困窮化がすでに進行したときであった。人情はすでに華美に流れていたのである。しかるに徂徠は、「悪き方へ」流れる「華美を好む」人情を否定した。すなわち人情に逆らって制度を構想しなければならなかったのである。

徂徠の身分による消費の差別化は、論理破綻をしていると認められる。徂徠が論理破綻をした理由は、儒教的な理想主義を一方で掲げながら、武士中心の幕藩体制の原理を優先させたからである。また困難な現実のなかで、幕藩体制を再確立させようと思索した結果である、といえる。

論理破綻をしてまで主張された百姓・町人の貧困生活の強制は、当然通常の方法で実現できる展望を徂徠はもてなかった。その実現のためには、強力な経済外的強制が必要と、次のように主張されたのである(343)。

当時切支丹の改の如く、厳密に可㆓沙汰㆒事也。

徂徠は「富豊なる様にする」政治を目指したが、制度化によって富裕を保障されたのは支配身分であった武士のみである。それも上級になるほど豊かになるのである。一方、被支配身分である百姓・町人は破産に至る困窮化は免れると考えているのであろうが、貧しい最低の生活を強制されるのである。それではもう一つの柱であった土着はどうであろうか。

本節のはじめの方に引用した「聖人の法の大綱」を示した史料は土着を、「上下万民を皆土に在着けて」と表現していた。すなわち、土着には上と下の二種類がある。『政談』の巻之一は統治論というべき内容であるが、それは江戸の治安の悪さから説き始める。主因は地方から百姓が入り込んで、分厚い貧困層を形成しているからである。その対策に百姓の土地緊縛を厳密にする戸籍の作製が説かれた。そして、次に武士の土着論が展開されるのである。

この巻之一の論旨の展開からみて、「下」江戸に流入した元百姓の貧困層の土着は、「上」武士の土着の前提とされているといえよう。その主たる方法は、人返と戸籍である。もちろん、江戸を縮小して商品貨幣経済を抑制することによって、安定的に年貢収奪ができる農村を再確立するためである。自給経済を前提にする徂徠の人口論は、地域ごとに農業生産力に見合った人口配置が理想であった（277～278）。

> 江戸も田舎も国々も、其処に其人を極《きめ》ることとなれば、先《まず》人数総高のつもり有べし。古へは地を量《はか》りて民を置と言ことあり。六十余州悉く一国々々の人別を見て、扨《さて》御城下の人と関八州の人との総人数を考へ、関八州より出る米穀にて、御城下幷《ならび》に関八州の人の一年の食事の足る積りを準合にして、御城下の人数を定むべし。諸国より来る旅人幷に諸大名の家来は外なるべし。是《これ》は諸国より来る米を食する積りにすべし。当時御城下に居る者多く諸国の者なれば、右の限りを以て御城下の人数を限り、其外は悉く諸国へ返すべし。

国ごとに農業生産力に応じた人口配置に改めるのであるが、御城下は大きいからであろう、関八州で養える人口に制限される。それ以外は、みな人返となる。当時、江戸の人口は百万人、うち武家が五〇万で町人が五〇万と推定されている[57]。この膨大な人口を養うために、江戸には全国から米穀が運ばれてきた。徂徠にとって、このような全国的な流通経済は、非常のときに危険であった（279）。

> 当時御城下に数百万の人を聚《あつ》め置き、諸国の米を悉く御城下へ運び来り食ひ費すこと、当分は賑かに繁昌に見へて目出度ことなれども、奥筋に事あらば仙台の米は入まじ。西国の方に事あらば上方の米は入まじ。其時は御城下の民食に渇《かつ》へて騒立ん。然る時は何と静めても静め難かるべし。殊には飢に迫りて何事を為んも

計り難し。

享保一八年（一七三三）一月二五日に、西国筋での飢饉のために起きた、江戸で最初の打毀を予言したものとして有名な一節であるが、こうした治安上の意味からも、江戸一極集中は避けるべきだと考えたのである。

徂徠は江戸の適正な人口規模を提起していないが、かなりの規模の町人人口の削減を期待した。そのうえ、大名には「参勤の節召連る人数を殊の外に減少し、御城下往来の供廻も随分に減少し」（324〜325）と述べているから、武家人口の減少も計画した。また次の段階には旗本の土着がある。なお旅人に関しては、「路引」＝通行証の制度を厳重に定めて、「旅を為ることは余程不自由成べし。当時は余り自由なれば害多き也」（281）と、人口移動の一因となっている旅をしにくくして、その弊害を除くことを提案している。

百姓の土地緊縛を確定するのが、戸籍である。この戸籍は当時の人別帳と大分違っている。人別帳は身分別ではあるが村単位に、宗門改の人別帳であれば、宗派ごとに毎年作製される。その記載内容は一軒ずつ奉公人・隷属民まで含めて家族関係と名前と年齢である。これでは第一、出入、生死・嫁聟・奉公の日付がわからない。毎年の分が揃っていなければ、その年さえわからない。もちろん人別帳が欠けている間の出生・死亡などの出入も分らない。そのうえ男の名前は一生のうち、三、四度は変わるので同一人かどうか、しばしば悩まされる。また人別帳が揃っていたとしても、嫁聟はどこから来たのか、離縁されたならどこへ行ったのか、奉公人もどこから来てどこへ行ったのか、分らないのである。これに対して、徂徠のいう戸籍は今日の戸籍に近い。次のようである。ただし、『政談』の記載上の便宜のために、ここでは戸籍といわずに、人別帳と表記されている（275）。

人別帳と云は、其村所の家別を記して、其家々の亭主を初め、家内の人数を譜代の者迄不レ残記レ之、嫁取れば記レ之、養子をすれば記レ之、女《むすめ》他へ嫁して行けば除レ之、子生れば年月日を記し、死する人あれば何月何日に死すと記して除レ之。出家する者あれば其子細を記して除レ之、其師の寺の人別帳に載レ之。出替り

> 奉公人は不ㇾ載ㇾ之。是《これ》は其者の在所の人別帳にある故也。名を妄りに替《かえ》ること成らず。年も生る、時記する故、偽を云ことならず。武家も此通り也。寺も同じ。

出生と死亡に関しては年月日を記すように書かれているが、嫁と養子には「記ㇾ之」としか書かれていない。しかし、年月日とどこから来たのか、どこへ行ったのかは、「人々郷里と云者定る」(275)のだから、当然記載すべきと考えていたとみなしてよいだろう。要するに加除できる台帳になるのである。改名は原則禁止である。とくに奉公人は記載しない点が重要である。

戸籍は村単位に時間的にも場所的にも正確に記載される。奉公に出たとしても出生した村の戸籍に記載されたままである。ただし、奉公に出るときには領主に届け出る。受入れ先の領主は証文をとる(269)。かくして嫁聟などに行って家が変わらないかぎり、人びとは出身の村から離れられないのである。もちろん戸籍は江戸の町方でも作られ、同様の効果を期待された(280)。

> 御城下の人の戸籍を定めたる上にて、御城下の町に居る家持と店借りとを吟味し、家持は本百姓の如くし、店借りは水呑百姓の如くし、何《いず》れも其町を永々子孫迄の居住と定め、店借りも自由に他所に店を替《かえ》ること成らぬやふにすること本式也。

戸籍によって、すべての日本人は土地に緊縛され、一人ひとりが将軍権力に掌握される(273~274)。

> 是《これ》にて世界の人に統轄を附る故、世界の万民悉く上の御手に入て、上の御心儘になる仕方也。

まさしく戸籍は「治の根本」(274)であった。

百姓を強力に土地に緊縛して、安定した年貢収奪のできる農村を再確立してから、武士の土着は実施されるべきであった。しかし、武士の窮乏は激しく、「武道を再興し、世界の奢を鎮め、武家の貧窮を救の仕形、此外更《このほかさら》に不ㇾ可ㇾ有」(295)と、武士の土着は急がねばならなかった。

土着は年貢米を売って金に換え、その金で物を買う商品貨幣経済のために窮乏化した武士を経済的に再生させるとともに。譜代を確保して軍事力を強化する方策として、何よりも重視された(344)。

武家知行所に居住するときは、家居には所の木を切て作り、米は年貢米を用ひ、味噌・豆も処に生ずる、衣服は織て着る。衣食住に物入る事なし。下々の切米も米にて取らせ、又大小・衣服を許すときは、分限なる百姓は皆家来となる。人返しをするときは、奉公人他へ住む事ならぬ故、皆地頭の家来となり、譜代となる。去《され》ば米を売て金にする事は入らぬこと也。

ここで「衣服は織て着る」とあるのは、武家の妻女の仕事として、「自ら機《はた》等織」る(298)からである。土着することで武士は商品貨幣経済から解放される。衣食住ともに領知からの産物で自給生活を送るようになる。そのうえ、「分限なる百姓」、すなわち豪農富農層を家来に取立てる。また人返のために帰村したものを、おそらく帰村しても田畑を持たないからであろう、家来に取立てる。といっても、出身が奉公人であるから足軽・中間を意味しているのであろう。

右の史料では家来に切米を与えると記しているが、田地を直接渡して耕作させると、別なところでは書いている。ただし、石高からみて下級の家来を対象にしているのである(298)。

家来も田地五石目・十石目取せても作り取《つくどり》にさする故、五石は十石になり、十石は二十石になる也。其上に田舎の暮なる故、五石目は二十石に向ひ、十石目は四十石に向ひ、何《いずれ》も豊に、然も数多く持る丶故、軍役の嗜み如何程もなるべし。

年貢を取らない「作り取」にするからであろうか、五石・一〇石は倍化する。しかし、それがさらに倍化する理由は私には理解できない。たとえば、茨城県稲敷市にある高田神社には、二五七石五斗の朱印地があった。それを九軒の神職と八寺に配当していた。神主は五〇石であるが、それ以外は一〇石から二石五斗であった。寺院は小作に出していたが、神職は神主以外は自作していた。しかし、彼らは貧しく、そのために一、二軒欠けているのが普通であった(58)。それはともかくとして、徂徠によれば、かくして下級の家来も軍役に耐えられるようになるのである。

土着の効果は経済的・軍事的のみではない。肉体的にも強健になる(298)。

　男も野広く方々駆歩行《かけあるき》て、手足も丈夫に成べし。親類近付の所へ話に歩行き、用事あれば五里も十里も常に往来して、馬も自ら達者に可レ成。

そこにとどまらずに、さらに「平生隙《ひま》なれば、武芸幷《ならび》に学文も、外の慰みなければ、江戸より善《よ》かるべし」(298)と、精神的にも健康な生活になるのである。

百姓との関係も江戸にいるときは、離れているので「唯百姓よりは年貢を取物と」考えて「非道をする族も」あるが、常に在地に居住して日常的に接していると、「愛憐の心も自然と生じ」て、「百姓をさのみ苛《むご》くは」扱わなくなる(299)。徂徠は年貢を取るばかりでなく、きちんと「民の父母」として支配することを説いた(392)。

　真の治と云は、我支配下・組中は上より御預置る、ことなれば、末々迄一人も見放されぬ物也と思ひはまりて、我苦にし、世話にする事也。是《これ》を聖人の道に「民の父母」と云、又是を「仁の道也」と言。

しかし、続けて次のように述べている点は見落してはならない。愚民観の持ち主である徂徠は、けっして「民」の立場から発想はしないのである(392)。

　父母の子を会釈《あいしら》ふは、敲《たた》きもする、折檻もする、だましもする。唯面倒をよく見て、苦にし世話にし、兎角下の成立やふにする事也。

力による支配を当然とする、上からの視線で見下しているのである。こうした発想をする徂徠にとって、武士の土着は個々の武士が、分散して知行地に土着するものではなかった。将軍は旗本を土着させるが、その方法は次のように説かれた（299～300）。

其仕方、大体二三里四方の地に一組の武士の知行所を割て、其知行所々々に地頭を差遣し、其頭に器量次第段々に可レ成人の、三千石四千石位の身上なるを三四人程も其所に知行所を与へ差置き、其内にて当分器量有レ之仁を頭に申付、私領と交々《まぜまぜ》に御料を割入、御料をも右の頭に預け、組の支配をも、御料を治め、年貢の取立又公事の裁許も、軽きことは所々で捌《さばか》せ、川普請等一切のこと其頭より可二申附一。如レ此ならば田舎自ら締て、御政道可二行渡一。

一組の武士団を「二三里四方」の地に配置するのである。そのなかには幕府領も含まれる。そして、頭を任命して、年貢の取立から裁判・民政の支配を行う。目的は「田舎自ら締て」とあるように、地方支配の強化、治安の回復である。旗本が配置される地域は、主として関東が念頭におかれているといえるが、関東農村の治安の乱れが大きく問題になるのは、もう少し後年のことである。しかし、徂徠は治安の乱れを『政談』の所どころで述べている。とくに巻之四では「博奕之事」「強盗之事」（421～422）の二項目を立てている。また、さきに述べた民衆への厳しい生活統制も、「畢竟武家を知行所に置に非れば、此法田舎迄行渡り難かるべし」（343）とみなされた。地方への軍団配置は、「畢竟の所、武家を知行所に置ざれば締りの至極に非ず」（295）と、治安確保のために重視されたのである。

将軍は江戸を縮小し、旗本を知行地に土着させる一方、みずからは商品貨幣経済から逃れるために、買上制から貢納制へ転換する。そのためには、考え方を改めなければならない（306）。

天下を知食《しろしめさ》る丶上は、日本国中は皆御国也。何も彼も皆其物を直に御用なさる丶故、御買上と云ことは無き筈也。物を買と言は、元来人の物なる故、唯《ただ》は取れぬ故、代りを出してとること也。日本国中は皆我国なれば、何も彼も日本国中より出る者は我物なるを、人の物と思召て代りを出して買調ること、大なる取違也。

将軍に対して「日本国中は皆御国也」と、日本はみな将軍のものだから、他人のものであることを前提にする買うという行為はありえない、と説いたのである。徂徠が将軍権力を絶対化させようとしたと論じられる、有名な一節である(59)。

貢納制は「古《いにしえ》三代の御代より、諸侯の国には土産の貢あり」と、聖人が建国した夏殷周の三代が論拠となっている。その後、中国では郡県制になっても、日本でも律令制の時代には、「殊更《ことさら》国々より土産の貢を上ること書籍の面《おも》て明白也」と認めている(318)。商品貨幣経済が発展する以前の古代国家を念頭に置いているといえる。儒者にとって三代は聖人の制作した理想の国家であった。したがって、彼らにとってもっとも強力な論拠である。この論拠に基づいて、徂徠は貢納制のあるべきあり方として、次のように説いた(318)。

　諸侯には其土地を全く賜るに、土産の貢を上る道理は如何様のことと云に、五穀と人民とは何《いず》れの国にも皆ある物なる故、其土地を下し置るゝ上は、年貢米と夫役とは其君の所務となり、偖《さて》其外の諸物は、土地に随て各別に勝れたる所有て、諸国一様にあらざる故、土産の貢を上一人へ上ること、是少も無理なることに非ず、道理の当然、古今の定法也。

領知を与えているから、全国共通の「五穀と人民」から得られる「年貢米と夫役」は領主の「所務」収入となる。しかし、そのほかのものは、「土地に随て各別に勝れたる所有」るので、将軍に貢納するのが当然と説いている。この説明は少しわかりずらい。次のように解釈するべきだと考える。

貢納品の具体例としては、「越前よりは奉書紙、会津よりは蠟燭・漆、南部・相馬よりは馬、上州・加賀よりは絹、仙台・長門よりは紙」を挙げている。これらは、石高に評価されて領知高に組み込まれている本年貢を出す田畑屋敷からの生産物ではない。すなわち、これらの土地は将軍が領知として与えた石高に入っていない。したがって、将軍は正式に領知として与えているとはいえない。それ故に田畑屋敷以外からの生産物は、全国を所有する将軍のものとして貢納しなければならない。そのうえ、儒教理論からいえば「名山大川は不レ封」である。この原則に従って、徂徠は尾張に木曽を紀伊に熊野を与えたことを批判している（319）。とはいっても、徂徠は「其外の諸物」のすべてを貢納しろと説いたのではない。右の具体例でも理解できるように名産品である。それを「公儀にて御入用の程を積りて、其大名の身上々々に応じ」（319）て、貢納させるように主張したのである。

貢納品以外の特殊なものはどうするのか。以下のように説いている。まず「名山大川は不レ封」の原則から、鉱山・美林地帯、そして銚子や小田原のような漁業地は幕府領にする。野菜は江戸近在の畑方農村の「百姓の役」にする（319）。職人は扶持取にして作らせる（319〜320）。「武器の類は同心の役として作らすべし」とあるが、続く説明文から判断すると修理の意味である。「馬は牧を仕立て」て生産する（320）。「人足の類は、御旗本の下人と、江戸中の町人の役」とする（321）。

右のような貢納制への改革によって、幕府は年貢米を売って物を買う、商品貨幣経済の呪縛から解放されて、財政は再建される。また「諸大名の身上の事、是又《これまた》同断也」（321）と、右に述べた幕府の改革と同じ改革を、すなわち城下町の縮小と家臣の土着と貢納制を実施する。さらに参勤と江戸での供廻との人数を減少するとともに「上より改て制度を立」てることによって、諸大名の財政も再建されるのである（324〜325）。

土着と制度化によって自給経済下に蘇生した武士は、年貢の四分の一を備蓄しなければならない。それは、苦境にある友人への援助に廻され、大飢饉時の民への御救となり、兵糧米として備蓄される（344）。蘇生した武士は余裕を持ち、非常に備えることができるようになるのである。しかし、徂徠は本当に成功する展望を持っていたのであろうか。

徂徠は制度化に関しては、まがりなりにも日光社参を契機に実施するように提案していた。しかし、土着の時期は明示していない。本節のはじめの方でみたように、聖人の大綱は土着と制度化であったが、「上下万民を皆土に在着けて、其上に礼法の制度を立る」（305）と、その順序は土着→制度であった。これに従えば、土着は日光社参以前に実施されなければならないはずであるが、「武家の貧窮を救の仕形、此外更《さら》に不レ可レ有」（295）と、土着の緊急性は説かれても、いつかはついに言及されないのである。戸籍の作製後と推測されるが、これも絵空事というほかない。

それどころか、「此二色欠たる所より、上下困窮し」（305）と、土着と制度化がなされていない点に困窮の原因を認めて、そこから『政談』巻之二の経済論は展開された。しかし、困窮が解消されなければ、土着も制度化もできないと、次のように弱音を吐いている（333）。

> 既に如レ此困窮したるを不レ直しては、旅宿の境界を止ることも、物の制度を立る事も、甚《はなはだ》以て難きこと也。

ここでは手段と目的が逆転してしまっている。それだけ徂徠にとって改革の成功は、展望の持ちにくい、困難な事業ととらえられていたに違いない。そして、次節でみるように、当面する諸問題を論じるのである。

そもそも徂徠は、商品貨幣経済の発展を阻止できると考えたのであろうか。

土着の成功によって、武士は米を売らなくなる。そのために商人は苦境に陥る。かくして「武家主と成て商人客也。去《され》ば諸色の直段《ねだん》は武家の心まゝになる事也」（345）と、主客が逆転して、経済の実権は武士が掌握できると説いた。右の引用からも理解できるように、徂徠は完全に商業を否定しているのではないが、苦境に陥った商人をどうするのか。「然ば商人の潰るゝ事をば、嘗《かつ》て構ふまじき也」（345）と、冷たく見放すのである。土着のために、それほど強い抑商政策を求めたのである。しかし、都市騒擾にもなりかねないこの対策を考えなかったことは、徂徠が展望を持っていなかったことを暗示するのではないだろうか。

その一方、土着した武士の任務の一つは勧農であった（325）。

御旗本の諸士の困窮を直すこと、前に段々言たる如く、知行所に置て旅宿の境界を改ると、制度を立るとにて困窮を救べし。但し知行所に指置に付ては、所を賑す心掛可ㇾ有也。某久く田舎に住て見、又其後も田舎より来る人の話を聞に、百姓は愚かなる者にて、所にて前より仕来《しきた》らざる事をば、さりとはせぬ物也。是《これ》は地頭より下知して、或は桑を樹《うえ》て蚕をさせ、或は麻を植、漆を植、楮を植、総じて山を立させ、何に付ても地の利を見立て、所の賑ふ様になる仕方可ㇾ有。

愚かな民は新製品の開発などはしないから、領主が指導しなくてはならない、と勧農を奨励している。具体例として桑・麻・漆・楮を挙げている。徂徠の意向は、自給的農村に土着した武士であるが、そこでは領主的な需要のある産物が欠けている。そのために武士が自給経済を維持できるように、欠けている必要物資の自給生産を奨励する点にあった、とみなすべきである。しかし、例示された産物は、近世のもっとも代表的な換金作物である三草（麻・藍・紅花）四木（桑・漆・楮・茶）の類である。したがって、当分は領主的な自給経済の確立のためであったとしても、やがて商品貨幣経済の発展を促す政策に変貌しない、との保証はできないのではないだろうか。強力な抑商政策を唱えて商品貨幣経済の発展を阻止しようとした徂徠であったが、徂徠が唱導した政策のなかに、商品貨幣経済の発展を促す要素が内包されていたのである。

六　当面する諸問題への対策

徂徠は、「制度を立ると、旅宿の境界を止ると、此二つが困窮を救の根本也」（326）と提唱する一方、前節にみたように、「如ㇾ此困窮したるを不ㇾ直しては」土着も制度化もできない（333）と、発想を逆転させて、当時、困窮を促進させていた三つの問題、物価高・金銀・相対済し令の対策を論じた(326)。

困窮の上にも近年困窮甚《はなはだし》く成たる子細三色あり。一は諸色の直段高直《ねだんたかね》に成たること、二は金銀の数減少したること、三は借貸の路塞りて、金銀少く、不通用なること是《これ》也。依レ之此三色の無二手当一ときは、行《ゆき》支《つかえ》可レ有也。其手当左《さ》に記す。

徂徠の理論によれば、土着と制度化が実施されれば、困窮は解消されるのだから、この対策は自己矛盾といえる。しかし、前節にみたように、土着と制度化が早急には展望できない以上、徂徠としては、万、やむをえない議論であった。

日本は一六世紀中頃から大量の金銀を生産した。徳川幕府は成立すると、そうそうに慶長金銀を発行した。元禄七年（一六九四）までに金貨は一四七二万七〇〇〇両、銀貨は一二〇万貫（金にして二四〇〇万両）発行された(60)。この大量の金銀貨の発行は価格革命を引き起こし、インフレ・物価高となった。米価は慶長のはじめは一石銀一〇匁であったが、寛文年間には六〇匁に高騰した(61)。六〇年余で六倍になったのである。徂徠はこの事実を知らなかったとみえて、語っていない。

一七世紀中頃から金銀の産出は減少した。このために「寛文の中頃より」幕府の財政は悪化し、「御蔵の金を毎年一二万両程づゝ足す也」と、非常用の蓄えであったはずの御金蔵の金で補っていたことを、徂徠は伝えている(332)。そして、世紀末には枯渇といわれる状態になった。それでも幕府は放漫財政を続けた。そこで採用されたのが、荻原重秀による元禄八年（一六九五）の金銀の改鋳である。

元禄の改鋳では金貨は金の含有量を三四パーセント減らし、銀貨は銀の含有量を二〇パーセント減らした。幕府は慶長金八八二万四三五〇両を回収して元禄金一三二三万六五三四両を発行し、慶長銀二八万七六一七貫一五五匁を回収して元禄銀三五万七五三五貫三八〇匁（金にして五九六万両程）を発行した。金は約四四〇万両、銀は約六万九九〇〇貫（金にして一一六万五〇〇〇両程）の増発をしたことになる。金銀を合せると、金にして約五五七万両余の収入を幕府はえたのである。[62] この金銀が元禄一六年（一七〇三）の大地震のために、「程なく大地震にて、御蔵の金皆御普請に入り、其金民間に広まり」（332）と、一度に大量に民間に流入して、急激なインフレ・物価高となり、経済は混乱した。

その後、宝永年間にも幕府は四回銀貨を改鋳した。元禄以来の銀の収入は二七万三六〇〇貫（金にして四五六万両）になった。[63] 改鋳のたびに幕府は質を落とした。悪貨の増大は経済の混乱に拍車をかけた。この問題の解決が、次に政権を荷った白石や吉宗の大きな課題になった。

問題の解決のために、慶長金銀への復帰が求められた。宝永七年（一七一〇）に幕府は慶長金と同品位の乾字金を発行した。乾字金は一一五一万五五〇〇両と、大量に発行された。しかし、乾字金は約半分に小型化したために、金の含有量は慶長金の半分しかなかった。通貨量の急速な縮小を警戒したためともいわれるが、信用はえられず、正徳になると一両は二分で通用した。

新井白石は正徳四年（一七一四）に、慶長金銀と同じ正徳金銀を発行した。[64] 改鋳は、以前に発行された金銀を鋳換えてなされる。そのためにこのときも、通貨量の急激な減少を懸念して、交換は二〇年かけて緩やかに実施しようとした。金貨の発行高も二一万三五〇〇両にとどまった。しかし、この政策も質の違う金銀貨をもう一種類ふやした結果となって、混乱を増幅させた。

享保三年（一七一八）、吉宗は新金銀通用令を発令して、金銀貨を慶長金銀と同じものに統一した。幕府が利益をえるのは避けた。交換比率は金は二対一、銀は四対一であった。旧通貨の通用期間は享保七年までであった。享保金は八二九万両発行された。[65] 正徳金と合計して八四九万三五〇〇両の金貨が発行された。銀貨の発行高は正徳四年（一七一四）以来、三三万一四二〇貫（金にして五五二万両余）であった。改革は成功した。しかし、このために通貨量は、金貨は二分の一、銀貨は四分の一に減少してしまった。ただし、徂徠は「唯今金の員数元禄金・乾金の時分の半分になり、銀は四つ宝の時の三分一也」（327）と、なぜか銀貨は三分の一に減ったとする。

通貨量の減少は、通貨不足のためにデフレ・不況になった。事情はより複雑である。白石や吉宗が通貨量を減らして良質な金銀貨に戻した理由は、それによって物価が下がると考えたからであった。それを徂徠は次のように伝えている（330）。

　金銀の員数を元禄の頃に比すれば半分より内に減ずれども、慶長の昔に返る故、慶長の比《ころ》の如く世も過ぎ易《やす》き筈のこと也。金銀の性よく成りたれば諸色も下直《したね》になる筈。

しかし、「諸色の直段《ねだん》下」らず（330）に、米価だけが下がったのである。米を売って金に換えて物を買う武士にとって、これは不利である。これが享保期の物価問題である。

享保期に米価が下がった理由は、幕府諸藩が財政再建のために増徴と新田開発をしたので、その分、多量の米が市場に流入したのと、デフレ下、参勤交代の費用を捻出するために、諸大名が積極的に中央市場に廻米したのが大きな原因である。すなわち、幕府の政策が大きく作用していた。徂徠も低米価になる理由を、「米を売て金にして、商人より物を買て日々を送ることなれば、商人主と成て武家は客也」（344）と、武士が米を売らなければならない点に求める。しかし、この時期に低米価になった理由は通貨量の減少に求める（330）。

　金銀大分に持し者も、世の困窮に連《つれ》ては自づと半身代に成るに依て、金を出して米を買ことならず。依レ之米価下直《したね》になる。

問題は以前は物価の中心は米価で、ほかの物価は米価と連動して上下していたのが、享保期からは連動せずに、米価が下がったにもかかわらず、ほかは高値を維持した点にあった。そのため幕府は享保六年（一七二一）以降、株仲間を結成させて物価統制に乗り出した。徂徠はそれを、「諸色の直段《ねだん》のことは、上の御世話にて少は下直《したね》に成たる様なれども」（326）と、不十分とみている。徂徠は物価高になる原因を、前節にみたように身分にかかわらずに多数のものが消費する点に、すなわち民衆の生活の向上をもたらした商品貨幣経済の発展に求めるが、この時期に物価高になった理由として、次の六点を挙げている。いずれも不当な利潤獲得行為を行う奸商との視点といえる。

第一に困窮した諸大名が運上を取る。業者はそれを見越して「直段《ねだん》を次第にせり上」げるのである。もちろん、上げた分は販売価格に上積みされる。第二に「御城下の宿賃甚《はなはだ》高直《たかね》なる故、諸商人皆是《これ》を利倍の算用に入る」からである（327）。第三に「日本国中の商人通じて一枚となり、物の直段《ねだん》も遠国と御城下と釣合せて居る故」（328）である。これは三都の問屋商人が、全国市場を強く支配するようになったことを意味している。第四に輸送段階で積換ごとに各業者が利益をえている。第五に「仲間を立て、党を与《く》み」と、同業組合の株仲間を結成し、「口米」手数料を取って利益を上げている。第六に〆売りも発覚しないように、前金を与えて生産地で保管している（329）。以上の六点を指摘して、次のように物価を下げることは不可能と結論づける（329）。

皆商人至極に成たる故、知恵に知恵を研《みがき》て、大形垣の上に上り詰たれば、諸色の直段《ねだん》、奉行の下知にて下る事は成り難かるべし。

それではどうすればよいのか。「其本に復《かえ》りて、武家を皆々土に在付け置」く（329）ほかはないと。これでは論旨が空回りしているだけである。徂徠は物価高を解消させる有効な方法を見出せなかったのである。

貨幣問題に関しては、元禄のインフレによる商品貨幣経済の発展にもかかわらず、「左様に成たる世の有様をば其儘に仕置て、当時金銀計《ばかり》を半減に成たる故、世界半身代になりて、金銀引張不ㇾ足、依ㇾ之世界再び困窮したること明也」（333）と、正しく認識している。すなわち、経済規模が拡大したのに通貨量を減らしたために、通貨不足に陥って、デフレ・不況になったのである。それではどうすればよいと考えたのか。徂徠は当時の貨幣は金銀のみでなく、金銀銅の三貨鼎立制であったことに着目して、鋳銭を説いた（333～334）。

当時如何様のことをして世界を賑すべきと工夫するに、銭を鋳るに若《しく》はなし。総じて金銀を金付石《かねつけいし》にて試て位の善《よき》など云は、両替屋等云ことにて、大に愚なること也。其子細は、元禄に金銀に歩を入れて金の性悪けれども、銭の直段《ねだん》左迄替《かわ》らねば、慶長も金の位替ることなし。当時元禄金銀を吹抜《ふきぬき》て性は美《よ》く成たれども、銭の直段元禄と替らねば、是又《これまた》元禄と全く位替らぬ也。位代らねば一両はやはり一両也。一両を二両にも使はれず。去《され》ば性よくなりたる詮はなし。元禄の金銀を吹直さず、性の悪き儘にして、世界の金銀を半分より内に減じたると全く同意也。去ば世界困窮したる筈のこと也。

難解な文章なので解説を加えながら読み解こう。「元禄に金銀に歩を入れて」とは、すなわち金貨なら銀を混ぜて質を落とした。それにもかかわらず、「銭の直段《ねだん》左迄替らねば」とは、すなわち金銀の銭に対する相場にそれほど変動はなかった。その理由は書かれていない。金銀貨の質を落とせば、金銀安銭高になるはずであるが、そうならなかった理由は、実は元禄期はさかんに鋳銭が行われた[66]から、そのためであったに違いない。かくして「慶長も金の位替ることなし」と、慶長金のときと相場は同じだったのである。

ところが、農村まで包み込んだ商品貨幣経済の発展は、小型貨幣である銭の需要を増大させた。そのために正徳以降、金銀貨の質を良くしたので金銀高銭安になるべきなのに、「銭の直段《ねだん》元禄と替らねば」の状態になった。かくして品位を良くした享保金銀も悪かった元禄金銀と対銭相場でみれば、同じ価値しか持たなかった。それ故に現状は、元禄金銀を「半分より内に減じたると全く同意」となったのである。

金銀貨の価値は銭との比較で決まる。したがって、徂徠は銭安が倍になるほど大量に鋳銭することを提案した（334）。

今銭を夥《おびただし》く吹出して一両に七八貫文にしたらば、金銀の員数半分に減じたれども、位一倍よくなる故、元禄の金銀をやはり吹直さずに置て、金銀の員数如レ元なると全く同意なるべし。金銀の誠の位と云物は、銭高くなれば位下りて金銀の威光働き少なく、銭安くなれば位上りて金銀の威光働き強くなることにて、金銀の性の美は何の詮もなきこと也。

それでは、なぜ金銀の価値は銭によって決まるのか（334）。

総じて直段《ねだん》の至極に下直《したね》なるは銭一文にて売ことにて、是《これ》より下直なる物なし。銭少く成て貴しとて、一文を二つにも三つにも割ては使はれぬ物也。故に銭をば至極の安き物に極《きめ》て、是を土台にして、金銀の威光働きの強き弱きは見る事也。右の道理なる故、銭を夥《おびただし》く出すときは、金銀の半減に成たるは、左迄苦には不レ成こと也。

銭一文が最低価格である。すなわち、売買の基本だからである。ここに「不断の小用は銭にて足す」（335）の意味が込められているとみてよい。また、銭を「土台」にして銭を大量に発行すれば、「金銀の半減」は「左迄苦には不レ成」とは、三貨鼎立制なのだから、必要貨幣量は銭の増鋳で確保できる。それ故に金銀価は高くなる、とみなしているのである。

徂徠の大量に鋳銭する提案とは裏腹に、当時は銭不足で騰貴の傾向にあった。なぜ騰貴するのか。徂徠は一つには、「田舎の末々、山の奥迄も行渡」った（335）点が原因とみている。その一方で実際に減少した分もあると、次の理由を挙げている。寛文の増鋳のときに大仏を鋳潰して原料にしたので、人びとがその銭を仏像や鐘にしてしまったこと。火事に焼けたこと、湯殿山の水中へ投げ入れ、浅間山の火中に投げ入れ、六道銭として地中に埋めたことである（335）。この対策として、湯殿山以下には紙銭を販売することを奨めている（336）。

銭は不足して騰貴の傾向にある。この意味でも鋳銭は必要であった。しかし、当時は銅が払底していた。その理由は輸出の問題もある（335）が、なんといっても仏像や寺院の鐘が大量に生産されるからであると、次のように指摘する（335～336）。

　総体銅の払底に成たるに子細あり。此三四十年此方、御城下は勿論、田舎の末々迄、小寺・小院鐘を鋳ざるはなし。六十余州を詮議せば莫大の事なるべし。小き仏像などの数も 夥《おびただし》く成たり。

徂徠はこれらを「誠の無用の物也」ととらえて、「此等の類其外《そのほか》世間の銅器を鋳潰し、銭に鋳立」てることを提案した。徂徠はこの方法で鋳銭は「何程も出来し」と述べるが、数的根拠は示していない（336）。

　徂徠の提言との関わりは不明であるが、元文元年（一七三六）に幕府は金銀の含有量を五六、七パーセントに落とした元文金銀を大量に発行した。このときも幕府は収入を期待しなかった。金貨は一七四三万五七一一両、銀貨は五二万五四六五貫（金にして八七六万両程）であった。同時に幕府は同年から一〇年かけて、近世の鋳銭高の半分にあたる六〇〇万貫の鋳銭を実施した。[67] この改革は成功した。米価も上がった。[68] 元文金銀は以後、文政二年（一八一九）の改鋳まで八三年間、通用したのである。なぜ成功したのか。その理由は拡大した貨幣需要、発展した商品貨幣経済に対応した政策だったからであり、大量の鋳銭によって金銀貨の金銀の含有量を落としたにもかかわらず、金銀貨の購買力を維持したからである。

　徂徠の貨幣政策の提言は意義あるものであった。しかし、徂徠は「旅宿の境界を不レ改、制度を立ずんば、当分は世界潤ふ様なるべけれども」「世界の奢も亦盛に成て、果《はて》は亦困窮に可レ成也」（334）と警告した。抑商政策と自給経済を理想とする徂徠にとって、貨幣政策の成功は、商品貨幣経済のいっそうの発展を保障するものであり、とくに銭の大量発行は農村の経済的発展を促進し、幕藩体制の基盤を揺るがすものだったからである。

　相対済し令は、武士が借金をしても返済能力がないので、この種の訴訟が激増したために享保四年（一七一九）に発令された。しかし、金融を滞らせたために同一四年に撤回された。この問題に関しては、徂徠は「金銀も又其如く世界を旋ること金銀の徳也」「故に金銀の減少したる上、亦借貸の道塞るときは、世界に金銀不足にて、人の難儀する事也」(337)と、金回りを悪くして金融閉塞を起こしたとして反対した。もちろん徂徠は、「殊に有余を以て不足を足すこと天地自然の道理なる故、借貸と云事は古聖人の御代よりも有ること」(337)と、貸借の必要性は認める。問題は返済能力のない武士は、訴訟になって公平に裁かれると、「立派に捌《さば》く時は、武家の大身小身も皆身上ひしと潰る、」(337)点にあった。そこで徂徠は貸借の法を定めるようにと、次の四点の提案をした。

第一は徳政である。第二は公的な保証人を立てて、必要な借金しかできなくさせる。町村なら名主・五人組の加印を必要とする(338)。大名なら家老か奉行に加印を押させ、年貢米を担保にする(339)。第三に「利足の総高本金の高と同じ位に」(338)する。第四に「人の有余不足を通ずる道は無尽に及はなし」(339)と、無尽を最良の方法として推奨する。

いずれも有効な方法とは思えない。第一の徳政は、貨幣経済が発展したなかで断行すれば、金融自体が破綻しかねない。第二の保証人を立てる件は、町村では名主・五人組の加印はごく普通のあり方であった。

武士に関しては、たとえば常陸国新治郡下志筑村の中島家は、享保以来、領主の交代寄合八〇〇〇石の本堂家に御用金を調達していた。しかし、寛延三年（一七五〇）に担保として預けられていた村方を借上にされてしまった。その後も御用金は増え続け、寛政年間までに合計七〇一二両に達した。しかし、返済されることはなかった。同家は笠間藩にも明和六年（一七六九）以来、御用金を調達した。年貢米で返済されていたが、天明の大飢饉以後は、無利息五〇年賦・三五年賦の返済法に変えられてしまったのである[69]。

利息が高い理由は借り手が返済しない事例が多いからである。すなわち、信用が不十分だからである。こうした環境のなかで利息の大幅な引き下げを断行すれば、金融閉塞を招くだけであろう。また、徂徠は無尽を推奨した。しかし、村方ではともかく、江戸では「住所不レ定、欠落逐電多き故」「戸籍の法立て」なければできない

(339)と述べている。

ところで、なぜ徂徠は無尽が最善というのであろうか。それは、みながお金を出し合って融通するからであろう。徂徠は武士の事例であるが、貸借には助け合いの精神こそが重要だと説いている(343)。

知行所に風損水損もあり、家に子共多く、嫁取婿取打続き、又は永煩ひ、困窮する事、人界に必有る事にて、あながち覚悟の悪きと云計《ばかり》にてもなし。是《これ》をば脇より扶《たす》け救ふ事なければ不レ叶事也。

しかし、助け合いが行われるためには、「武家は知行所に居住して」親しみあわなければ、「相互に扶け救ふ事」は期待できなかった(343)。

徂徠の当面する三つの諸問題への対策は、物価高には無策を吐露した。相対済し令に関しても、有効な代替案を示すことは出来なかった。金銀に関しては有効な対策であったが、徂徠の理想とは逆に、商品貨幣経済の発展を助長するものであったのである。

七　簡単なまとめと確認

土着と制度化によって世の中を困窮から救済しようとした徂徠の経済論は、厳格な身分制を前提とするものであった。頂点にある徳川将軍権力を絶対化して、その下で支配身分たる武士の蘇生が図られた。徂徠学は儒教的理想主義を掲げて支配の目的に安民を唱えたが、実際の政策は「民を安んず」ではなく、「武士を安んず」であった。商品貨幣経済の発展は否定され、被支配身分である百姓・町人の生活の向上も否定された。彼らには最低の生活が保障されるのみであった。[70] 民衆支配は武士の力による支配であった。たとえば、土着の目的の一つは、地方支配の安定確保のための軍団の配置であった。徂徠学は武士中心の幕藩体制の原則に忠実な思想であった、といえる。

ところで、徂徠は土着、次に制度化を説いた。制度化については一応、日光社参を契機に実行するように説いていたが、先行してなされるはずの土着に関しては、『政談』にその時期を明示することはなかった。それどころか、土着も制度化も困窮を解消してからと説く場合もあった。このことは徂徠にとって、二つの根本的改革案に具体的な展望がもてなかったことを暗示している。

そもそも徂徠は商品貨幣経済の発展を阻止できると考えたのであろうか。土着した武士は、勧農に力を入れなければならなかった。そこに推奨された作物は、近世のもっとも代表的な換金作物である三草四木の類であった。徂徠は当面は自給経済確立のために推奨したのであろうが、品目が品目なだけに近い将来どうなるかは保証のかぎりではない。また、当面する諸問題での貨幣需要に応える対策は、まさに商品貨幣経済の発展を促進するものであった。とくに銭の大量発行は、封建制の基盤である農村の自給経済を崩す性格のものであった。

この点を同じく将軍の「下問の切なるにひかれて[71]」書かれた、短編の『太平策』で確認しよう。『太平策』には、改革の時期を記した有名な一節がある。次のように記されている[72]。

> 茂卿（徂徠の字、注吉田）が愚存には、厳廟の末、憲廟の初を、よき時節の至極とす。それよりもはや三四十年過て、世界の困窮よほどつよく、高位の人に愚庸多ければ、もはやなりがたく思ひ侍る。然れども世界の困窮を救ふ道外になく侍るゆへ、右の在レ安レ民在レ知レ人と云る二句をよく受用して、下《した》ならしをして見たらんには、今二十年ばかりまでの間はなるべきことなり。

時期的には厳廟四代家綱の末から、憲廟五代綱吉の初めがよかったとする。両将軍の交代は延宝八年（一六八〇）であるから、元禄のインフレ前の一六八〇年ころが一番よかったといっている。それから三、四〇年もたってしまって「世界の困窮よほどつよく」、すなわち商品貨幣経済が発展したので、「もはやなりがたく思ひ侍る」と弱音を吐いている。しかし、ほかに方法はないので、「在レ安レ民在レ知レ人」の方針で準備をして、二〇年かければ成功するだろうと展望している。

二〇年かければ成功すると楽観的に述べたのではない。続いて「これを行ふに至りては、そろ〳〵と多年心を用て、二三十年の間には、是非ともに行ひ遂げでは、却《かえっ》て叶はぬことなり[73]」と、最後の機会とみなしていたのである。

徂徠はもちろん「聖人の道は、最上至極のことにて、神医の療治の如し」と断言するが、続けて「第二等を云ば、老子の道也。是は療治をせぬことなり」と老子の無為を「第二等」として挙げた[74]。その理由は、改革の困難さと無縁ではありえない。それ故にこそ、次の段で「在レ安レ民在レ知レ人」を説いて、その段の最後を、「此二句をよく受用して、国家を治めば、たとへ制度を立かゑずとも、中医の療治には当るべきなり。なま中しのことをせんよりは、老子の道を行ひ、文帝の治め、聖人の次なりと知るべし[75]」と結んだのである。

文帝とは前漢の孝文帝である。この皇帝は唐虞三代の治につぐ徳治の賢君と評価されるが、その方針は守成にあったとされる[76]。安民知人の方針さえ堅持すれば、制度を変えなくても、相応に治績は上がる。その具体例として、老子の無為の政治で治績を上げたと認める孝文帝を挙げているのである。徂徠は改革の困難さを知るが故に、土着などの制度化を達成できなかったとしても、せめて「第二等」の水準の老子の道による仁政が行われることを望んだのである。

制度化はその次の段で説かれた。この段は六段ある『太平策』の第五段であり、事実上、『太平策』の結論の段である。土着が説かれて、最後に「この上に礼楽を以て治る心、王道の至極なり[77]」と結論づけられた。

『太平策』を読むと、徂徠は土着・制度化はかなり困難であると考えていた、と確認できる。しかし、徂徠は『太平策』と『政談』を著して土着・制度化を主張した。この徂徠の執筆態度には、二つの対照的な見解がある。

一つは佐々木潤之介の次の見解である。(78)

「政談」を読むかぎりでは、徂徠は、結局のところ、この国家・体制は崩壊するであろうことを見とおしているようである。徂徠の目は、冷静に、いま眼前に展開している事態の根源を見きわめようとし、それへの基本的に有効な対処は、現実の幕藩制国家・社会の体制においては、不可能だといっているようにもみえる。

もう一つは渡辺浩の次の見解である。(79)

徂徠は、真剣であった。

しかし、この二つの見解は矛盾しないであろう。およそすべての政治学者は、自分の理論は正しく、それを実現させるためにみずから実践することを望む。社会的に通用しない政治論など、無意味だからである。徂徠もそうであったに違いない。しかし、時期としては遅い。不可能に近い。だが可能性の残されている最後の時期として、徂徠は自分の理論・理想の実現のために、真剣だったのである。

（1）丸山真男『日本政治思想史研究』、東京大学出版会、一九五二年。なお引用は、一八四頁。

（2）もちろん、まったくなされてこなかったのではない。私の座右にあるものでみても、日本思想大系『荻生徂徠』（岩波書店、一九七三年）の解説、辻達也「『政談』の社会的背景」がある。この解説は、多方面から『政談』の時代的背景を説明しているので、『政談』を読むうえで一読すべきものであるが、『政談』を直接分析したものではない。また佐々木潤之介『幕末社会の展開』（岩波書店、一九九三年）のⅠ章は「十八世紀における国家論の展開」であり、最初の二節は主として『政談』によって徂徠の国家論が論じられている。しかし、政治・経済の具体相を分析したものではなかった。最近では田尻祐一郎『荻生徂徠』（明徳出版社、二〇〇八年）が第五章を「徳川体制の改革」にあてている。その2は『政談』の分析である。『政談』はなんといっても困窮を解消するために土着と制度化を説いた書であるが、そこに力点が置かれているというよりは、全般的に解説したと感じられる。また渡辺浩『日本政治思想史［十七～十九世紀］』（東京大学出版会、二〇一〇年）は全二二章のうちの第九章に徂徠をあて、政治経済論にも言及している。そこにおいて、徂徠学が近代的な思想と思われがちであるのを明確に否定して、「歴史観としては反進歩・反発展・反成長である。そして、反都市化・反市場経済である。個々人の生活については反「自由」にして反平等であり、被治者については反「啓蒙」である」と述べているのは共感するが、本人が最後に「徂徠の改革案は、本文で述べた他、極めて多岐にわたる。以上は、その主要な部分の概略にすぎない」と述べたように、具体的分析は量的に不十分なものであった（同書、一九七、一九八頁）。

（3）拙著『熊沢蕃山―その生涯と思想―』、吉川弘文館、二〇〇五年。
（4）同右書、一七九・一八一頁。
（5）「藪震菴に与ふ」『徂徠集』二四六頁、ぺりかん社、一九八五年。
（6）前掲拙著、一七二頁。
（7）「訳文筌蹄初編題言」『荻生徂徠全集』第二巻、一一頁、みすず書房、一九七四年。
（8）同右書、五五八頁。
（9）同右書、五四六頁。
（10）「岡仲錫の常に徙るを送る序」『荻生徂徠』、四九四頁。また『徂徠集』、一一四頁。
（11）「伊仁斎に与ふ」『荻生徂徠』、五二五～五二六頁。また『徂徠集』、二九八頁。
（12）『政談』『荻生徂徠』、二九〇頁。以下、『政談』からの引用はこのように記す。なお史料を引用するにあたって、片仮名は平仮名に改め、適宜、振り仮名をつけるなどの処置をした。
（13）「峡中紀行」『徂徠集』、一五七頁。

(14)『常憲院大相国公実紀』、二三九頁、汲古書院、一九八二年。
(15)岩橋遵成『荻生徂徠』、一一七頁、名著刊行会、一九六九年。
(16)吉川幸次郎「徂徠学案」『荻生徂徠』解説、六五五頁。後に、同著『仁斎・徂徠・宣長』(岩波書店、一九七五年)所収。
(17)「訳文筌蹄初編題言」前掲書、五五五頁。
(18)辻善之助「柳沢吉保の一面」同著『日本文化史』別禄三、春秋社、一九七〇年。
(19)「野生の洛に之くを送る序」『徂徠集』、一〇一頁。
(20)岩橋前掲書、一二四〜一二五頁。
(21)同右書、一一九頁。
(22)「伊仁斎に与ふ」前掲書、五二六頁。
(23)『弁道』『荻生徂徠』、一一頁。
(24)『寛政重修諸家譜』第三、二五五頁、続群書類従完成会、一九六四年。
(25)岩橋前掲書、一二五頁。
(26)「徂徠先生答問書」『荻生徂徠全集』第一巻、四七一頁、みすず書房、一九七三年。
(27)「荻生徂徠年譜」『荻生徂徠』、六一二〜六一三頁。
(28)辻達也『政談』解題、『荻生徂徠』、六二四頁。
(29)『弁名』『荻生徂徠』、一二〇頁。
(30)同右書、六三頁。
(31)(32)同右書、一五〇頁。
(33)同右書、一六九頁。
(34)『弁道』『荻生徂徠』、一四頁。

(35) (30) と同じ。
(36) 『弁名』前掲書、六四頁。
(37) 『弁道』前掲書、一三頁。
(38) 同右書、一七頁。
(39) 『弁名』前掲書、四四頁。
(40) 『弁道』前掲書、一七・一八頁。
(41) 「安澹泊に復す」『荻生徂徠』、五四〇頁。また『徂徠集』、三〇七頁。
(42) 「徂徠先生答問書」前掲書、四三〇頁。
(43) (44) 『弁名』前掲書、五三頁。
(45) (46) 同右書、五四頁。
(47) 同右書、四七頁。
(48) 『弁道』前掲書、二二頁。
(49) 『弁名』前掲書、一五一頁。
(50) 『弁名』前掲書、一七〇頁。
(51) 『太平策』『荻生徂徠』、四五〇頁。
(52) 『政談』同右書、二六四頁、上段注。
(53) ただし、徂徠は農村が豊かになったと述べているのではなく、引用文は続けて「田舎殊の外衰微す」(362) と記されている。これは徂徠が自給経済の下、本年貢を確保する立場から立論しているためといえる。ただし、買いが先行したり、売るとしても商品として十分な品質を確保できていない段階では、村方の衰微の原因となるのもたしかである。なお同様の指摘は二七九頁にもあるが、これは人返を論じたところなので商人となって村から出て行くと誤解されかねない余地がある。

(54)徂徠の弟子である田中丘隅も『民間省要』に、「百姓の田地二十石以上百石余の持高の者、十が一も自分の地を手作するはなし」(『日本経済大典』五、五五頁、史誌出版、一九二八年)と記している。ただし、丘隅は続けて、当時「年来作り来りし小作人共、所々田地を地主へかへして作らず」(同書、五六頁)と指摘している。

(55)田中丘隅も『民間省要』に、「片田舎山中野方海辺里方に至る迄、其の所々富家の有は、皆百姓にして商を兼たる者にあらて、誰か金銀を自由にするあらん。或は酒や糀や紺屋など、また夫れ〴〵の諸商売、金を借し質をとる」(同右書、一四一頁)と記している。

(56)辻達也「『政談』の社会的背景」前掲書、七七四頁。

(57)右同書、七四七頁。

(58)拙著『近世近代の地域寺社の展開過程—常陸国高田神社を事例に—』(名著出版、二〇〇七年)第一章「高田神社神領の近世史概観」参照。

(59)佐々木潤之介はこの史料を論拠として、「このレベルでの国家論は、ほんらい的幕藩制国家論であるといえよう」(同著『幕末社会の展開』、一〇頁)と述べている。しかし、日本はすべて将軍のものという考え方が、本来的な幕藩制国家論とはいえない。なぜならば、武士は成立の最初から私的武装集団であった。近世とても同様である。『政談』にも「外様大名は、其初家来の力にて一国一郡を切随へ、其力にて今に至る迄国郡の主となる」(410)との一節がある。それ故にこそ、徳川幕府は公権力として全国を支配するためには、朝廷から征夷大将軍に任命されなければならなかったのである。徂徠の将軍を絶対化させる思想は、儒教の絶対的な帝王の権限を適用したにすぎないというべきである。ただし、徂徠が改革のためには、強力な将軍権力が必要であると認識していた表れであることはたしかである。

(60)このほかに発行高不詳の古大判と発行高一万五〇八〇枚の明暦大判があった。なお、金銀貨の量質に関しては、とくに断らないかぎり、吉川弘文館『国史大辞典』の各金銀貨の一覧表によった。また一七世紀の金銀の公定比価は、金一両＝銀五〇匁であった。

(61)「近世米価表」『日本史辞典』（角川書店、一九六九年）所収。

(62)北島正元編『政治史Ⅱ』、一八三頁、山川出版社、一九六五年。なお執筆は辻達也氏である。また元禄一三年から金銀の公定比価は、金一両＝銀六〇匁になった。

(63)尾藤正英『元禄時代』、二九六頁、小学館、一九七五年。出典が違うので単純に比較はできないが、右の辻氏の数値で計算すると、宝永期の改鋳による幕府の収入は三三九万五〇〇〇両になる。

(64)近世以来、慶長金と正徳金と享保金の品位の違いが問題とされてきた。これに対して辻達也氏は、「大体当時技術的にいって、貨幣史などに分析してあるような微細は数字まで厳密に品位を一定させることは不可能だった」（同著『享保改革の研究』、二〇〇頁、創文社、一九六三年）と述べて、三貨を同質なものとみなしている。

(65)このほかに大判八五一五枚が作られた。

(66)北島正元『江戸幕府の権力構造』、六二〇頁、岩波書店、一九六四年。

(67)辻達也前掲書、二三一頁。

(68)「近世米価表」前掲書所収。

(69)拙稿「下志筑村の中島家」拙著『農村史の基礎的研究』（同時代社、一九八六年）所収参照。

(70)徂徠には四書の解釈書として、『論語徴』『大学解』『中庸解』があるが、民本主義を説いた『孟子』の解釈書がないのは、このことと無縁ではないであろう。

(71)『太平策』前掲書、四五六頁。

(72)(73)同右書、四六四頁。

(74)同右書、四五八頁。

(75)同右書、四七〇〜四七一頁。なお、「在レ安レ民在レ知レ人」を徂徠は、儒教的政治論の基礎ととらえていた。次章一九九頁参照。

(76)同右書、四七二頁の注。

(77) 同右書、四八五頁。
(78) 佐々木前掲書、一三〜一四頁。
(79) 渡辺前掲書、一九七頁。

第三章　太宰春台の経済思想

一　はじめに

太宰春台は、荻生徂徠の高弟として、近世思想史上にかならず取り上げられる人物である。その位置づけは、徂徠学派が徂徠の死後、公私に分裂して、その公的側面、すなわち政治学を継承したほとんど唯一の人物としてである。しかし、その具体的な研究は少なく、まして本稿で扱う経済論となると、よりいっそうであった。

戦後のものとしては、尾藤正英の「太宰春台の人と思想」(1)が、まず注目される。そこにおいて尾藤は、春台は徂徠から鶏肋視《けいろくし》されながらも、「忠実な後継者として」禦侮の役を任じていたことを紹介しているが、「両者の間には学問や思想の本質にふれる面で大きな対立点が介在していた」と指摘して、大略、次のように論じた。

春台は、聖人の教は「礼義の教」を勉強することによってえられると説いた。春台は「個人の一身の修養を重視し、個人道徳を中心として「道」の問題を考え」たのであるが、「それは無理解にもとづく徂徠学の歪曲という結果を招」いたと手厳しく指摘する。なぜならば個人道徳を主眼にするのは、朱子学への逆行だからである。また朱子学との近似性は、道を「天地自然の道」ととらえた点でも指摘している。

そして、礼義による道徳を重視した春台の思想は、独特のものであったと論じる。すなわち、春台の礼義に基づく道徳は「外面本位で形式主義的な道徳論」であり、人間性に不信を抱くものであった。それは「親愛生養の性」が人の本性であるとした徂徠の人間観と異なるもので、より荀子の性悪説に近いものであった。

道徳を政治の根本ととらえた春台であるが、道徳と政治との関連は、「十分な説明を与えていない」。したがって、春台の思想は「破綻している」とまで酷評する。春台の政治論は「衰世」に対応するために、諸子百家を政治の道として容認して積極的に取り入れた。それは「春台自身が「聖人の道」を必ずしも深くは信じていなかった」ことを示すものであると、ここでも厳しい評価を下した。そして、春台の思想が影響を与えたのは、人間性に基づかない道徳論ではなく、「具体性と実用性があった」政治論であったと結論づけた。

右のように尾藤は春台の思想を手厳しく評価したが、そこに春台の政治論、とくに私が本稿で論じる経済論は取り上げられていない。まったくなかったのではなく、最後に次のように述べてこの解説を終えている。

『経済録』は、徂徠の『政談』と並んで、江戸時代にかなり広く流布した書物であった。またその『拾遺』の中にある藩営専売論が、この種の専売制度についての先駆的な文献をなし、しかも豊富な具体的記述をふくんでいる点で、今日の経済史研究の上でしばしば引用される史料の一つとなっているのも、春台の政治論が、現実の情勢に即した対応策の側面で本領を発揮していたことを物語っている。

春台は、なぜ論理破綻をしてまで思索を展開したのであろうか。この理由として、経済の問題が重要であると私には思われるが、尾藤は春台の思想を経済論と関連づけて考察しようとはしなかった。

田尻祐一郎は『太宰春台』(2)において、春台の主著である『経済録』と『聖学問答』に、政治経済論と人間論を認めて、全四章のうち、各一章を当てて次のように解説した。

第二章の題は「人間」である。『聖学問答』に基づいて道徳論を解説したものである。それは、朱子学的・仏教的な心法を否定して、聖人の礼義の教にしたがって善人になる、そのために礼義に叶った行為を持続的に繰り返すのである。春台が重視した方法が、人間性に欠けるものであったことは尾藤の解説にみたが、田尻も「いかにも個人的なもので、広がりに欠け、何か淋しい痩我慢のような印象をぬぐい切れない」と述べている。

第三章の題は「徳川国家」である。『経済録』によって、政治経済論を解説したものである。しかし、その論述は、この章の七節の題が「制度なき国家」「礼楽」「礼」「楽」「祭祀」「人材」「無為」であることがよく示すように、儒者特有の観念論的な議論の分析が先行している。「制度なき国家」でさえも、論じられているのは王号と国号なのである。

しかし、政治経済論がまったく取り上げられなかったのではない。「人材」の節では、末世なので賢君良臣が望めない現実の下では、法家の方法を採用することが容認されたと指摘する。そこにとどまらずに、春台は農本主義に基づいた富国を説いた。しかし、商品貨幣経済が発展する条件下では、「「本業」を守るためには、「末業」に対する国家の管理・指導が十分なされなければならない」。その策としては、離農を防ぐために戸籍を厳格にすること、「国家の体制の安定」のために武士の土着が説かれたことなどが指摘されている。

また「無為」の節では、制度も明君賢相も期待できない衰世では、「小手先の改革をしてみても何もならない」、老子の無為でやるしかないと結論づけた点を指摘した。ただし、田尻は春台の無為とは何もしないことではなく、「不治の「治」なのである。末世（衰世）には、慣習による政治、伝統による政治を続けることが、最も効果的だという、一つの計算に立った判断なのである」、「稀有とはいえ望みうる英雄と豪傑の組み合わせによる礼楽の定立を準備する、現状で為しうる唯一で最大の方策でもある」と、解釈している。

右にみたように田尻の著作も、『経済録』に主として展開された春台の経済論を、正面から取り上げて深く考察したものとはいえない。まして尾藤が、経済史上重視されていると紹介した『経済録拾遺』に関しては、一言半句も言及されていないのである。

日本史・日本思想史の側からは、春台の経済論が重視されてこなかった点をみてきた。これらと違って春台の経済論を高く評価したのが、農学部出身で専攻は産業経済論・農業経済学と大きく異なるが、畿内の木綿史を研究した武部善人『太宰春台転換期の経済思想』(3)である。この書において武部は、『経済録』の経済論にあたる第五巻「食貨」と『経済録拾遺』を中心にして議論を進め、重農主義から重商主義への転換を説いた(4)。

武部は春台を、経学よりも政治・経済に才能を発揮した人ととらえる。しかし、「食貨」の議論が論理だったものとはみていない。むしろ「各論に入ると必ずしも春台の論議は明快でない。こじつけや、ときに思想の動揺がうかがわれ、論旨が乱れることもある」ようなものである。その理由は儒学思想と「当時の日本の激動する生きた経済社会の説明に対して激しい自己矛盾ないしジレンマにおちいっている」からである。そして、こうした努力からそれを乗り越える、「素朴ではあるが強烈で新鮮な春台の考えが随所に見られる」と指摘する。

それは「現代経済諸説との近似性」である。武部はそれを、「それは純化されたものでなくても、その学問的な価値は当然高く評価されねばならぬ」と強調した。それを列挙すると、(5)リカードの比較生産費説・土地と労働と資本の生産要素・ケインズ政策・グレシャムの法則・貨幣数量説および貨幣価値説・需給法則と価格理論である。このほかに経済学説ではないが、官僚機構は拡大するとのパーキンソンの法則も指摘している。

春台は『経済録』「食貨」を満足なものとは思っていなかった。そして、『経済録拾遺』を執筆して、重商主義に到達するのである。ただし、武部は全き意味での重商主義であったとは主張していない。その「転換の結節点」であったと、次のように論じた。なお傍書の丸は原文のままである。

> この経済思想こそ、従来の農本的ないし重農的な経済思想から、新時代の到来を予測する如き重商主義的な経済思想への転換の結節点を示すものとして、いくら高く評価しても評価しすぎることはないと私は思うのである。

すなわち、重商主義への全面開花とはいえないが、新時代への結節点として、重商主義思想への転換を決定づけた人物として、春台を高く評価したのである。

武部の春台の経済論に関する研究成果は、高く評価されるべきである。しかし、武部はこの成果から次の飛躍をした。すなわち、「彼の生涯をかけて収得した先王孔子の道ないし術、および師の徂徠学の否定であり、弁証法的な止揚（Aufheben）であったのである」（原文には全ての文字に傍点がついている）と、儒教を否定したと強調した点である。そこに少しでもまともな分析はなかった。春台の主著の二冊、すなわち、『経済録』は享保一四年（一七二九）の、『聖学問答』は享保一七年の春台の自序をもつ書である。そして、『聖学問答』には「若《も》し只今にも孔子に拝謁し、純（春台の諱、注吉田）が所見を呈露《ていろ》（あらはす）して、其《そ》の是非を正さんに、恐らくは孔子も必我を印可《いんか》したまはんと思ふばかりなり(6)」と記されている。これだけみても、春台が儒教を否定したとはいえない。もちろん、春台は晩年に至るまで儒教関係の本を執筆し続けているのである。

求められていることは、儒教に基づきながら、いかに思索を展開し、本人も含めて従来の所説をいかに克服し、あるいはできずに矛盾に陥ったかである。武部の豊かな経済学の識見に基づく尊重すべき成果にもかかわらず、このような単純な独断をした理由は、思想史に関する理解が欠けていたためと思われる。

春台の研究に関しては、思想史と経済史の成果が総合されていない現実にあることを右にみた。この問題にどこまで答えられるかは疑問であるが、以下に春台の経済論を考察する。そのためにまず、春台の経済論を理解するために必要な範囲で、春台の履歴と思想を分析し紹介する。そして、春台のみた現実とその対策へと考察を進めていこうと思う。

二　履歴

春台は延宝八年（一六八〇）九月一四日に、信濃飯田藩主堀親昌に二〇〇石鉄炮組頭として仕えた太宰言辰《のぶとき》の次男として飯田に生まれた。父の本姓は平手氏であった。奔放な生活を送っていた若き日の織田信長に、死を以て諫めた平手政秀は五世の祖にあたる。春台はこのことを誇りに思っていた。『経済録』の自序には、「東都処士本姓平手氏中務大輔政秀五世孫太宰純書」（386[7]）と署名している。政秀と同じように、死を賭して正さんとする気概を、自己に果たしていたのであろう。

父母は一七世紀の武家の人としては、例外的に教養のある人であった。父言辰は中江藤樹の学問を好んだ。また熊沢蕃山を称讃した。「齠齓《ちょうしん》」歯の抜け替わるころから蕃山の話を聞いて、春台は「窃《ひそか》に欽慕」していた[8]。春台が政治経済の方面に才能を発揮した下地をなしたといえよう。

また父言辰は藤樹・蕃山の学問を学んだ人にふさわしく、春台が八歳のときから「孝経論語を親授した[9]」。『論語』と『孝経』は春台が、もっとも尊重した経典である。『論語』はともかくとして、『孝経』は漢代の作として朱子学以後の日本を含む主要な学派が、論拠となる経典として扱わなくなった書である。それを古文辞学派の徒となってからも尊重し続けた理由は、一つには父の影響と認めてよいであろう。また、道徳を重視する春台の思想の基底をなしていたからといえよう。

母游は一二、三歳のときから素淳という尼から『大学』を教授された。成長してからは『源氏物語』や『伊勢物語』などの日本の古典を読み、また和歌を誦した[10]。母からは和歌を学んだが、一四、五歳のときに、和歌では公家を超えられないと観念して、やめてしまった[11]。

春台が学問を始めた直後の元禄元年（一六八八）に父言辰は改易となり、一家は江戸に出て、横山氏の客分となった。その後、言辰は横山氏に仕えたが、元禄六年にそこを退去した。以後、一家は浪人の貧賤な暮らしに陥った[12]。そのためであろう、春台は翌年、但馬出石藩主松平忠徳に仕えた。

元禄九年（一六九六）に春台は中野撝謙《きけん》に入門した。撝謙は長崎の出身で、訳官林道栄の甥であった。この縁で林家に成長し、道栄から句読を授けられた。唐音で学んだのである。一九歳で江戸に出て、当時は側用人の牧野成貞に仕えていた。牧野邸を訪れた将軍綱吉に、経書を進講したほどの実力ある朱子学者であった[13]。撝謙は春台を愛した。「太宰生を知ること、すなはち他人に譲らず」と述べたほどである[14]。春台は無名であったころに、評価してくれた三人のうちの第一に挙げている。その交わりは撝謙が享保五年（一七二〇）に死亡するまで続いた[15]。

春台は撝謙から唐音を学んだ。このことは春台の学問に大きな飛躍をもたらした[16]。

> 初め性理家の言をなす。後に稍《やや》これを疑ふ。古学の方を求めて博訪旁諮し。未だこれを得ることあらず。嘗《かつ》て一師に従ひ華語を学び、退いて旧《もと》誦する所の詩書古文を省すれば、侏離の習に坐し、その義を失ふもの十に八九なり。

春台は朱子学に疑いを抱いた。そして「古学の方を求め」たのである。また撝謙から唐音を学ぶことにより、「侏離の習に坐し」ていた、すなわち、日本語で漢文読みをしていたために、ほとんど正確に読み取っていなかった点に気付いたのである。その後、師を求めて遊学し、「最後に独り徂徠先生を得て、以てこれに帰[17]」したのであった。

近世、学問・学派が違うということは、決して交わることのない、敵対的な関係に陥るのが常であった。そうした関係に陥ることなく二人が良好な関係を保ったということは、一つには師撝謙の人間性と、春台の学問に対する期待と信頼が大きかったからに違いない。その一方、春台が徂徠学に転向したといっても、道徳を重視する春台の学風が、撝謙の許容範囲を脱け出ることはなかったからなのであろうか。

元禄一三年（一七〇〇）二一歳のときに、春台は出石松平家を退去した。それまで「痞疾」を理由に三度退仕を願ったのだが、許されなかったので勝手に断行したのである。そのために藩主忠徳は激怒して、一〇年間の錮に処した。すなわち、他家に再出仕することを禁じたのである[18]。

春台はなぜ退仕したのであろうか。唐音を学んで学問的な反省をした春台は、「弱冠、游学の志を懐く[19]」と述べている。すなわち、弱冠二〇歳のときに遊学の決意をした。したがって、それが理由であったと認められる。仕官の身では十分に学問に励むことはできなかったであろうし、まして遊学などは夢のまた夢であったに違いない。しかし、それだけではないであろう。

出石松平家は四万八千石の小藩であった。小大名が無名の一五歳の青年を新規に召抱えたとき、どれほどの俸禄を与えたであろうか。父の禄高二〇〇石に、とても及ばないわずかな禄高であったに違いない。「二百石は士の常禄」「ただに君、臣を択ぶのみならんや、臣も亦、君を択ぶ」と述べた[20]春台である。こうした不満もあったに違いない。しかし、太宰家は貧賤な暮らしであった。それにもかかわらず退去したことは、春台の向学心の旺盛さと、意志の強さを十分、物語っている。

宝永元年（一七〇四）に春台は上京した。京都では伊藤仁斎の門も叩いた。仁斎に対しては、「其《そ》の人と為《な》り、温恭の君子なり。未だ幾《いくばく》ならず、先生歿す。復《ま》たその余論を聞くことを得ず[21]」と、人格を評価したが、宝永二年正月に仁斎は死亡した。そのために仁斎に関しては、「伊藤氏の説を聞て、又半信半疑なり[22]」の水準にとどまった。

宝永六年（一七〇九）に大坂に移住した。そして、正徳元年（一七一一）に禁錮が解けて江戸に帰り、撝謙の塾以来の親友であった安藤東野の紹介で荻生徂徠に入門した。同年に下総生実《おいみ》藩主森川重令《しげのり》に記室（儒者の意味であろう）として召抱えられたが、同五年には退仕してしまった[23]。一万石の小藩の待遇に満足できなかったのが、大きな一因であろう。

春台は、「年四十に垂《なんな》んとして、未だ嘗《かつ》て人に知られず[24]」と述べている。四〇歳の享保四年（一七一九）ころまでは無名であったのである。享保三年三月の大火で春台は、小石川伝通院の寓居を焼けだされた[25]。このとき二、三の「故旧」が芝浦に「仮館」を用意した。そこで「幡然として自改」した春台は、「教授を以て、日々小徒に接した」。そのような苦境のなかにあって、本多忠統《ただむね》・黒田直邦・柳沢経隆の扶持を受けるようになった[26]。

名を知られるようになった春台が、家塾紫芝園を小石川に建設したのは、享保八年（一七二三）であった[27]。「始めて意を仕途に絶ち、地を負郭に卜して紫芝園を開き、生徒を集めてこれを教授す。束脩の微、これを積みて以て衣食に易ふべし[28]」と、仕官を断念して家塾の経営で生活する決意をした。三人の大名からの扶持も、本多氏は「後に礼節、稍《やや》衰へ」たために辞退した。柳沢氏は享保一〇年の死亡によって絶たれた。黒田氏は享保二〇年の死亡のときに、減額を通告されたので辞退した[29]。

徂徠に師事した春台であったが、「純等徂徠先生に従て、其《その》談論を聞といへども、始いまだ其然ることを会得せざりし[30]」と述懐しているように、最初から全幅の信頼をおいたわけではなかった。その後も春台は独自の研鑽を積み、完成の域に達したのは、「年五十に近くなりて、従来の学問、融会貫通し[31]」たときである。その成果として執筆されたのが、「先生の志を観んと欲する者、この書を覧れば足れり[32]」と評された享保一四年（一七二九）、五〇歳のときの『経済録』であり、みずから「孔子も必我を印可したまはん[33]」と記した、享保一七年の『聖学問答』である。

その後も春台は家塾を経営する一方で、旺盛に執筆活動を続けた。これ以後、没年までの年代が明らかで、たしかに春台の書と認められているものを示すと、次のようである[34]。

享保一六年『古文孝経』。享保二〇年『弁道書』。元文元年『増註孔子家語』。元文二年『論語古訓』。寛保元年『論語古訓外伝』。元文～寛保三年『独語』。寛保三年『和漢帝王年表』。延享元年『和楷正訛』『易占要略』『六経略説』『経済録拾遺』。延享二年『周易反正』『斥非』『新選唐詩六体集』。延享四年『易道発乱』。

これらの書は、徂徠の禦侮の立場から執筆されたのである。そして、延享四年（一七四七）五月晦日に六八歳で死亡した。

三　思想

春台は徂徠の「禦侮」を自任した思想家であった[35]。たとえば、『論語古訓』と『論語古訓外伝』は、「先生後に徴の作あり。純の前に聞く所とまた同異あり。先生既に没す。純また潭思研精すること十年。もし得ることあらば、すなはち定説と成す。ここに於て古訓を著し、また外伝を著す[36]」と述べたように、徂徠の『論語徴』を受けて発展させたものであった。また『経済録』も、「今此書は、純が愚陋なる心を、拙き詞に著したれども、先王聖人の道を本として、孔子の教に従ひ、和漢の往蹟を考て、今日の事務を論ずること的切也」（392）と記したように、「先王聖人の道を本として」、すなわち徂徠学の方法論によりながら、徂徠の『政談』を意識して、より時勢に適うものとして書かれたに違いないのである。

しかし、前節にみたように春台は徂徠に入門してからも、独自の研鑽を続けた。この疑問点は「純等少年より宋儒の書を読て心中に疑を起し、（中略）徂来の説を聞て、頗《すこぶる》信を起せしかども、一旦には疑網解けざりき[37]」と述懐されたように、朱子学の問題であった。それは前節にみたように性理の問題であったが、より正確には「本然・気質の説」であった[38]。

純少年の時、程朱の書を読て、二十許《ばかり》の時、程子の本然・気質の説を見て、忽《たちまち》に疑を生じ、それより十余年、博く古書を読み、六経・論語を熟読して、始て性の説を悟れり。

その結果、二〇歳から一〇余年の研鑽を経て、「悟れり」の境地に至ったのである。春台は徂徠に入門する以前から、それなりに朱子学を克服した独自の道徳論を有していたのである。しかし、それは十分なものではなかった。その後、徂徠の門下になり、「反復研究すること十余年」、五〇近くになって完成の域に達したと述べている。[39] 儒者として春台が取り組んだ課題は、道徳の問題であったことが語られているのである。徂徠学さえも「道徳の模範」[40] ととらえられていたほどである。それでは春台の道徳論とは、どのようなものであったのであろうか。

朱子学の性理説を否定した春台は、孟子以来の性論を否定した。性善説をとらない春台の人間観は、「天地の中に生れ出たるまゝにては、禽獣と異なること無し」[41] と人間を禽獣視する。そうした春台は、人間の自然状態を闘争の社会ととらえた[42]。

凡《およそ》天下の人、争競の心なき者は有らず。争競は、あらそひ、きそふなり。きそふとは、人とはりあふなり。人と争ては、人に勝んことを思ひ、人と競ては、人に後《おく》れじと思ふ。是《これ》人情なり。（中略）都《すべ》て何事も人にかまはず、一己の便利を求る心ある、是天下の人の実情なり。此《この》実情は、賢者も愚者も、君子も小人も、同く有り。若《もし》此情を制せずして、其《その》まゝにて捨置かば、天下の乱止《や》むこと無かるべし。古の聖人これを知《しろ》しめして、礼といふことを建立して、天下の人に教たまふ。

この闘争の社会から、統一ある安定した社会を確立するために、聖人が礼を「建立」したと説いたのである。徂徠もたしかに、聖人出現以前の人間を禽獣視した。しかし、それは次のように文化的なものであった[43]。

聖人のいまだ興起せざるにあたりてや、その民散じて統なく、母あることを知りて父あることを知らず。子孫の四方に適《ゆ》きて問はず。その土に居り、その物を享《う》けて、その基《はじ》む所を識ることなし。死して葬ることなく、亡して祭ることなし。鳥獣に群《むらが》り以て殂落し、草木と倶《とも》に以て消歇す。民、これを以て福《さいわ》ひなし。蓋《けだ》し人極の凝《な》らざるなり。故に聖人の鬼を制し、以てその民を統一し、宗廟を建て以てこれを居《お》き、烝嘗を作り以てこれを享す。その子姓百官を率ひ、以てこれに事《つか》ふ。儼然として臨むが如く、洋洋として上に在り。人をして粛然として以て畏《おそ》れ、凛然《りんぜん》として敢へて肆《ほしいまま》ならざらしむる者は、これに取る所あらんか。

すなわち、統一なく葬祭さえ知らなかった状態である。それを聖人が祭祀の礼を制作して、統一ある国家へと導いたのである。

徂徠と違って人間の自然状態を闘争の社会ととらえた春台は、それだけ人間不信を強く抱いていた思想家であった。春台は孟子の性善説に対抗して性悪説を唱えた点は否定するが、「荀子が意は、性に拘はらず、教学を主とする旨なれば、本は悪《あし》からぬ意なれども」と、荀子を評価する。[44] 荀子の思想を春台は、「すべて君子の行義を守ることは甚《はなはだ》難《かた》く、小人の事はなりやすくして、好む者多し。是《これ》にて人の性の本来悪なることを知る。（中略）聖人礼義の教を立て、天下の人を導きたまふ。（中略）性の悪を変じて、善人となる」[45] と要約している。すなわち、春台が荀子を評価したのは、聖人の礼義の教によって悪から善に変わる点にあった。

徂徠は荀子の性悪説に学んでいると評されるが、徂徠の人間観の基底には、「親愛生養の性」[46] の認識があった。春台の人間観は徂徠とは異質で、荀子の性悪説により近いものであったといえる。

一方、朱子学の性理説を否定した春台は、徂徠学の気質不変化説を採用した。[47]

気質はすなはち性なり、人の生れつきなり。生れつきは変化せられぬ者なり。前に云る如く、人の性は万人万様にて、面の同からざる如く、（中略）聖人の道は、人の生れつきを、其《その》まゝにて養て、其ふり〴〵の器《うつわもの》を成就する。是《これ》人才を生ずる道なり。

人の気質は性《うまれつき》であり、変えられない。それは一人ひとり違っている。聖人の道はその個性を養って、才能のある人間に成長させると説いたのである。すなわち、春台は聖人の道、または教は、人を悪から善へと導く、それはいいかえれば、一人ひとりの個性を養って才能を成熟させる、と説いたのである。それでは具体的には、どうするのであろうか。[48]

先王の教は、最初勉強より始まる。勉強すること已《や》まずして、習熟すれば、後には勉強を離て自然になる。

勉強から始まるのである。それでは勉強とは何か。それをより具体的に述べて、「或は情を抑て堪忍《かんにん》し、或は勉強して力を用ひ、許多《そこばく》の思慮作為を加て、其《そ》の事成就す[49]」と記している。ここでは情・勉強・思慮の三者を並列して挙げているが、ほかの二つは勉強の具体相とみなせる。すなわち、感情を抑えて思考を回らして、「勉強」する。勉強は文字どおり「勉め強いる」の意味でよいであろう。その結果、「先王の教」は、「勉強を離て自然になる」のである。春台は日常的に自覚して、強力に努力することを求めたのである。

この点でも春台は徂徠と違っていた。たしかに徂徠は、「学者いやしくも能《よ》く一意に聖人の教へに遵《したが》ひ、これに習ふこと久しく、これと化せば[50]」と、一見同じことを述べている。しかし、この前提には、「この道を立てて天下後世をして由《よ》りて以てこれを行ひ、おのおのその性命を終へしむ[51]」との、人間を包みこんで人間生活を保障する、道の普遍性があったのである。

勉強を強調する春台の修養法は、礼義であった[52]。

> 聖人の教は、外より入る術なり。身を行ふに先王の礼を守り、事に処するに先王の義を用ひ、外面に君子の容儀を具たる者を、君子とす。其《その》人の内心は如何にと問はず。

内面的な心は問題にしないで、外面的な礼義を身につけるのである。身につけるのは右の引用では「容儀」のみであるが、それはより具体的には「衣服容儀言語[53]」である。

春台は外面的な修身の行為を繰り返すことによって、聖人の教と一体になれると説いた。その一方、その一環として「思慮作為」の努力、いいかえれば、「自己に精力を用て、六経・論語・孝経を熟読し、古書を博覧するにあらざれば、真実に悟を開くこと無し[54]」と、『六経』『論語』『孝経』を中心として博く古典を読む、精力的な学問が要請されたのである。

性悪説に近い人間観をもち、勉強を強調して外面的な道徳行為を日常的に厳格に繰り返すことを求める春台の道徳論は、窮屈な堅苦しいものであったといえる。

春台の道徳論が厳格なものであった理由は、春台の性格と切り離しては考えられない。春台は道徳的に厳格な人であった。いかに厳格な人であったか。たとえば、行状は次のように伝えている。(55)

諸侯の業を受け道を問ふ者、前後数十人。敬を致し礼を尽すに非ざれば、すなはち未だ嘗《かつ》て見ることを得ず。其《その》人に過《あやまち》あれば、知りて言はざるなく、改て後《のち》止《や》む。未だ嘗て権貴のために少しも屈せず。

春台は諸大名といえども、師として敬礼することを求めたのである。春台の批判的精神は、師と仰いだ徂徠にも及ぶ。春台は「純性、直言を好む。世に容《い》れられざる所以なり。ただこれ狭中小量、中行に及ばず。狷者《けんじゃ》たるに甘んずるのみ」(56)と、徂徠に述べたように、直言の士であった。「狭中小量」とは、享保一二年（一七二七）に徂徠が門下の詩集『蘐園録《けんえんろく》』の編纂を計画したのに対して、春台が詩の提出を固辞したので、徂徠から受けた批判である。(57)

さらに春台は徂徠門下が文芸に流れて、非道徳との世間の批判を受けていると、次のように徂徠を批判した。(58)

夫《そ》れ先生は自ら大量を以て能《よ》く容《い》れる。人また此《これ》を以てこれを称す。然に純を以てこれを観れば、能く学者を容れて、能く庸人を容れず。能く文芸の士・狂狷者を容れて、能く礼法の士を容れず。能く其《そ》の人を容れて、其の言を容れず。これすなはち先生また容れざる所あるなり。人またこれを以て先生を議する者あり。

「大量」の人であった徂徠は人の才能を愛して、個性を発揮させる教育をした。その弊害として文芸に流れて非道徳との非難を受けたのであるが、その原因は徂徠の教育方針にあると、遠慮なく批判しているのである。

直言の士であった春台は、「先生の為す所にして純の或は悦ばず、時時これと争ふ」と、しばしば徂徠と論争した。そのために徂徠から「雞肋視《けいろくし》」されたと歎いている。(59) 春台と徂徠の対立点は多岐にわたるが、(60) その最大の問題点が、道徳論であったことは疑いない。

春台はもちろん、道徳的に厳格であったのは、他人に対してのみではなかった。自己に対してもいかに几帳面で厳格であったかは、「春台先生行状」や湯浅常山の『文会雑記』などがよく伝えている。今日でも春台を論じるものは、かならず指摘する問題である。[61] 本稿ではこの点はそれらに譲るが、一つだけ紹介すると、読書法について「春台先生行状」は、「先儒、未だ先生の精密に及ぶ者あらず[62]」と指摘している。弟子の指摘であるから正確度はともかくとして、春台が厳格で几帳面な人であったことが、十分に知られるであろう。

春台が道徳を重視した理由は、一つには学問の出発点が朱子学的な道徳論に疑義を抱いたからであるが、一方では「先王の天下を治たまふに、身を修むるを本とす[63]」と述べたように、道徳は政治の基本と認識していたからである。もちろん、春台は徂徠の政治論を継承した唯一の人といわれるように、政治を重視した人である。ところで、私は右に春台の道徳論を論じたが、それは主として『聖学問答』に依拠した。この書は書名に「聖学」とあるにもかかわらず、道徳論の書であって、政治論は展開されていないのである。徂徠学は政治学である。それにもかかわらず、徂徠学者春台が「聖学」を解説して道徳論にとどまったことは、春台が政治を軽視していなかっただけに、非常に不可解な思いを私は抱いた。春台において政治と道徳は切れている、分離して整合していなかった、とみなさざるをえないのである。

春台の「経済」（以後、経世済民の意味の経済には、カッコをつける）論、すなわち政治・経済の書といえば、『経済録』である。五〇近くになって学問が完成の域に達したと自負する春台が、五〇歳の享保一四年（一七二九）に著した書である。しかし、『経済録』は、司馬遷の『史記』八書以来の中国正史の志の伝統にならって編纂されたものである（396〜397）。今日風にいえば、政治・経済・文化などの各種各分野の歴史である。原則的にそれぞれの儒教的にあるべきあり方を指摘して、問題点と解決策を論じた書である。

春台には「経済」論の原論、政治・経済に関しての理論的な著作はない。[64] その理由としては、「純の愚、窃《ひそか》に以為《おもえ》らく、先生の功、その大なる者はただ二弁のみ。故に二弁は伝へざるべからず(65)」と述べたように、徂徠学の「経済」的理論書は徂徠の二弁、すなわち『弁道』と『弁名』に尽されていると考えていたからとも思われるが、そうは断言できない。さきに享保一七年（一七三二）の『聖学問答』に聖人が礼、すなわち道を「建立」したと述べているのをみたが、徂徠も「建立」と表現することもあるが、春台は徂徠のように聖人が道を「制作」した、もしくは「作為」したとはいわないのである。この点を享保二〇年の『弁道書』でさらに確認すると、次のように記されている(66)。

聖人の道は聖人の開きたまへる道にて候得共、天地自然の道かくあらで叶はぬことを知《しろ》しめして、かく定置たまひし故に、是《これ》すなはち天地の道にて、聖人少も私意を加へたまふことは無く候。

二帝三王の道は天地自然の道にて、およそ人間の道かくあるべきすぢを聖人見つけたまひて開きたまへるにて候へば、天下の道人の道此外《このほか》に無く候。

道は「天地自然の道」であって、それを聖人が「開」いた、もしくは「見つけた」と説いている。このような道の理解は、道は聖人が制作したものとして、聖人を絶対的な存在として信仰した徂徠の考え方とは、まったく異質なものである。たしかに一節でみた尾藤の指摘のように朱子学に逆行するものであった。もちろん、春台は聖人の道を尊重した。しかし、「天地自然の道」が聖人以前にあったとの考え方は、その絶対性を揺るがすものである。

聖人の道の絶対性を揺るがす考えを抱いていた春台の思想は、まず次の点に現れている。春台の政治論の核心となっているのは、「末世」との認識である。国家には盛衰がある（665〜666）。

国家の治乱興廃存亡、皆本《もと》自然の数あり。人力のなす所に非ず。治まらんとする国は、誰治めずとも治る。乱れんとする国は、聖賢有りても、是《これ》を治て乱れざらしむること能《あた》はず。（中略）只三代は聖人の国家なる故に、世を伝ふる事久し。

国家にはかならず治乱興亡がある。聖人が建国した夏殷周の三代といえども免れなかった。ただ先王の道によって建国したので、ほかに比べれば長期にわたるだけなのである。たしかに徂徠も「総じて治乱の道、治極りて乱れ、乱極りて又治る。天運の循環なれども」と、同じようなことをいうが、力点は「全く人事によるなり。（中略）されば聖人の道を以、今の世を治めんには、制度礼楽を建立するにしくはなし」と改革にあった(67)。

聖人の道の動揺は第二に次の点に現れる。春台は、「老荘楊墨より以下、諸子百家の道術はいふに及ばず、後世の釈氏の道までも、皆先王の道の中の一端と見ゆるなり(68)」と、徂徠の「諸子百家九流の言より、以て仏・老の頗《は》に及ぶまで、みな道の裂のみ(69)」と、同じようなことを述べるが、異端に対する態度はまったく違っている。諸子百家はなぜ出現したのか。春台は次のように説明する(70)。

先王の道は大中至正にして、天下万世に通行する道にて候へども、末の世になりて悪き人出で悪く用れば、弊出来て禍乱の端となり候は、人の咎にて道の罪にはあらず候。

末世には聖人の道が「人の咎」のために機能しなくなる。かくして諸子百家が出現して、「先王の道の弊たる時に出て、おもひ〳〵に一家の道を立候。諸人格別の見識なれば、其《その》道もさま〴〵なれ共、畢竟皆乱世を治る道にて候(71)」と、それぞれの視点から乱世を治めるために有効な道を立てたのである。

春台は聖人の道のみでは治められない末世に、それに対応して唱えられたとして、諸子百家の有効性を認めた。かくして、「偏屈なる儒者は、諸子百家を異端邪説と名づけて、其《その》書を読まざる故に、其道を知らず(72)」と、異端視する見解を否定して、積極的に諸子百家の方策を採用するのである。ただし、「然れども彼等は皆衰世の弊俗を治る術にて、国家を興隆し、治安を保つ道に非ず(73)」と、一応の限定はつけている。

春台が諸子百家の道を積極的に受容できた理由は、聖人の道以前に「天地自然の道」があったと認めていたからであることは、疑いない。しかし、そこには、「末世」に有効な諸子百家の理論を、異端視せずに包摂する理論が要請される。すなわち、諸子百家を包み込んで儒教理論を再構築することである。聖人の道のみでは支配できなくなった現実の改革とともに、それは困難な作業であったに違いない。そのために春台は政治論を独自のまとまったかたちでは提起できず、まして道徳論と整合させることもできなかったのではないか、と私には思われる。

本稿の結論的なものが先行してしまったが、それでは春台は末世を具体的にいかにとらえ、どのように対応しようとしたのであろうか。

『経済録』はさきに述べたように、春台の経世済民の「経済」書である。その「経済」論を分野別に詳細に論じ、世に伝えようと意図して書かれた力作である。序言には執筆の動機を次のように述べている(386)。

昔人千金を費して、龍を屠《ほうむ》る術を学しが、屠るべき龍なくて、空く一生を終しとかや。純がごとき者、是《これ》に似たり。然ども此《この》身此儘にて終らば、学び得たる屠龍の芸、徒《いたずら》に土中の物となるべきも惜しければ、拙き筆にて記録して、筐中に蔵《おさめ》置き、広き世間に、若《も》し龍を得て屠んと思ん人あらば、潜《ひそか》に是を授て、其《その》謀を賛《たすけ》んと願ふ。是《これ》純が平生の微志也。

春台は考えるだけでなく、自説を実際に試してみたかったのである。有効性を知るためには、是非とも必要な作業である。しかし、春台にその機会はなかった。それ故に後継の人に期待したのである。序言中には記されていないが、六節・七節に記すように、不完全さを克服するためにも、批判を期待したに違いない。

『経済録』は一〇巻からなる。各巻の扱った分野は次のとおりである(393)。

第一巻「経済総論」、第二巻「礼楽」、第三巻「官職」、第四巻「天文・地理・律暦」、第五巻「食貨」、第六巻「祭祀・学政」、第七巻「章服・儀仗・武備」、第八巻「法令・刑罰」、第九巻「制度」、第十巻「無為・易道」。

このうち本稿でもっとも重要なのは、経済を扱った「食貨」である。春台もこの巻には力を入れた。「食貨」は一巻であるが、量的には全体の五分の一以上を占めるのである。したがって以下、『経済録』「食貨」を中心にして春台が現実をどうとらえ、いかに対応すべきと考えたのか、その結果、春台はどのように思索を発展させたのかを検討しよう。

四　視点・理想・現実

春台の理想とする国家は、富国強兵の国家であった（490）。

堯舜より以来、孔子の教に至る迄、聖人の天下を治る道、富国強兵に非るはなし。富国強兵といふ内に、富国は強兵の本也。然れば天下国家を治る人は、食貨の道を能々《よく》心に懸て、臣民を養ひ、四維を張り、国用軍用匱《とぼ》しからぬ様に思慮せらるべきこと也。

富国強兵といっても強兵の本は富国である。したがって、「食貨」すなわち経済が重視された。その理論的基礎は、序言の最初に「孔子之道は、先王之道也。先王の道は、天下を治る道也」（385）と記されたように、そして同じ趣旨のことが随所に記されているように、先王の道であった。すなわち、先王の道によって制度化された国家を理想としていた。しかし、当時の日本は末世のうえに、「戦国の余習にて」「総じて当代の国家には、制度といふべきことなし」（625）の現実であった。かくして右の引用文の直前に「富国強兵を覇者の術といふは、後世の腐儒の妄説也」（490）と記されたように、富国強兵のためには、諸子百家の説も積極的に取り入れたのである。

富国の政策を論じようとする春台の眼に映る現実は、およそ理想とは懸け離れた上下ともに困窮化したものであった（490）。

定まれる産業もなき者は、渡世に差《さし》つまりて朝夕の立兼るも理なるに、士大夫以上、増《まし》て一郡一国をも領する諸侯などの衣食にさしつまり、用度足らず。妻子家人等を難儀せしむる。

富国の理想に対して現実は厳しいものであった。そのために春台は『経済録』において、「食貨」経済を重視して、経済的に破綻した武士を再生させるための改革を唱えたのである。それではより具体的に、春台はどのような社会を理想とし、それがどのような現実に陥っていたとみていたのかを、みていこう。その分析の基礎となる視点は、次の四つであった（397〜398）。

凡《およそ》経済を論ずる者、知るべきこと四つあり。一つには時を知るべし。二つには理を知べし。三つには勢を知るべし。四つには人情を知べし。

第一の時を知るとは、まず「周以前は、天下封建にして、秦以後は、郡県也と云ことを知る。是《これ》経済を論ずる第一義也」（398）とあるように、封建制と郡県制の違いを知ることである。さらに「歴代の沿革、損益多端なれば、其《その》異同を知ること」（398）と、歴史を学ぶことを求める。時を知ることとは、「治道を論ずるには、時を知るを最要とする也」（400）と、政治を論じるためにはもっとも重要と認識された。もしそうでないならば、「是《これ》を知らずして、一概に古道を以て今に行はんとすれば、時と齟齬して行はれざる」（400）と、「古道」理想の聖人の道は実現されないのである。

第二の理とは、「理は道理の理に非ず。物理の理也」（400）とあるように、道徳的な法則ではなく、事物の法則である。「天下の事にも、必ず理あり」「民は微賤なる者なれども、理に逆ひたる政には必ず従はず」「乱の階と成也」。したがって、「事々に就て其《その》理を求むべし」と説いたのである（401）。

第三の勢とは、「勢は事の上に在て、常理の外なる者也」ととらえて、水火の関係「水は火に勝つ者なれども、少の水を以て大火を救ふ事能《あた》はざるは、火の勢強ければ也」などの例を挙げて説明している（401）。なお、勢とは人力ではいかんともしがたい時代の流れをいう。そして、「理を知て勢を知らざれば、大事を行ふこと能はず。勢を知て理を知らざれば、大功を立ること能はず」と説いて、「両《ふたつ》ながら其《その》用を尽す、是《これ》政治の要術也」と述べている(402)。

第四の人情とは、「天下の人の実情を知る也。実情とは好悪、苦楽、憂喜の類を云」(402)ものである。徂徠学では聖人は人情に基づいて道を制作した、と説く。それを受けて、「人情に悖《もとり》たる政の永久に行れたるはあらず。古の聖人の政は、皆人情に協《かな》ひたる者也」と説いて、「民の好悪を知て、其《その》情に悖らざる」仁政を施すことを求めたのである(403)。

改革はこの四つの視点に基づいて実施されなければならない。したがって、儒教の政治方針は「凡《およそ》経済は、古《いにしえ》を稽《かんが》へ古を師とするを貴ぶ」(405)尚古主義であるが、これは改められなければならなかった(406)。

古《いにしえ》を稽《かんがえ》て今の宜を制すれば、事に条理あり弊を生ぜず。古を稽ざれば、眼前の利害に眩《めくらん》で、後の慮を忘ることあり。古を稽へ古を師とすと云へば迚《とて》、古の政を悉く今の世に行ふべしと云には非ず。古の政、今の世に行ひ難きことも多し。然れども政には大体と云者あり。古の道を本とせざれば、政の大体を知ること能《あた》はず。大体は古も今も、異国も吾朝も、替《かわ》ることなき故に、必古を師とすべしと云ふなり。

「大体」という意味では「古の道を本」とするけれども、「今の世に行ひ難きことも多」いので、尚古主義にとらわれないで、柔軟に対応しなければならない、と説いたのである。前節でみたように、春台の読書法は「精密」であった。同様に春台は現実を詳細に観察して、立論したに違いない。

ところで、経済を論じた「食貨」の食貨とは、いかなる意味であろうか。春台はそれを食と貨の二種類に大きく分類する(487)。

食は、人の喰物也。米穀の類を指て言ふ。貨は、貨財也、宝貨也。たからと訓ず。貨には種々の物あり。

食とはここでは「米穀の類」とあるが、ほかのところでは「五穀也」（488）とある。要するに主食となる穀物である。貨はさらに「貨財」と「宝貨」に分ける。貨財とは衣類・五穀以外の飲食物・燃料・家具類・「竹木沙石等」の生活するうえで必要な物資である。そして宝貨とは、もちろん金銀銅の貨幣である（487）。物資は生産され、流通する。しかし、春台はそれを一様なものとはみなしていない（488）。

五穀桑麻は地より生ずる者なれば、何《いず》れの処にも作るべし。衣食具《そな》はりて飢寒を免る丶程ならば、外に求ることは有まじけれども、衣食計《ばかり》にてもすまず。上に云へる如く、平生無て叶はぬ物も数多あり。又衣食を作るにも、夫々《それぞれ》の器物も有らで叶はず。又天下の土地一同ならざれば、其《その》地に生ずる物と、生ぜぬ物とあり。されば古《いにしえ》の聖人、農作の道を人に教玉《たま》ひて、其上に又交易して有無を通ずるといふ道を教玉へり。交易とは、此《これ》と彼と物を取替《とりかえ》ること也。

原則的な観点から、農村しかなかった古代聖人の時代を前提にして説いている。それ故に交易も貨幣を媒介としない、「此と彼と物を取替る」物々交換なのである。ところで、右の史料は「五穀桑麻」、つまり主穀と衣料原料はどこでも自給できるとして、「外に求ることは有るまじ」と、これらは自給することを基本にしている。別なところでは、「人の礼義を知るは、衣食に不足なく、飢寒の患なき上の事といふ義也」（489）と、衣食は礼義を知る基礎と述べている。春台は、自給自足的な農本主義を説いたのである。

自己の生産物で生活をする自給自足的農本主義を説いたといっても、ほかに必要なものもあり、生産用具やその土地で生産できないものもあることを認めた。それ故に聖人は農業を教えて、次に交易を教えた、と述べている。交易は聖人の教として肯定されている。しかし、二次的な行為とみなして軽視しているのである。

現実は商品貨幣経済へと発展した。この現実に対して春台は、「天下を治るに、穀を貴び貨を賤しむるは、古《いにしえ》の善政也。先王の道也」と、貴穀賤金思想の立場に立つ。そして、「金銀は勝れたる宝と、人毎《ごと》に思へども、飢たるとき、金銀を噛《かん》では腹充《み》たず。（中略）寒きとき、金銀を山の如く積で、其《その》中に居ては煖《あたたか》ならず」と、金銀の非有効性を強調するのである（490）。

自給自足的農本主義の立場に立ち、貴穀賤金思想の持ち主であった春台は、一次産品の増産を力説する。その論拠は、「周易に、「天地之大徳曰レ生」とあるは、天地は万物を生ずるのみの徳也」（488）と述べたように、『易経』「繫辞下伝」にある「天地の大徳を生と曰ふ」であった。天地は生成してやまないのである。具体的には、米麦等を生産する「上地」（493）のほかに、『周礼』によって、次の五土に着目する。なお沢は「池沼湖水の類」、墳は「水辺の崖」、衍《えん》は「地下《ひく》くて平なる処」である（493）。

一つに山林、二つに川沢、三つに丘陵、四つに墳衍、五つに原湿也。

要するに山と水に着目したのである。これらの地は、「縦《たとえ》嘉穀を生ぜずとも、百穀の内何かは不レ知、民の食する物を生ぜざることはなし。食物の外には、種々の物を生じて国の利となる」（493）と、五穀は生産できなくても、ほかの食料や有用な物を生産する点に着目したのである。しかし、上地でない五土は開発されていない土地であった。その開発は経済的に困難であった。春台は次のように歎いた（494）。

即時に其《その》利の見えざることには、人の心趨《おもむ》かず。五年十年の後に其利の見ゆべきことを思立んには、決して同心の人有べからず。只其效《こう》の見えざるを疑ひ、人夫の労と、金銀の費とを恐れて、事を創《はじ》むる人あるまじき也。

この文は、春台が生産の三要素、土地・資本・労働の認識をもっていたと指摘される所であるが、[74] 春台は計画の困難さから、協力者はえられないと、悲観しているのである。それだけに、「人民の用に立ち、国の利となる」（494）この事業を力説した（495）。

五土の別れを弁へ知て、其《その》中より生ずる物を傷害せず、能《よ》く長養すれば、土地にある程の利、遺《のこ》らず出で、而《しか》も之《これ》を用て尽ることもなし。是《これ》を無尽蔵といふ。

ここで「無尽蔵」というのは、いくらでも取れるとの意味ではない。「傷害せず」「長養すれば」無尽蔵なのである。いいかえるならば、自然の生産力の範囲内で活用して生産すれば、無尽蔵であるとの意味である。別な所では、「造物者の無尽蔵なれば迚《とて》、妄《みだり》に取尽すこと有るべからず」（498）と記している。

これに対して、上地となる新田開発には、春台は反対している。その理由は、当時の新田開発は、「国家には是《これ》を憎む」「興利の説」（496）を説くものだったからである。春台は続けて、水利や秣場などの問題を取り上げて、延々三頁にわたって反対論を展開している（496～498）。

享保期は幕府・諸藩ともに新田開発に取り組んだ時期であった。それは破綻した財政を再建するためであった。幕府の場合、元禄期までの開発で技術的には限界にきていたので、当初は消極的であった。しかし、享保七年（一七二二）に政策転換をして、積極的に開発に取り組むようになった。その結果、三〇年ほどの間に幕府領は六〇万石近く増加した。しかし、治水と水害の悪循環を招き、延享四年（一七四七）以降、幕府領は漸減するのである[75]。

なお増産を説いた春台であったが、農業や土木技術の向上、農具や肥料の改善といった問題には言及していない。増産で論じられているのは、未利用地の有効な活用のみである。春台の増産論は、技術的に発展的な見地からなされているとはいえない。したがって、その理想は、次のように語られるのである[76]（495）。

其《その》無尽蔵の物を取出し、其上にて他所と交易して、有る物を無き物に換れば、何にても用度の乏しきことはなし。如レ此に土地を治るを、地力を尽すといひ、地に遺利なしといふ。

「地力を尽」して生産し、有余不足を交易する農村である。春台は自給自足的農村のために論じたのである。

自給自足的農村を理想として、その安定を説いた春台であったが、現実は商品貨幣経済が発展した社会になっていた。それも農村人口が減少するほどになっていた[77]（491～492）。

> 農を本業といひ、工商賈を末業といふ。四民は国の宝にて、一つ欠ても国といはず。然ども農民少ければ、国の衣食乏しく成《なる》故に、先王の治めには、殊に農を重んぜらる。農業は至て艱難なることにて、終歳労苦して、而《しか》も利潤少く、嘉穀を食ふことも能《あた》はぬ故に、工商の労苦軽して、利潤多きを羨《うらや》み、農より工商に遷《うつ》る者多し。縦《たと》ひ住所を城下抔《など》へ不レ移とも、田舎にても賈をすれば、農業よりは利得多き故に、耕作は粗略にして、買売のことを精勤する。是《これ》民の常の情也。左様にありては、国の衰微となる也。子細は、農民漸々に減少すれば、米穀乏くなる。工商多くなれば、種々の貨物出生し、四方よりも聚《あつま》る故に、人の奢侈の心を引起し、金銀を重宝する風俗に成て、国用漸々に匱《とぼし》くなり、上下貧乏の端となる。国家の大なる害也。

春台は農本主義が聖人の道であることを、まず確認する。しかし、苦労が多いのに米穀も食べられない農業を嫌って、軽労働で収入の多い工商に「遷る者多し」現実であった。それどころか、農村に留まっていても、粗作して利益の多い商業に「精勤」するものもいた。春台はこの現象を「民の常の情」ととらえている。『政談』において徂徠は徳川絶対主義を理想として、百姓・町人の生活は最低水準に押さえ込もうとした[78]。それに対して、人情を分析の視点におく春台は、『経済録』において百姓・町人の動きを人情として重視するのである。この点が両者の経済論の大きな違いの一つとなっている。

「民の常の情」ととらえたからといって、それを肯定的にみているのではない。農業人口の減少は穀物生産の減少となる。工商人口の増加は「種々の貨物」の生産となる。さらにこれらが「四方よりも聚る」城下町では、人は「奢侈の心」大量の消費をするようになり、商品貨幣経済が発展する。かくして農業生産の減少と「奢侈」による出費の増大のために国家財政は破綻し、はては「上下」すべての人が困窮化すると説いたのである。ここで「工商多くなれば、種々の貨物出生し」と、工商の増大は多様な物資の生産になると認めながら、それが生産の拡大、富国の元とはみなされなかった点は重要である。

農本主義に立つ春台は、穀物生産を重視して、ほかは奢侈に流れる二次的なものとみなしていたのである。それでは、農本主義を崩壊させる商品貨幣経済の発展はどのようにして起こり、どのような段階にあったとみなしていたのであろうか。

右の史料は発展する商品貨幣経済の現実を述べたもので、なぜ発展するようになったかは説明されていない。もちろんそれは徂徠と同じく、江戸をはじめとする武士の城下町集住のためであった（491）。

当代は天下の人、東都に輻輳し、諸侯貴人より庶民に至る迄、旅客にて居住する故に、万事を金銀にて行ふこと風俗と成て、遠国迄も同然也。是《これ》より米穀を賤めて金銀を貴ぶこと、古代よりも甚し。

城下町集住をした武士は、徂徠の表現でいえば「衣食住を始め箸一本も買調ねばならぬ[79]」境遇になり、商品貨幣経済が農村まで発展するようになった。このために武士は出費を強いられ、困窮化したのである。

春台は徂徠のように具体的に興味深い実例を挙げることは少ないが、徂徠と同じく大名が困窮化して倹約できなくなった原因として、格式の問題を挙げている（540）。

治世には人々閑暇成《なる》より、万事に念を入れ、細かなる礼節に意を注ぐ。隅より隅迄落《おち》のなき様にせんと思ふ。是《これ》に因《より》て治世久き程、漸々に事多くなる也。（中略）事多くなれば、役人も多くなる。役人多くなれば、事も亦弥《いよいよ》多くなる。

礼節にとらわれて出費が多くなる。これは奢りである。かくして倹約ができなくなったのである。なお、この部分は武部がパーキンソンの法則と指摘する部分である[80]。

商品貨幣経済に巻き込まれて出費を強要され、倹約もできなくなっていた諸大名は富商から借金をするよりほかなかった。返済は「邑入にて償ひても猶《なお》足らず」、「重代の宝器を」抵当にするほどであった。それ故に貸した富商に対して、「鬼神を畏《おそ》る、如く、士を忘れて町人に俯伏」するありさまであった。挙句のはては借金を返さずに、「其《その》人を困窮せ」しめて、「廉恥を忘れて不仁不義を行ふ人、比々として皆是《これ》也」と、あるまじき非道徳な行為を当然のごとく行っていたのであった。それは諸大名のみではなく、武士全体の問題であった。春台は「風俗の敗れ、悲むに余れり」と歎息している（512）。

ほかの所では、武士は甲冑を抵当に出し、「他の武器をば、無用なりとて、斥売《せきばい》する類の者多し」と指摘し、また「一郡半郡を領するほどの諸侯も、軍役の士卒を蓄はず（へ脱カ）、馬の数をも減じて、軍用を粗略にすること、世上皆然《しかる》也」と歎いている（587）。諸大名以下、武士たちは困窮のために、軍役に耐える軍備を持てなくなっていたのである。

ところで、春台は百姓が土地を離れる理由として、労働が厳しいことと、収入が少ないことを挙げていた。この対策として提起したのは、「天下の戸籍を正しく」（492）することであった。いかにして百姓の労働を軽減し、収入を増大させるかは考えていなかった。それでは春台は、百姓が貧しくなる最大の原因である重い年貢を、どうとらえていたのであろうか。それは非常に冷たい視線であった（499）。

> 当代は田租を取る、十分の四を通法とす。（中略）古の井田の法の什一といふより観れば、厚斂に似たれども、今の世は是《これ》にて民の痛みもなし。凡《すべ》て税斂を薄くするは、王者の仁政なれば、租税をば少く取るを美とすること勿論也。然れども民は小児の如なる者にて、衣食充足したる上に、上の政余り寛なれば、覚えず怠慢して耕作を精勤せず。遊惰の民と成て、其《その》終りは亦衣食に乏しく成て、飢寒を苦み、年貢に追はれて、罪に陥る者も出来る也。凡《およそ》政は寛と猛とを兼行ふを善とす。是孔子の教也。

ここで春台は四公六民の重い年貢を「通法」として認める。ただし、儒者にとって理想の土地制度であった井田制の十分の一の年貢率に比べると「厚斂」と認め、年貢が少ないのは「王者の仁政」と認める。しかし、「今の世は是にて民の痛みもなし」と認めた。そして、「民は小児の如なる者」と愚民視して、「寛」なる政治を行えば惰農となって破産して、ついには罪人にもなると指摘した。そして、『春秋左史伝』「昭公二十年」に記されている孔子の言葉から、「凡政は寛と猛とを兼行ふを善とす」と合理化した。しかし、この左史伝の記述は、仁政を説いた孔子の思想を的確に表現したものとは、私には思えない(81)。

四公六民の重い年貢を通法と認めた春台であったが、現実は通法が守られていなかった。もちろん、武士が困窮化し、借金に苦しんでいたからである。領主は奢りをやめなければならない（499）。

近世以来、少く取て民の害となる程のことは未だ不レ聞、畢竟上の人奢を止て、国用乏しからねば、民より多く取らねども、事の欠ることはなきなり。

領主が「奢を止」めれば、すなわち商品貨幣経済の上に乗った大量の消費活動をやめれば、「国用」財政は、「乏しから」ず運用できる。「民より多く取らねども」不足することはないと、春台は説いた。しかし、こうした改革はなされていなかった。現実を春台は続けて、次のように述べる（499）。

民より非道に取るを暴斂といふ。暴斂は虐政也。虐政を行へば、踵を旋さずして国の禍を起す。近世の例、吾人の見聞する所枚挙するに暇あらず。

春台は危機感をもった。当時の年貢の重さは「非道」なものであり、「民より非道に取るを暴斂といふ。暴斂は虐政也」と、春台は虐政が行われていると認めざるをえない現実であったのである。

虐政は何をもたらすのか。続けて春台は、「虐政を行へば、踵を旋さずして国の禍を起す。近世の例、吾人の見聞する所枚挙するに暇あらず」と述べた。「国の禍」とはなんであるかを春台は語っていない。おそらくそれは一揆や改易であろう。その一つひとつは個々の領主の問題である。しかし、これまでみてきたように、その原因は幕藩体制の構造的な矛盾からきている。すなわち、城下町集住による商品貨幣経済の発展、そのための武士の困窮化と農民への重税である。春台の現実をみる眼は、危機感に満ちていたのである。

五　物価と金銀、理想から困窮へ

城下町集住の結果、武士は困窮化し、農民への虐政となった。それは政治的に危機的状況を醸し出していた。それではこの状況は、春台の経済原論からみるならば、どのような変化となって表れていたのであろうか。経済の動きの指標となるのは、物価と金銀（すなわち貨幣）の相場である。

春台は、政治学として多方面の知識をえることを求めた徂徠学者にふさわしく、「天下の事、通ぜざるなし」と評された人であった。そのうえ「算数」にも通じていた。数字に強かった春台は「食貨諸物の貴賤軽重、五方の尚《とうと》ぶ所、その平価通利する所以の方、みな循循としてこれを言ひて序あり」と、経済の動向の指標となる物価と金銀の相場には、つねに留意し、考察し通じていた。(82)『経済録』には、元禄から享保に至るその変遷が記されている。本節ではそれをみて、経済のあり方が春台の原論と、いかに齟齬するものとなっていったかを確認し、問題点を指摘する。

近世の最大の商品は領主米であった。したがって、米価は経済の指標であった。もちろん春台も、「米の価の高下は、民の利病の懸る所也。国を治る人、心を尽して思慮せずば有るべからず」（502）と重視した。自給自足的農本主義を理想とする春台にとって、理想的な経済のあり方は、貨幣が使用されるようになったとしても、貨幣経済の未発達ななかでの低米価であった（502～503）。

古《いにしえ》より米価の賤を太平の象として、漢の昭帝の世に、米一石を五銭に売買し、唐の太宗の世に、斗米三四銭なりしといふは、誠に太平の效《こう》也。古は量小く銭貴かりし故とは云ながら、石五銭斗三四銭など云は、極て下直《したね》なること也。是《これ》を太平の效といふは、米穀豊饒《ほうじょう》にて、民食乏しからざるを美《ほめ》たる也。実は其《その》時も米価太賤《はなはだ》ければ、士と農とは害を受る也。然れども古代より近世迄は、四民の間には米を以て万事の用を弁じて、金銀を使ふことは当代の如くには非りし故に、米価賤くても、米穀豊饒にて倉に盈《みつ》る程なれば、士人も農人も困究すること無かりし也。

「太平」であった漢の昭帝や唐の太宗の時代は低米価であった。その理由として、「量小く銭貴かりし故」、すなわち通貨発行量が少なくて銭高だったためでもあるが、「米穀豊饒にて、民食乏しからざる」理想の社会であったからと認めている。また、低米価であるにもかかわらず経済的に安定していた理由は、「四民の間には米を以て万事の用を弁じて」いた、つまり貨幣ではなく、米遣いの経済を営んでいたからであった。それ故に「米価賤くても、米穀豊饒にて倉に盈る程」であったので、士農が困窮することはなかった理想の世であった。

理想とは違って当時は、武士が城下町集住したので、商品貨幣経済が発展していた。この環境のなかで、農民は「穀を作出す者也。租を納て其《その》余を食し、又其余を売て諸色の用を調ふ」ものであった。武士は「君より田禄を賜はり、此《この》禄を以て、衣食より以下諸色の用を足す者」であった。つまり、士農は米を売って生計を立てていた。これに対して工商は、「工人は器物を作り、四体を動して米に易《かえ》る者也。商賈は貨物を売て米を糴《か》ふ者也」と、米を買う立場にあった。したがって、高米価は士農に利、工商に害であり、低米価は工商に利、士農に害であった（502）。これが春台のもっとも重視する経済の本来の法則である。

結論を先取りすることになるが、事実としては春台の理想とも、経済の法則とも違った現実に陥っていた（503）。

今の世は、天下の諸侯人民迄、東都に輻湊して皆旅人なれば、金銀を以て万事の用を達する故に、米価貴ければ士人悦び、米価賤ければ士人困《くるし》む。士人の方に金銀多く収まれば、武人は利に疎き者にて、金銀を蓄る心も少き故に、一時の歓楽栄曜《ママ》に、輙《たやす》く金銀を出し費す。此《この》時に於て、工人商賈の輩、其《その》利を得て喜ぶ。価の高き米を糴《か》へども、口に食ふは僅にて、利を得ること多き故に、さのみ米価の貴きを苦まず。米価賤ければ、士人の方に金銀乏き故に、工商も却《かえっ》て利を得ること少し。故に今の世には、米価太《はなはだ》賤しければ、四民皆困窮すること古代よりも甚し。

高米価では武士の収入が増え、低米価では減るという点では同じである。しかし、高米価だと、「武人は利に疎き者」武士は経済に無智であるために、「一時の歓楽栄曜《ママ》に」奢侈に出費する。そのおかげで工商は高米価のときは、そのマイナス効果以上の収入をえる。一方、低米価だと武士の収入は減るので、工商は利益をえられない。そのために高米価だと四民は豊かであるが、低米価だとともに困窮化するようになったのである。

当時は、経済の法則が貫徹しない社会になったのである。なぜ、そうなったのであろうか。それはどのような現実に陥ったとみなしているのであろうか。以下、春台の観察を取り上げる。

徳川幕府は成立すると、そうそうに慶長金銀を発行した。元禄七年（一六八四）までに金貨は一四七二万七〇五五両、銀貨は一二〇万貫（金にして二四〇〇万両）発行された[83]。この大量の金銀の発行は価格革命を引き起こし、インフレ・物価高となった。米価は慶長のはじめは一石銀一〇匁であったが、寛文年間には六〇匁に高騰した[84]。六〇年余で六倍になったのである。

徂徠と同様に、春台もこの事実を知らなかった。そのために、「憲廟」五代将軍綱吉の初期までは、次のように質素で奢侈のない、低米価・低物価（以後、物価と記すときは米価を除く）の理想的時代としてとらえている(504)。

当代国初より憲廟の時迄は、天下の米価甚《はなはだ》賤かりしかども、士人さのみ困窮せず。世の風俗質素にて、奢侈なることなく、他物の価も甚賤かりし故也。

そうした時代は元禄のはじめまで続いた。江戸の米価は低米価で一両に一石二、三斗から一石五、六斗であったと指摘している（504）。

理想の時代は終わる。綱吉は貞享元年（一六八四）に大老堀田正俊を失ったころから、迎合する側近政治を行い、奢侈に流れて空虚な道徳主義に陥った。それは「憲廟奢侈を好み玉ひし故に、物価稍々《ようよう》貴くなりて士人困《くるし》めり」と、物価の高騰をもたらした。しかし、米価は低迷したままであった。そのために、「其《その》時士人相語ては、米価の賤きを歎きて、あはれ金一両に米一石ならば、少息《すこし》を続ぐべきにといひあへり」と、武士たちは歎いた。しかし、「されども上の奢侈に因《より》て、世間に金銀多く動き、假借も容易なりし故に、士人も用度にゆきつまること無かりし也」と、綱吉の奢侈のおかげで景気がよかったので、武士も容易に借金ができ、破綻することはなかったのである（504）。

物価高を招いた大きな要因は、旧貨を鋳換えて質を落とした元禄八年（一六九五）の金銀の改鋳であった。このとき幕府は金銀合せて五五七万両余の収入をえた[85]。質を落とした元禄金は、大量に一三九三万六二二〇両発行され、インフレを招いた。それを春台は発行量を問題にせずに、次のように指摘している（521）。

> 民間にも此《この》幣の純金に非るを賤みて、稍々《ようよう》百貨の価を増す。金の直《ね》は故金に減ずることなけれども、貨物の価貴くなりたれば、則是《これ》金の直《ね》の減じたる也。

ここで前者の「金の直」とは同じ一両という意味である。後者のは一両の購買力という意味である。すなわち、元禄金は同じ一両でも慶長金に比べて金の含有量が減ったので、購買力が減少して、物価高になったと述べているのである。

ところが元禄一二年[86]（一六九九）八月一五日の大風のために「年穀不熟」となった。そのために「太倉の米価」、すなわち幕府が知行米を換算する張紙値段は、金一両に米七斗に急騰した。武士は喜んだが、「工商小民は奔走しても僅《わずか》に二粥《ふたかゆ》をすゝる計《ばかり》」の窮状に陥った（504）。

この高米価は三年続いた。その結果、元禄一四年（一七〇一）の冬になって江戸に「飢民多く、道路に飢死する者あり」の状態となった。この対策として幕府は、本所で百余日施粥《せがゆ》を実施したほどであった（504）。この時期までは経済の法則がまだ有効に作用していたのである。

元禄一五年（一七〇二）の春には、「飢民も稍寡《ややすくな》くな」って、翌年にかけて「年穀も熟し」たので、「米価も稍賤くなる」と思われたが、元禄一六年一一月二二日の江戸大地震と、翌宝永元年（一七〇四）七月三日の江戸から東北地方の水害のために、依然として高米価は続いた。さらに宝永四年一〇月下旬の富士山の噴火は、「米価又貴し」を結果した（504〜505）。

宝永六年（一七〇九）一月、将軍綱吉は死亡し、家宣に代わった。新井白石の指導する新政権は、不評であった新金銀を慶長の制に復そうとした。宝永七年に乾字金を発行する。乾字金は一一五一万五五〇〇両発行された。乾字金の品位は慶長金と同じであったが、小型にしたので重量は半分しかなかった。したがって、金の含有量も半分である。財政難の幕府は品位だけを同じにして、一両として慶長金・元禄金と並行して通用させようとしたのである。

乾字金は市場の評価をえられなかった。小さく重さ半減の乾字金に、「人情何となく此《この》幣を軽ん」じて、「諸物の価を増て売買す」るようになった。そのうえ、乾字金は慶長金に復する一時的な処置とみられた。復したときには「半直《はんね》」になると考えられた。その結果、乾字金の評価は下がり、「諸貨の価を増て、故幣に復せる時に、少も損失なき様に計れり」と、物価はさらに上昇した（522）。一方、米価は正徳元年（一七一一）秋から下がり始めて、二年春には一両に九斗前後になったが、乾字金が普及して「二両を以て一両」と、半値に下落したので、米価はふたたび高くなった（505）。

正徳二年（一七一二）に家宣は、慶長金銀に復するように遺命して死亡した。このために「弥《いよいよ》乾金の直《ね》を減じて物価を貴くす」（522）るようになった。

正徳四年（一七一四）に幕府は慶長金銀と同質同量の正徳金銀を発行した。改鋳は、以前に発行された金銀を鋳換えてなされる。そのために通貨量の急激な減少を懸念して、交換は二〇年かけて緩やかに実施しようとした。金貨の発行量も二一万三五〇〇両にとどまった。

正徳金銀の発行は、「金幣多品繁雑して、民用甚《はなはだ》不便利也」（522）と、金貨ならば三種類あったうえに、さらに一種類加えたので、経済界の混乱を助長した。そのうえ、乾字金はさらに下落し、そのために米価は乾字金一両に四斗余と高騰した。しかもこのとき、以前と比べて大きな変化が観測された（505）。

　正徳の末に及で、小民又飢餓する者ありつれども、昔に比すれば多からず。

高米価にもかかわらず、飢餓人の数が減ったのである。

その後も米価は高止まりのままであった。米価は元禄一二年（一六九九）から享保六年（一七二一）までの間、「米価の貴賤、少の低昂有つれども、賤き時も金一両に米一石には至らず」（505）と、高米価であった。そして享保七年夏には「今の金一両には米六斗二升五合」と最高値に達したのである。ところが、この高米価にもかかわらず、以前とまったく違った現象が生じた（505〜506）。

　然るに此《この》時都下に飢餓の者無りしは何ぞや。己卯（元禄十二年）より以来、二十余年の間、米の貴きに習て、小民治生の道に敏《さと》く、且士人の手より金銀を出すこと多き故也。昔の米価の貴きを聞けば、近年の貴きに不レ及ども、其《その》時には飢餓の者あり。近年の米価の至て貴きに、飢民出ざるは、習へると不レ習との故也。習ふとは、其事になるゝ也。此等《これら》の処一応の俗智にては知難《しりがた》きこと也。

飢餓人が出なかったのである。この点は春台の経済論にとって重要である。その理由として高米価に習れたからというのは、説明としてはおかしい。むしろ高米価によって「士人の手より金銀を出すこと多き故」に、産業活動が活発になったからと説明すべきである。

享保三年（一七一八）、将軍吉宗は新金銀通用令を発令した。旧貨との交換期間は同七年までであった(87)。新旧貨幣の交換比率は、金貨は二対一であったが、この政策は大きな混乱もなく成功した。春台も次のように伝えている（524）。

　享保の新令下りしときは、海内の金幣其《その》半を減ずと思ひて、士民皆之《これ》を歎きしが、数歳を歴《へ》て新幣流布しては、減半の損もさのみ見えず。民其痛みを忘たり。

しかし、その後に襲ってきたのは極端な低米価であった（506）。

　壬寅《（享保七年）》の秋より、米価頓《とみ》に賤くなり、其《その》後少昂《あが》りては、又大に低《さが》り、六七年の間に、愈《いよいよ》益《ますます》賤くなりて、昔の貴かりしときの五分の二の価となる。

一般に享保七年以降は、享保一七年（一七三二）の西国筋の蝗害による飢饉のための高騰のような例外もあるが、元文元年（一七三八）の改鋳までは低米価であった(88)。なぜ低米価になったか、春台は説明していないが、一つには正徳享保金銀は質をよくしたために通貨量が不足となり、デフレになったためである。享保金は正徳金と合せても、八四九万三五〇〇両しか発行されなかった。第二に財政破綻した幕府・諸藩は増徴をし、新田開発をしたが、その分、市場に米穀が大量に出回ったためであり、さらにデフレ下、諸大名が貨幣獲得のために、以前にまして年貢米を市場に売出したためであった。

連年の極端な低米価は、四民の生活を直撃した。その現実と意義を、春台は続けて次のように記している（506）。

　民間にて米を視ること土の如し。士大夫の家にて、飯粥《はんしゅく》の料を除て、其《その》余を売て他の用を弁ぜんとすれば、朝夕の急用さへ足らず。他の用を足さん迚《とて》多く米を売れば、又食足らず。士人の困究尤《もっとも》甚し。農家も士人と同じ。豊年に遇《あい》て穀を多く収れども、是《これ》も売るに及で、輸出す人馬の労費をも償はぬ程なれば、僅《わずか》に家人の口に食ふ計《ばかり》にて、利潤を得べき様なし。士人貧しければ、世に金銀乏き故に、工商の類も利沢少し。されば今士の如く賤き米を、小民は食ふこと能《あた》はずして、飢餓する者却《かえっ》て多し。是常理をもっては論じ難し。凡《およそ》上に云る如く、米価賤きを太平の象とするは、古《いにし》へのことにて、今の世は、米価太《はなはだ》賤ければ、四民皆困窮するは制度の不同也。古《いにしえ》は米穀を貴び、今は金幣を貴ぶ故也。ケ様の類を事勢といふ。是を不レ知しては政をなし難し。

低米価に武士は貨幣獲得のために飯米の不足を生じるほどであり、農民は売るにも運送代にもならない。武士が困窮しているので、通貨不足のためもあって、工商も利益をえられない。かくして都市の貧民は飢餓に陥ったと伝えている。この現象は、低米価を理想とする理念と逆行するものであり、低米価は士農に不利で工商に有利に作用するとの経済法則とも矛盾する。春台はこの現実を、「常理」では理解できない、「事勢」ととらえたのである。勢とは人力ではいかんともしがたい時代の流れである。春台は既成の学問・知識ではとらえることのできない、新しい局面に至っていると指摘しているのである。春台は「是を不レ知しては政をなし難し」と述べた。すなわち、春台はこの事態を前提にして政治は実施されなければならないと説いたのである。この事態をもたらしたものは、我々の言葉でいえば、商品貨幣経済の発展である。すなわち、春台は商品貨幣経済の発展を勢として、否定できないものとして、容認したのである。

今、私は春台は商品貨幣経済の発展を容認したと述べたが、それは素直な、本人の望ましく思うような意味からではなく、意志に反した、やむをえない判断であった、といわなければならない。それは以下の理由による。

享保期に米価の下がった理由を、春台は十分に説明しなかった。同様に春台は金銀・物価の変遷を観察しても、その理由をきちんと説明しなかった。その理由として挙げられたのは、将軍の奢侈と自然災害と通貨政策のみであった。何が欠けているかといえば、その基底をなしている商品貨幣経済の発展への言及である。

師の徂徠は『政談』において、元禄以降、商品貨幣経済が発展し、それは江戸の町人人口の増大となり、さらに農村へも拡大していると説いた。そのために身分差を超えて消費が拡大し、需要が増大した点を最大の問題にしていた。一方、春台はこのような問題提起をしなかった。徂徠と春台はよく論争した師弟であった。そして、享保一四年（一七二九）に著された『経済録』は、享保一二年ころに著された『政談』を意識して著された書である。春台は徂徠のこの問題提起の重さを、十分知っていたはずである。

享保期は低米価であったと春台は記していた。同時に高物価であった。物価は下がらなかったのである。この問題は享保改革の最大の政治課題の一つであった。それにもかかわらず、春台は右にみたように、享保期の物価動向には言及しなかった。不自然というほかない。また、貨幣政策も金銀の質は論じたが、量については言及しなかった。右の量についての記述は私の補足である。

徂徠は『政談』において当面する改革の一つとして、貨幣需要の拡大に対応するために、金銀の価値は銭との関係で決まることを指摘して、元禄金銀と同質の金銀であっても、大量に鋳銭すれば、金銀の価値は変わらないと論じた。

これに対して、春台は「凡《およそ》金銀は純粋なるを貴ぶ」（520）と、良質の金銀貨であるべしと主張した。それだからこそ、享保の新金銀通用令に対して、金貨にはさきにみたように、「享保の新令下りしときは、海内の金幣其半を減ずと思ひて、士民皆之を歎きしが、数歳を歴て新幣流布しては、減半の損もさのみ見えず、民其痛みを忘れたり」と語れたのである。また銀貨に対しても、次のように述べて「善政」と讃えた（525～526）。

享保の初に及で、新令下りて、元禄以来の悪銀を悉く廃して、専に新幣を行はしめらる。茲《ここ》に至り海内の銀幣減じて四分の一と成し故に、士民大に苦しめり。然れども数年を歴《へ》て、新銀海内に流布せしかば、漸々に其《その》痛も去て、いつとなく国初以来の故に復せり。是《これ》又目出度《めでたき》善政也。

その一方、春台は「今の政は、銭を豊饒《ほうじょう》にして、価を賤くするにしくはなし」(528)と、銭を大量に鋳造することを説いた。しかし、これは金銀の価値を維持するためではなかった。鋳造しても、「二十年の外に出れば、銭また乏しくなりて」(528)と述べたように、銭は失われやすく、そのために銭相場が騰貴するからであった。

春台の貨幣論の一大特徴は、銀本位制を提唱した点にある。しかし、これも金銀の量質の問題から提唱されたのではなく、「実は三幣に皆時価の貴賤ありて、定まれる直《ね》なき也」(536)と述べたように、三貨鼎立制の弊害を除去するためであった。金ではなく銀が選ばれた理由は、銀のほうが小額に対応できるからであった。ただし、「去《さり》ながら東西に流布する程は、銀の数有まじければ」と、当分は無理として(537)、「諸物の価を皆銀にて定て」(538)と、せめて価格標示は銀でするように提案している。なお、良質の貨幣を主張した春台は、紙幣にも反対している(532)。

貨幣価値学説の観点からみるかぎり、徂徠は名目主義(貨幣購買力説)に近く、春台は金属主義(素材価値説)に近いという[89]。両説は前者のほうが進歩的で、時代状況にも適合する学説であったといえる。そもそも良質な慶長金銀と同質な正徳享保金銀を発行した目的は、物価を引き下げるためであった。しかし、物価は下がらなかったのである。この事実を直視して、徂徠の提案はなされたのである。

なぜ春台は遅れた、時代状況に合わない金属主義に固執したのであろうか。おそらくその理由は、徂徠が指摘した次の点にあるだろう。すなわち、名目主義に立って改鋳して貨幣需要の増大に対応した政策をとると、当面はともかく、将来、よりいっそう商品貨幣経済を発展させて、より深刻な事態となるからである。これは封建制の崩壊を暗示するものであった。

春台は元禄から享保にかけての金銀と米価と物価の動向を観察して、商品貨幣経済の発展を容認する結論に到達した。だが春台の議論はそれを直視して分析を進めるというよりは、そこから眼をそらして語るという感は否めない。前節にみたように、春台は商品貨幣経済の発展した現実に、危機感をもっていた。自己の理想と理論に反する社会の阻止できない動き、春台はそこにためらい、認めざるをえないが肯定したくないとの潜在意識が、濃厚に作用していたと私には思われるのである。

六　対策

四節にみたように、春台は商品貨幣経済が発展したために、虐政が行われていると危機感を募らせていた。そして、前節では「ケ様の類を事勢といふ。是《これ》を不レ知しては政をなし難し」と、商品貨幣経済の発展した現実を肯定し、それを前提にして政治はなされなければならないと説いた。それでは春台は、「事勢」に逆らわない有効な対策を打ち出せたであろうか。

これまでみてきたように、春台は支配の側から発想していた。したがって、対策も武士の困窮を救うためのものであった。前節で一言したように春台は銭の増鋳を提案したが、この問題がこの点をもっともよく明示している。

寛永以来、銭の公定価格は一両に四貫であり、幕府関係の下賜・上納はこの値段で換算された。しかし、民間では相場があって上下する。以上のように述べて、続いて春台は次のように述べて銭の増鋳を提案した(528)。

士人は銭の賤きを利とし、民は銭の貴きを利とす。銭の貴きは、金の賤き也。銭の賤きは、金の貴き也。商売は銭の貴きを利とすと雖ども、銭賤きにも取べき利をば不レ失。只士人は米を売て金を取り、金を以て銭を買ひ、銭を以て万事の用を弁ずる故に、金賤く銭貴ければ用足らず。商賈の銭賤くても利を不レ失者と同じからず。されば今の政は、銭を豊饒《ほうじょう》にして、価を賤くするにしくはなし。

武士は米を売って金をえて、それを銭に換えて物を買う。したがって、銭高は武士に不利になるから、銭安になるように銭を増鋳すべきだと提案したのである。春台は良質な金銀を主張していた。そうした春台は、質を落とした金銀に改鋳して、金銀の価値を維持するために大量の鋳銭を提案した徂徠と違って、現在の良質な金銀を前提にして、銭安の実現のために銭の増鋳を主張したのである。

武士のために、銭安にする鋳銭を求めた春台であったが、右の史料をよりよく理解するために、二点、確認しておこう。第一に、銭安は武士に有利で銭高は不利だという点である。その理由は次のように、銭の高下にかかわらず、銭で売買される商品の値段は一定である点にあった(537)。

銭にて売り買ふ物は、銭の賤き時も貴き時も、百銭に売る物は、いつも百銭なる故に、銭貴ければ、士人甚《はなはだ》不利也。

米を売って金をえた武士は、物を買うために金を銭に換えるのであるが、たとえば銭高で一両三貫とすると、公定の一両四貫より一貫少ない銭しかえられない。しかし、銭で売買される商品の値段は変わらないために、損をするのである。逆に銭をえた商人は公定価格以上の金に換えて、利益となるのである。

第二に、なぜ商人は銭安でも利益を失わないのであろうか。その理由としては、次のように武士は高くとも買わなければならないからであった(533)。

貨物は民より出て、士大夫此《これ》を買取て、用度を弁ずるものなれば、価貴き迚《とて》も、衣服飲食の類より、其外《そのほか》人家に必用の物は、買取らでは叶はず。工人商賈は是《これ》を知て、常に価を貴くす。

高くする方法として、続けて三点あげている。第一に米価が安くなっても高いときに作った酒だといって値下げしない類である（533）。第二に問屋が組合を作り、全国的に連絡している（533～534）。第三に商船を海上に留めて、物価を上げる（534）。いずれも奸商との見方である。

武士は高い商品を買わねばならない。そのうえの銭高は、それをいっそう促進させる。しかも銭は、「二十年の外に出れば、銭また乏しくな」ると、銭は失われやすかった。その理由として、春台は次の四点を挙げている。第一は火災で失われる。第二は六道銭として埋められる。第三は富士山などで火口などに投入される（528）。第四に仏像や器物に鋳換えられる（528～529）。

銭は失われやすかった。しかも、輸出品であったために騰貴していた（529）。このために春台は鋳銭の原料としての銅を、寺院の大仏や大鐘などに求めた（530）。また銅山の開発を求めた。しかし、銅山開発は、「銅の出ること其《その》労費を償ふ程にあらざれば」と、採算が見込めなかった。しかし、春台は採算を度外視して開発すべきだと、次のように強調した（530）。

銅鉄の類は、少も出れば、国の用となる。且細民此《この》事に使はるれば、其《その》間食物を得て困究を免る、喜あり。是《これ》又民の利也。然れば上の費を不レ憚《はばからず》、出すべき物をば劚出《きりだ》して、地力を尽す術を行ふべき也。

すなわち、国家に有用であるうえ、貧民の救済事業にもなるから、採算を度外視して幕府は開発すべきだと主張したのである。これは無理な提案というほかない。いくら封建時代だといっても、赤字覚悟で鉱山開発はできなかった。採算が合わないから、一七世紀中期以降、金銀などの鉱山は衰退したのである。

仏像などを鋳換えることも困難なことである。したがって、春台は鋳貨原料を論じた項を、「されども大見識大力量ある者にあらずしては、ケ様の事は決断成難《なりがた》し」（530）と述べて終えた。春台自身、銭の増鋳は無理と認めていたのである。

銭の増鋳の問題点は、原料入手の困難さのみではなかった。春台はいわないが、たしかに銭の増鋳による銭安は、当面、武士の生計を安定させるであろうが、中長期的には小額貨幣である銭の増鋳は、都市のみならず封建制の基盤である農村の商品貨幣経済の発展をも促進させるものであった。

それでは武士はどうすればよいのか。春台は過去に中国で施行されて、実現可能と思われる三つの救済制度を提案した。常平倉と義倉と平準法である。これらは有効な方法であったであろうか。

常平倉は米価を調整する倉である（503）。

在々処々に倉を立て、穀賤きときは、価を増て民間の穀を糴取《かいとっ》て倉に納め、穀貴きときは、価を減じて糶出《うりだ》す。是《これ》にて穀の価貴からず、賤からず。いつも能程《よき》の価にてある。

具体的には江戸に「諸士以下を養ふべき程の米と、不虞の災変に備ふる程の儲蓄《ちょちく》とさへあらば、事欠《かけ》ることなし」と、必要最低限の米のみ確保する。それ以外は現地で常平倉に保管するのである（507）。

海内の凡《およそ》公領ある処に倉を建てて、其《その》処の穀をば倉に納置て、東都へ輸《はこ》ばず。其処にても糶《う》らず。いつ迄も蓄置べし。左《さ》もあらば東都の米少く成て、自然に価を増すべし。

各地の幕府領に常平倉を建設して米穀を蓄えて、江戸に送らない、また売らない。こうすることによって、江戸の過剰米はなくなり、米価は高くなると見込んでいる。そして、常平倉には四つの益があると論じた。第一は「江戸の米価貴くなれば、海内皆貴くなる」からである。第二は米価が高くなれば、「人皆穀を貴ぶことを知る」からである。第三は「不虞の災難」に対応できるし、高米価のときに安く売出し、低米価のときに高く買取れば、米価は「太《はなはだ》貴太賤のことなく」調節できるからである。第四は江戸に米穀を運ばないので、「国家に漕輪の費なし」だからである（507）。

しかし、春台は具体的な運用法を語っていない。米価をいくらにするかをはじめ、運用法はかなり難しい問題である。そのうえ、対象となるのは幕府領の年貢米のみならず、大名・旗本領の年貢米も対象にしなければ、効果はえられないと思われる。この場合、莫大な費用で買い取る必要があるのではないだろうか。さらにいえば、財政再建のために増徴をし、新田開発をして、換金のためにより多くの米を市場に送り出していたのが、当時の幕府・諸藩の実状であった。この現実からみて、幕府・諸藩が米を江戸（正確には大坂を含めた中央市場というべきである）に送らないのは、不可能というほかない。

　義倉とは、その所の人びとが貧富の差に応じて米穀を蓄えて、災害時に備える倉である（516）。

> 民の家々より、其《その》貧富に応じて、毎年粟麦一石以下を出さしめ、是《これ》を聚《あつめ》て其在所の倉に蔵《おさ》め、其里の父老是を主どり、常に蓄置て、凶年飢餓のときに之《これ》を出して其難を済《すく》はしむ。

　これを春台は大名家に適用しようとした。その方法は主君以下、小給のものまで俸禄の二〇分の一の米穀を出し合って倉に蓄える。倉が満杯になれば、値段の高いときに売って金で蓄えるのである（516～517）。

　その使用法として次の五つをあげている。第一に「凶年飢歳」の「禄食不足」にあてる。第二に火災にあったものに与えるか、貸す。第三に「疾病死喪」などの不時の出費に、また婚姻などの費用のかかるときに、願い出れば貸す。利息は「米一石に一月一升程を定とす」とあって、年に一割二分となるが、金貸は「皆厚利を貪《むさぼり》て借《か》す者也」とあって、金融業者に借りるよりも低利であるとしている（517）。

　このほかの使用法としては、「軍旅行役のことなど起りて、国用軍用不足」のときに、君臣ともに義倉から借りる。そして、絶家となった「寡婦或は孤女」に、父祖以来の蓄穀を返済する仁政を提案している（518）。

　義倉は借金に苦しむ藩士のために提唱された制度であった。しかし、その核心となるべき大名家自体が、数年分以上の債務を負っていて、家臣に俸禄を規定どおり支給できない現実であった。それ故に春台は義倉の項を次のように述べて終えている（519）。

> 今の諸侯は皆貧究にて、臣下の禄俸を抑留して、定数の如く給せず。旧債を償はんとするに、数歳の入を尽

ても及び難き程なれば、義倉を立ること叶ひ難かるべし。苟《いやしく》も経済の志あらん人は、痛哭すべきこと也。

平準法は物価を調節して、商人から商権を取り戻すための制度であった（534）。

貨物の出る本の処々に、上より官人吏人を立置き、物の多少と、価の高下とを計て都下に送り、扨《さて》賤き時は上へ買取り、貴き時は上より出して売る。如レ此すれば、富商大賈擅《ほしいまま》に大利を取ること能《あた》はず。

現地に官吏を置いて、物量と値段を報告させるというのであるから、物価調整のための売買は江戸でするのである。ここで春台は注意点として、「民と利を争」わないで、「損失を顧み」るなと、次のように指摘した（535）。

凡《およそ》上の人利を好で、民と利を争へば、必民に之《これ》を奪はれて国の害となる。民の利に賢《さと》きことは、士君子の智の及ぶ所にあらざる故に、利を争はんとすれば、いつとても争ひ負る也。上にて利を捨る意にて損失を顧みざれば、民の方にある利権を、此方《この》へ取還《とりかえ》すことを得る也。所謂平準といふも、上には少の損ある也。

右の史料で「民」とあるのは、もちろん商人のことである。したがって、続けて「商賈程利に敏《さと》き者はなし」「商賈はいつも利を得る也」と述べて、「商賈の情を察し、平準を行ひて、富商大賈に利を占られぬ様に、権を執るべき者也」（535）と述べて、この項を終えている。

春台が危惧しているのは、平準法によって物価調整政策を実施しても、商人は対抗して市場操作をする点であろう。そのために、「商賈の情を察」すること、すなわち商人の動向に留意するように求め、また商人に介入の余地を与えないために「損失を顧み」るなと警告しているのである。しかし、赤字覚悟で実施する平準法の提案は、そもそも実施不可能なものであった、というほかない。

春台が実現可能とみた三つの制度、常平倉・義倉・平準法は、いずれも実施困難であった。その一方、春台はより根本的な改革を提唱した。米遣いの経済に戻すのである（510）。

士大夫以上、増《まし》て諸侯などは、万事の用を米にて調ふべきこと勿論也。万事米を用るといふは、万事の費用を米にて定む也。是則《これすなわち》前に云る穀を貴ぶ道也。

それにもかかわらず諸大名は、「諸侯の国にても、万事の費用を金銀にて定む。譬《たとえ》ば貢献に、金銀若干両、其《その》君の衣服器財に、金銀若干両」（510）と、金銀で予算を組んでいる。この方法では米価によって金銀の収入が変動するので、「会計も成難く、国家に甚不便利」である（510～511）。ことに享保期のような低米価では金銀の予算額は一定しているために、「米の出ること昔に倍して、国用足らず」と、困窮の原因になっていた。そこで「費用を米にてつもりて、某の為に米若干石」と、米高で予算を立てることを提唱したのである（511）。

しかし、米高で予算を編成しても、所詮、米を売って金に換えなければならない。そのために高米価のときはともかく、低米価のときは現金収入が少ない。その場合、どうするのか（511）。

米価貴きときは、金銀を多く取て豊に使ひ、米価賤きときは、金銀少きに応じて事を省き、用度を減じて倹約するのみ也。

倹約しか方法はないのである。しかし、四節に述べたように、倹約できない現状にあった。具体的な倹約の方法として春台は、徂徠と同じく烏帽子・直垂に改めること（568～571）と、行列の供人数の削減（578）を提案している。しかし、徂徠が武士のために根本的改革として、土着と並んで制度化を繰り返し強調したのとは違って、春台が倹約、費用節減のための制度化を前面に押し出して論じることはなかった。

ただし、『経済録』第九巻は「制度」であった。そこにおいて春台は「総じて当代の国家には、制度といふべきことなし」（625）と指摘して、制度を確立することを説いた。しかし、その場合でも、廃れた喪服の制度を再確立することなどであり、財政的な見地から説くことはほとんどなかったのである。

米高で予算を編成し、執行するように説いた項においても、「倹約するのみ」と断言しても、「国用の逼迫せざる様に思慮すること、是《これ》国計の専務也」（511）と述べ、量入為出の財政運営を実施するように説くのみで、そこに具体的な対策はなかった（511〜516）。

一方、春台は徂徠の提案した貢献法、幕府・諸藩が必要物資を買上げるのではなく、臣下に献上させる制度も検討しているが、その結論は否定的であった。第一、君主が奢侈に流れてしまえば、結果は同じだからである（539）。

奢侈を好み、淫楽に耽り玉《たま》へば、上の用度不足して、貢献を責らるゝに因《より》て、海内困《くるし》み、百工を徴し、人夫を使ふこと、度に過るに因て四民疲る。是《これ》より国家危く成て、乱の端となる。

それ以上に当時は商品貨幣経済が発展して諸物を金銀で買上げ、人夫を雇ふ時代であった（539[90]）。

上の人奢靡を好み玉《たま》ひ、屢々《しばしば》土木を興したまへば、商賈は貨物の售《う》れて、金銀を取ることを喜び、百工は其《その》業を鬻《ひさい》で、大利を得ることを喜び、都下の傭夫は日々に賃銭を取ことを喜ぶ。凡《およそ》何にても上に耽り好み玉ふことあれば、其事につきて金銭出て、民間に流るゝ故に、上の奢侈は下の潤沢となる。是《これ》に因《より》て今の民は上の奢侈を冀《こいねが》ふ也。若《もし》上の人倹素を好み玉へば、金銀皆上の蓄蔵と成て、工商以下役徒の細民迄、利を得ることなき故に、却《かえつ》て困究す。是今の政古《いにしえ》と異なる所也。ケ様に法制の古と易《かわ》れるを不レ知して、一概に古の道を以て今の世に行はんとするは、柱に膠する類也。此《この》段は前に米価の賤きを太平の世といふは、古代のこと也（と脱か）いへると同意なり。

これは明らかにデフレ下、財政再建のために質素・倹約の享保改革を実施していた将軍吉宗に対する批判である。右の史料でも言及されているが、五節にみたように、高米価で武家が豊富に出費をしてこそ、経済は成り立ち、四民の生活も安定する時代であった。この点を理解したうえに、経済政策も展開されなければならないのである。それ故に将軍は「奢侈」積極的に出費すべきなのである。春台は倹約を否定しているのである。

たしかに春台は徂徠と同様に、武士のために考えた。しかし、徂徠は人情に逆らって力で百姓・町人を押さえ付けようとした。それと違って、春台が町人の行為・生活を肯定的にとらえた理由は、「事勢」のほかに視点の一つに人情を掲げていたからに違いない。

それでは武士は、いかにして再生できるのか。その最良の方法として、徂徠と同じく土着を提起する。春台は「中古以来は、武士たる者は皆農夫」（592）であったととらえる。しかし、今は「都下に住なる故」（592）に、軍事的・経済的のみならず、肉体的にも精神的にも堕落してしまった。この武士を農村に移住させて、再生させるのである（593）。

> 今の世に国家を経営し、武を以て守んとならば、旗本の諸士以下を、悉《ことごとく》廿里の内の田舎に居住せしめ、衛士衛卒をば、一歳に三旬五旬などの日数を定て、東都に在番せしめ其《その》余暇には、在所にて農業を務め、弓馬武芸を習ひ、射猟釣漁に遊楽し、郷士の風を学ばゞ、三五年の内には、筋骨も固まり、行履も健になり、公家の如く婦女の如くなる風儀失せて、真の武士と成べし。左《さ》もあらば縦《たとえ》武を習ふこと粗略なりとも、今の武芸を尽したる士よりも勝る処有るべし。是《これ》武道を古《いにしえ》に復《かえ》す術也。又今の武夫の貧窮を救ふ道も、是に過ることあるべからず。

武士の農村への土着は武人としての再生のみならず、経済的にも「是に過ることあるべからず」と、最良の方法と認められたのである。しかし、春台は制度と同様に、土着を是非とも実施しなければならない、最重要の政策として繰り返し強調して説くことはなかった。

むしろ次の春台の議論を私は重視する。当時の武士は百石取でも数百石取でも、一騎しか出せなかった。千石取でも従者一騎を従えていれば、よい方であった。数的にも武士団は弱体化していたのである。この対策として、「百姓より取るべし」と提案した（590）。

百姓を知行取の武士の下に騎馬武者に採用すれば騎馬数は、次のように大幅増になると見込んでいる（590〜591）。

百石の禄にて、騎兵三人出べし。五百石にて十五人、千石にて三十人、万石にて三百人也。（中略）又豪富の民は、一家より十騎二十騎をも出すべき者あり。されば古法の如く兵を農より出さば、今の世にも兵の出ること、国家の定の軍役に幾十倍ならんといふことを知らず。

春台は土着とは方向を逆にして、富農と豪農を武士に編入して、軍事力を強化しようと考えたのである。春台が土着に執着しなかった理由は、商品貨幣経済が発展した現実から考えようとしたからに違いない。武士を土着させることは、都市が解体して、当時の経済的基盤そのものが崩壊してしまうからである。一方、成長してきた富農と豪農を身分的に取り込む方法も、「武備を修せんには、是《これ》を考へずば有るべからず」（591）と、春台は強調したが、士農工商の身分制下、困難な問題であった、と認めざるをえない。

結局のところ、春台が打ち出した対策で有効性のあるものは一つもなかった。なぜ有効な対策を立てられなかったのか。その理由は、つまるところ、理想の低米価の社会、また理論上あるべき士農に利・工商に不利の高米価社会とは違って、商品貨幣経済が発展して、高米価の下で四民の生活が安定する社会になっていた、この認識を前提にしていたからである。春台は人情を視点の一つに掲げていたから、町人のあり方を肯定的にとらえていたと、私は前に述べた。この点を確認しよう。春台は人情の社会的現象形態である民衆の風俗を、否定的にはとらえないのである。

『経済録』第二巻は「礼楽」である。そこにおいて春台は、「冠婚喪祭、是《これ》を四大礼といふ。天子より庶人に至るまで、闕《か》くこと能《あた》はざる礼也」（422）と述べて、四大礼のあるべきあり方を説いた。しかし、そのなかでも婚礼に関しては、「姑《しばら》く俗礼を用ひて事を行ふも便利成べし」（415）と肯定的であった。葬礼も「只管《ひたすら》仏事を行て（中略）此《この》事庶民には便利とも云べし。士大夫には決して有間敷《あるまじき》事也」（418）と、庶民に対しては寛容であった。祭礼に仏事を行うことも、「是《これ》貧賤の小民には、便利なることもあり。士大夫以上有禄の家、まして国君などの用ゆべきことにあらず」(422)と、庶民には認めていたのである。

春台はもっとも重視した冠婚喪祭の儀礼の民衆的ありかた、風俗を否定しなかった。ただし、儒教的なあるべきあり方を述べたなかでの評価である。したがって、積極的にというよりは、否定できないものとして認めていた、といわなければならない。もちろん、武士には適用されるべきではなかった。そこに差別、愚民観が働いていることも一因として認めなければならないが、民衆のあり方を否定できないものととらえていた点も、否めないのである。

百姓、町人の民衆的な風俗を、否定できないもの、公認せざるをえないものととらえていた春台は、同様に商品貨幣経済を発展させる彼らの経済活動を肯定し、その現実から発想しなければならないと説いていた。しかし、これも五節にみたように、現実から判断して、やむなくとった方針であった。春台はあくまで武士のために発想していたのである。したがって、春台はこの方向性、民衆の成長、新しい時代への流れの上に立とうとはしなかった。かくして春台は八方塞りの矛盾に陥ったのである。対策を立てようにも、幕府・諸藩は財政破綻していて、有効な方策は立てられなかった。不況を克服するには幕府・諸藩に「奢侈」大量の消費を求めなければならないが、奢侈は虐政となって危機を醸成している現実であった。

武士のために考えて有効な対策を立てられなかった春台の政策論の結論は、意外な驚くべきものになる。春台は『経済録』第十巻の前半に「無為」の章を立てた。この章が、この書の政策論の結論である。

「末世」の認識である。「初より正しき制度もなく」、中興の事業を起こす「英雄の君に豪傑の臣」もいない。「只姑息苟且《こうしょ》の政を行て、数百年を経て、士大夫は世禄にて驕奢淫佚《いんいつ》の行をなし、民は本業を棄て末利を事とし、風俗頽敗し、上下困窮したる時節」である。かくして、次のように「無為」の政策が提案された(658)。

真の経済に非ずして、彼此と旧政を変ずるは大に不可なること也。此時《この》に当ては、大概国を治むる政事を止て、只無為の道を行ふにしくはなし。無為といふは、何事もなさゞる也。

「真の経済」ならば、すなわち政治ならばと春台はいうが、「それは解明できなかった」との意味が込められている、と解さなければならない。手の下しようがない現実である。それ故に「無為」「何事もなさゞる」がよいと提案したのである。これは老子の「無為」である(659)。

老子の無為は、上も下も、一向に作為することなく、天地自然の勢に任て、天下の事に少も手をつけず、其《その》成行儘にして捨置く義也。

儒教の説く「無為」は聖人舜の無為であった。それは「百官皆それ〳〵の人才を得て、政事を任て」、そのうえに成り立っていた。これに対して老子は、周末に「先王の道」が「其《その》本を失」ったなかで、政治が「皆民の疾となり、国家の害と成て」乱世に赴く現状を批判して、「無為自然の道を説」いた。したがって、「老子の無為は、専に衰世を治むる道」と、春台は認めたのである(659)。

周末と同じく、当時の日本は末世であると春台は認めていた。そこに老子の無為を適用すると、どのような効果があると考えたのであろうか(661)。

政令を出せば出す程、民情に逆らひて治まらず。却《かえっ》て乱を速《まね》く者也。其《その》時に無為の道を知たる者は、手を著《つけ》ず、治めず。只民の元気を養て、ゆがみ成にも、国運を少も長くすることを計る。是《これ》を善治といひ、是を不治の治といふ。

政治を行えば、「民情に逆らひ」乱世を招くだけである。それ故に無為に徹して、「民の元気を養」うことが、国の命脈を永らえることになる善政なのだと述べている。ここでいう「民の元気を養」うとは、もちろん民衆の活発な経済活動、商品貨幣経済の発展を意味すると認められる。それは「ゆがみ成」、歪んだ本来あるべきあり方ではないが、国家を「少も長くする」唯一の方法であると認めているのである。春台は商品貨幣経済の発展の結果、武士の時代、幕藩体制は終焉を迎えると展望していたのである。

このことを春台は易道の数の理論で合理化した。『経済録』第十巻の後半は「易道」の章である。そこで春台は、「一物一物に、成ると敗るとに皆定数あり」と述べて、「命数也。数の尽れば死す」「天下の万事皆如レ此、国家の治乱興廃存亡、皆本《もと》自然の数あり」と、命数が尽きれば、すべて亡びると確認する（665）。もちろん、聖人の建てた国家もこの原理から逃れることはない（671）。

先王の天下も、末世に及では政に弊生じ、人間《じんかん》に乱臣賊子も出で、国家危ふして、卒《つい》には禍乱起りて滅亡するに至る。是則《これすなわち》陰陽消長の理にて、物極りては変ずる天地の常数ある故也。

もちろん、春台は徳川幕藩体制が近く滅びると明言したわけではない。

七　重商主義

春台は『経済録』の序文に、「学び得たる屠龍の芸」を「授て、其《その》謀を賛《たすけ》ん」と書いた。その結論が「無為」「何事もなさゞる也」では、解答になっていないといわねばならない。体制の維持、武士の救済どころか、出された結論は将来の滅亡であった。

この点は春台も自覚していた。湯浅常山が『経済録』を読んで「称讃」した書簡に答えて春台は次のように記した(91)。

それこの書や、純以て少《わか》きより観《み》る所の東都四十年の事変を記して、これを往古に考へ、因《より》てその宜しく今に行ふべきものを録し、将《まさ》に以てこれをその人に伝へて、その用捨を聴んとすと云ふのみ。然りといへども、純既にその立論の謬《あやまり》多きを知る。考覈未だ尽さず。それ何にこれを用ゐて能《よ》く済《すく》はん。徒《いたずら》に以て有識の誹《そしり》を致すに足るのみ。

常山が称讃した理由は、この書の当時の一般的評価と同じく、いろいろと考察してあったからであろう。それを否定して春台は「立論の謬多」く、「考覈未だ尽さ」ない、役に立たないものであり、「有識の誹を致すに足るのみ」と答えた。著作の動機は「その人に伝へて、その用捨を聴んとすと云ふのみ」とあって、識者の批判を受けたいと、序文の趣旨と異なったことを述べている。

両方とも真実なのであろう。師徂徠の『政談』を止揚すべき『経済録』を著したその意気込みと、問題を解決できない不十分さの反省である。ここまで思索を進めたのだから、識者の批判を仰ぎたいとの、謙虚な学問的精神である。そして、春台自身も、さらに考察を進めた。核心は武士の困窮をいかにしたら救えるかである。

ところで、春台は『経済録』の結論として「民情に逆ら」わず、「只民の元気を養」うことを説いていた。この「民の元気を養」うの意味は不明確である。ただこの時点では、「無為」とは、「何事もなさゞる也」「少も手をつけず、其成行儘にして捨置く義也」であったから、政策的に阻止的な対応はしないという、消極的なものであったとみてよいのではないか。しかし、一方では春台は五節で述べたように不承不承ではあったが、商品貨幣経済の発展を認め、それを前提にして「経済」は論じられなければならない、と説いていた。考察を進めた春台はこの二つを一致させ、積極的に「民の元気を養」い、商品貨幣経済を発展させる方向へと変容していった。

春台は『経済録』刊行より一五年後の延享元年（一七四四）に、『経済録拾遺』を刊行した。この書は「食貨」の補論として諸大名の困窮を救済する問いと、「制度」の補論として諸大名の次男以下の処遇の問いに答えたもののみの小著であるが、前者は刮目に値する内容である。重商主義的な政策が説かれたからである。

春台は次の設問、問題提起をした。寛文延宝のころの熊沢蕃山は、諸大名の借金は総貨幣量の「百倍」といったが、今は「千倍」であろう。それにもかかわらず、諸大名は改革もできず、借金を重ねている。「是《これ》を救ふにも、亦術あらんや、否や[92]」と。そして、まず次のように答えた[93]。

> 国家に制度を立るは本なり。制度なくして、風俗敗れ、国用足らざるを、此《この》まゝにて当前の急を救はんとするは末なり。然れども天下の制度を改ることは、一国の力の及ぶ所に非ず。天下の制度を改らずしては、善《よ》き経済は行はれず。さればとて、一国は一国の経済にて、如何様にもなるべき事を、一向に棄置て位づめにするは、智術なきなり。

すなわち、本たる制度を立てて改めることなくして根本的な改革はできないが、それは幕府のすることで諸大名にはできない、しかし、末ではあるが「当前の急を救」う一国なりの方法はある。それ故に、それを実施して「是《これ》を救ふべきなり[94]」と提言した。ここでまず注目しなければならない点は、春台は諸大名の財政を救済するために提言していることである。

そして続けた。商品貨幣経済の下にいる。「当代は天下の人、貴賤と無く、皆江戸に集りて、旅客（たびふと）なる故に、金銀にて万事の用を足すこと習俗になりて、旅客に非ざる者も、旅客の如く」生活をする時代である。「今の世は、只金銀の世界にて」「金銀を貴ぶこと、昔に百倍」である。それ故に「金銀乏ければ、世に立がた」い現実である。この現実は「小民の賤き者のみに非ず、士大夫以上、諸侯国君も皆然《しかる》なり」と、身分にかかわらず、すべての階層を巻き込んでいる。したがって、身分ある武家も次の状態に陥っている[95]。

> 然れば今の世は、禄ある士大夫も、国君も皆商賈の如く、偏《ひとえ》に金銀にて、万事の用を足す故に、如何にもして金銀を手に入るゝ計をなす。是《これ》今の急務と見ゆるなり。

身分のある武家も商人のように、金銀の獲得に努力している現実である。春台は諸大名はこの事実を直視し、そこから考え直すように求めるのである。「国君も皆商賈の如く」である。したがって、右の文に続けて春台は明言する[96]。

金銀を手に入る、術は、買売《ばいばい》より近きこと無し。

しかし、武士は賤金思想に取り付かれていて、右の事実を容易に受け入れようとはしない。そこで春台は事実上商売をして富裕になっている大名がいると、次の実例をあげた。

対馬藩は二万石だが、朝鮮の産物を専売して二〇万石の富がある。松前藩は七千石だが、国と蝦夷の産物を専売して五万石の富がある。津和野藩は四万石だが、半紙を専売して一五万石の富がある。浜田藩も五万石だが、半紙を専売して一〇万石の富がある。「大国」薩摩藩も、琉球と中国の産物を専売して「其《その》富有海内に勝れ」る。新宮藩は三万石だが、熊野の産物を専売して一〇万石の富がある。[97]

ただし、「対馬・薩摩・松前は皆外国の貨物を占て、一口より売出せば、他の諸侯の比類する所に非ず」と、対馬・薩摩・松前の三藩は外国貿易による利益なので、ほかの大名の模範にならないと除外した。そして、残りの三藩を模範にして、国産の開発に努めて富国の実現を計るべきだと、次のように論じた。[98]

大小の諸侯の国に、何といふことなく、土産なきは有らず。土産の出るに多き有り、寡《すくな》き有り。土産寡き処は、其《その》民を教導し、督責（たゞしせむ）して、土地の宜きに随て、百穀の外、木にても草にても、用に立つべき物を種《うえ》て、土物の多く出る様にすべし。又国民に宜き細工を教て、農業の暇に、何にても人間《じんかん》の用に立べき物を作り出さしめて、他国と交易（しろものがへ）して、国用を足すべし。是《これ》国を富す術なり。

殖産興業政策に基づく重商主義的交易政策である。対象になっている「民」は、「土地」に「種」え、「農業の暇」とあるから農民である。農民に「百穀の外」の生産を督励して、その成果を「他国」藩外と交易して利益をえるのである。

殖産興業政策の対象にしている品目は、「米穀には定まりたる、租税あり」として、本途物成を上納する田畑屋敷からの産物は除外される。対象となるのは、「其外《そのほか》に山海より出る諸物、民家より出る布・帛《はく》・糸・綿（わた）・簟《てん》（あじろ）・席（ござ）・蓑《さ》（みの）・笠の類」である。(99) すなわち、山海の産物と農家の加工品である。

これらの製品は浮役・小物成として徴収されたものであった。しかし、その年貢率は、「二三十分の一、或は五十分百分の一」の低率で取るところもあるが、兵農分離して四公六民の重税なので、徴収すると「民困《くるし》む故に、大かたは征税なきなり」と、普通は取っていないと春台は述べている。(100) それ故に、「用度不足なるを苦みて、昔より征税なき処に、新に諸物の征税を始て、民叛き騒動に及べること多し。慎まずはあるべからず」と、春台は百姓一揆の原因になると警告する。(101)

低率年貢もしくは無年貢であった産物の生産を奨励して、交易して「国用を足す」、すなわち大名の収入となり、富国を実現するのである。一揆を起こさないようにする方法は、領民が「商人に売るよりも利多(102)」くなるような専売制の実施である。(103)

> 然れば今の経済には、領主より金を出して、国の土産、諸《もろもろ》の貨物を、こと〴〵く買取て、其処《その》にて買ふものあらば売るべし。然らずは、船に載せ馬に駄して、江戸・京・大坂に運《はこび》て売べし。

なぜ藩は高く買えるのか。その理由は、領民が藩外に売るには運送費や旅費などがかかって「其《その》利多からず」、また他所《よそ》商人に売っても同じ理由で「必賤く買ふ」からである。(104) そこで、国内の産物をすべて藩が、領民が販売する価格を勘案して、「少《すこし》貴く買取」る。さらに、「江戸・大坂の如き都会に送て」、蔵に納め、「時価（そうば）の貴き時に売出」して、利益をえるのである。(105)

販売先は「江戸・大坂」とあったが、「他国」「其処」「江戸・京・大坂」ともあった。ほかに販売先としては「近方の国と交易」が挙げられているが、なんといっても「大方は江戸・大坂の両所に送」る。江戸と大坂には国元から良き商人一人と、家臣の「清廉なる者一両人」を派遣して担当させるのである。(106)

この方法を用いれば、「三年五年の内には、必其《その》国を富すべし」と断言して、幕府も長崎会所で商売をしていると述べて、次の言葉でこの補論を終えている[107]。

諸侯其《その》国の土産を以て、他所《よそ》に市賈せんに、何の憚《はばか》る所あらんや。

諸大名が領内に独占的に専売制を布くのである。対象となるのは山海の産物であり、農家の加工品であった。これらに関しては四節に述べたように、「地力を尽す」開発を提言していたが、販売に力点は置かれていなかった。また『経済録』「食貨」の年貢を論じたところでは、三種の農民の負担を租庸調になぞらえて、租は年貢、庸は夫役にあて、「調はみつぎと訓ず」と述べて、次のように説明している（498）。

米穀の外に、土地より出る貨物也。塩、酒、茶、漆、布帛、絲、綿、紙、炭、薪、油、蠟、百果、薬物、鳥獣、魚鼈《ぎょべつ》、羽毛、皮革の類其《その》品甚《はなはだ》多し。是《これ》を土産といふ。土産は、大抵十分の一を上に奉る。是古来の法にて、異国も吾邦も同然也。

右に徴税法は述べられていないが、「みつぎ」といい、また「古来の法」と述べる表現は、現物徴収が原則であると考えていたとみなせる（なお前に述べたように『経済録拾遺』では、これらはより低率か無年貢が多いと指摘していた）。

春台は『経済録』においては、山海の産物や加工品を領主的立場からみて商品とはみなしていなかったのである。それを『経済録拾遺』においては、全面的に専売制の下に掌握して、富国の原動力に位置づけた。春台の考え方は大きく変容したといわなければならない。しかし、これは全き意味での重商主義への転換とはいえない。たしかに春台は金銀に価値を認める世間の風俗に同調して大名家、藩という、いわば領邦国家が交易することで富国となることを提唱した。しかし、この方法は本節のはじめのほうにみた設問への答えのなかに、「本」ではなく、「末」ととらえられていたように、あるべきありかたとは考えられていなかった。それ故に、「諸侯として市賈の利を求るは、国家を治る上策にはあらねども、当時の急を救ふ一術なり[108]」と述べるのである。重商主義的な政策をあるべきあり方として、それを基礎にして思考を展開する方法をとるようになったのではなく、あくまでやむをえない、便宜の対策にしかすぎなかったのである。春台は依然として自給自足を前提とする農本主義者であった、とみなせる。

したがって、その方法も不徹底であった。第一、身分的に対象とされたのは農民のみであったといっても過言ではない。商人は江戸・大坂の蔵屋敷に一人ずつ派遣されるのみであった。職人（工）のごときは、なんらの位置づけも与えられていなかった。

品目でみると、山海の産物と農家の加工品のみであった。本田畑で生産される米穀は、年貢を上納するので除かれていた。春台は、本途物成の年貢制度には手をつけない前提で提案しているのである。見方を変えるならば、作地制限令を守り、本田畑での商品生産を否定していたことを意味する。

販売先をみても、江戸・大坂の中央市場が中心になっていて、ほかの地域には消極的である。また「交易」を「しろものがへ」と読んでも、輸入に関しては考慮していない。すなわち、より積極的に売れるところに売り、売れるものならば他国の物をも輸入して売るとの方策は考えられていないのである。もちろん、外国貿易は除外されていた。

たしかに春台は重商主義的な政策を提唱したが、右にみたように不徹底であり、およそ全面展開しているとはいえない。春台は鎖国下の農本主義的な年貢制度を前提として、そのうえに商品貨幣経済が発展したために財政窮乏化した大名を救済する方法として、重商主義的な政策を提唱したのである。したがって、一節にみたように、武部が春台を、「新時代の到来を予測する如き重商主義的な経済思想への転換の結節点を示す」人物と評価するのは、適切な評価であると首肯できる。

ところで、春台の重商主義的な政策は政治史的に、いかなる意義をもつのであろうか。

春台は『経済録拾遺』「食貨」を、個別の大名の財政再建策として説いた。それは「只一国の計策にて金銀を豊饒《ほうじょう》にするより外の事なし」(109)と、他を顧みないのである。春台は明言していないが、この方針は幕府に対しても貫徹されなければならない。さしあたりは幕府の威光に逆らえないであろうが、自己の利害のために利用し、自己の利害ためにのみ活動するのである。つきつめていえば、春台の提唱した大名救済策は、支配層の分裂を将来するものであった、といわなければならない。『経済録』で春台は、武士の時代、幕藩体制の終焉を予言した。そして『経済録拾遺』では、それを促進する支配層の分裂となる政策を諸大名に採用するように提唱したのである。

八　展望

商品貨幣経済の発展により窮乏化した武士を救済するために思索を回らした春台であったが、『経済録』では武士の時代、幕藩体制の終焉を予言し、『経済録拾遺』ではそれを促進する支配層の分裂を招く重商主義的な政策を採用するように諸大名に求めた。春台の出した結論は、意図したところとはまったく逆になってしまったのである。それだけ春台の眼に映った商品貨幣経済の発展は、すさまじいものだったのである。

実は老子の無為の政策は、すでに徂徠が『太平策』に説いていた。『太平策』において徂徠は、土着・制度化の根本的改革のできる最後の機会ととらえて、その実現を説いた。しかし、一方では「聖人の道は、最上至極のことにて、神医の療治の如し」といいながら、続けて「第二等を云ば、老子の道也。是《これ》は療治をせぬことなり」と、老子の無為を「第二等」の策として提唱していた(110)。改革の困難さを知っていた徂徠は、聖人の道に基づく改革ができないならば、せめて老子の無為の政策を採用するように提案したのである。しかし、この場合においても、「在レ安レ民、在レ知レ人」「此《この》の二句をよく受用して」[111]老子の無為の政策を実施するように求めた。「在レ安レ民、在レ知レ人」とは、次のように説明されている。

　在レ安レ民在レ知レ人と云二句は、聖門の万病円なり。制度を立かへるやうなる大儀も、此《この》二句に非れば行はれず。何《いず》れの世何《いずれ》の国にても、又雑霸の小道を行ふ人も、此二句に非れば功をなすこと能《あた》はぬ也。[112]

すなわち、儒教的な政治を行うときのもっとも基礎的な政策なのである。政治学である徂徠学を提唱した徂徠は、自己の理論の有効性を示さなければならなかった。しかし、聖人の道に基づく改革を実施することは困難であった。徂徠はそれを知っていたが、その場合でも徂徠は、儒教的政策論のもっとも基礎をなす「在レ安レ民、在レ知レ人」は、有効であると確信していたのである。

　これに対して春台の無為は、「何事もなさゞる也」のみであった。春台は徂徠の立論を批判的にとらえ、それを止揚して武士を救済する方法を求めて思考したはずであった。それがこの結論であったということは、春台のもっていた知識、儒教的な知識を総動員しても、それに諸子百家の論理を加えても、具体的な対応策は打ち出せなかったことを意味する。それほど春台の理想とも理論とも異質であった新しい事態、商品貨幣経済の発展は、春台にとってとらえどころのない現象だったのである。

　かくして春台の学問は、一節に尾藤が道徳と政治との関連で「破綻している」と述べているのをみたように、また武部が記述が矛盾していると指摘していたように、また三節で私が道徳論と政治論が切れていると指摘したように、整然たる体系をもつものとはなりえなかった。春台の「経済」論事態が、論理的に整合できなかったのだから当然である。

　この点は春台も自覚していたに違いない。それ故に、死の三年前の延享元年（一七四四）に『経済録拾遺』を刊行しただけではなかった。『経済録』を刊行した後、春台は二節の末にみたように、『孝経』『孔子家語』『論語』『易経』などの研究に没頭した。このほかに、病没したために絶筆に終わった『老子特解』が、天明二年（一七八二）に刊行されている。[113] 儒者が政治的な理論を表明する常道は、経学の解釈書においてである。春台は解決の道を求めて、儒教などの研究を続けたといえよう。

春台の示した経済論の方向性は、次代に継承された。しかし、その時、儒教の体系性は顧みられることはなかったのである。

（1）尾藤正英「太宰春台の人と思想」日本思想大系『徂徠学派』解説、岩波書店、一九七二年。引用は順に、四九〇・四九〇・五〇四・五〇六・五〇七・五〇七・五〇九・五一〇・五一二・五一二・五一三・五一三・五一四・五一四頁。なお史料を引用するにあたって、つぎのような処置などをした。不自然にならないかぎり、片仮名は平仮名に改めた。変体仮名も平仮名に改めた。適宜、振り仮名をつけた。当時の用字法以外の誤字には（ママ）と傍書した。脱字には（何脱カ）と傍書した。細字の注はカッコに入れた。

（2）田尻祐一郎『太宰春台服部南郭』、明徳出版社、一九九五年。なお服部南郭は疋田啓佑氏の執筆である。引用は順に、六六・一〇〇・一〇一～一〇二　・一〇三・一〇四・一〇六～一〇七頁。

（3）武部善人『太宰春台転換期の経済思想』、御茶の水書房、一九九一年。なお専攻と著作は同書奥付参照。引用は順に、二二五・二三一・二八三・二九一・三〇〇・三二九・三六五頁。

（4）重農主義は、重商主義が輸出できる換金性の高い産物の生産に努めたために、穀物生産が減退したことから唱えられた学説であるから、重農主義から重商主義への転換というのはおかしいと思われる。

（5）武部前掲書、本論第二章第二節C項11。

（6）『聖学問答』『徂徠学派』、六六頁。
（7）『経済録』『日本経済大典』第九、三八六頁、日本評論社、一九七〇年。以下、『経済録』からの引用はこのように記す。
（8）「復備前湯浅之祥書」第一書『春台先生紫芝園稿後稿』巻十四、『春台先生紫芝園稿』『近世儒家文集集成』第六巻、二七〇頁、ぺりかん社、一九八六年。なお以下は『紫芝園後稿』巻十四、二七〇頁のように略記する。前稿なども同じ。
（9）「春台先生行状」『紫芝園稿』附録、三〇一頁。また春台は孔子の書として二書に続けて『孔子家語』を認め、尊重していた（同上書、三〇〇頁）。
（10）「先妣清水氏行状」『紫芝園後稿』巻十五、二九〇頁。
（11）小島康敬「『春台先生紫芝園稿』管見」『紫芝園稿』解題、三頁。
（12）「先妣清水氏行状」前掲書、二八九頁。横山氏とは太宰家が仕えていた加賀藩家老の横山氏（尾藤前掲書、四九〇頁）のことであろう。
（13）「撝謙中野先生碑」『紫芝園前稿』巻五、八七〜八八頁。
（14）「祭中野先生文」同右書巻五、八七頁。
（15）「悼亡詩并序」同右書巻一、一九頁。なお、ほかの二人は浪華の僧岱兆と、友人門叶高治の母浅見氏である。
（16）（17）「倭読要領叙」『紫芝園後稿』巻四、一三〇頁。
（18）（9）と同じ。
（19）（16）と同じ。
（20）「報平田公信書」『紫芝園後稿』、二四五頁。
（21）「仁斎『論語古義』を読む」『徂徠学派』、一七八頁。また『紫芝園後稿』巻十、二〇八頁。
（22）『聖学問答』前掲書、六五頁。

(23)「春台先生墓誌」『紫芝園稿』附録、三〇〇頁。
(24)(15)と同じ。
(25)小島前掲書解題、九頁。
(26)「上猗蘭藤侯書」第一書『紫芝園後稿』巻十二、一三九頁。
(27)小島前掲書解題、一〇・一九頁。
(28)「与会夫兄弟書」『紫芝園後稿』巻十三、一五四頁。
(29)「春台先生行状」前掲書、三〇三頁。なお柳沢と黒田の死亡年は私が加えた。
(30)(22)と同じ。
(31)『聖学問答』前掲書、六五〜六六頁。
(32)「春台先生行状」前掲書、三〇五頁。
(33)(6)と同じ。
(34)小島前掲書解題、一二〜一三頁。なお『経済録拾遺』を補った。
(35)「与子遷書」第三書『紫芝園後稿』巻十二、一四一頁。また「春台先生行状」前掲書、三〇一頁。
(36)「与水野明卿書」『紫芝園後稿』巻十四、一七二頁。
(37)『聖学問答』前掲書、六五頁。
(38)同右書、九六頁。なおこの文は「其後徂徠先生の論を聞て、疑惑の雲霧悉霽《はれ》たり」と続く。これでは本文と矛盾する。おそらくここでは、徂徠の影響が大きかったことを強調しているのである。
(39)(31)と同じ。
(40)「与徂徠先生啓」『紫芝園前稿』巻五、八四頁。
(41)『聖学問答』前掲書、七八頁。
(42)同右書、七九〜八〇頁。

(43)「私擬対策鬼神一道」『徂徠集』『近世儒家文集』第三巻、一七六頁、ぺりかん社、一九八五年。
(44)『聖学問答』前掲書、七一頁。
(45)同右書、七〇頁。
(46)『弁道』日本思想大系『荻生徂徠』、一八頁、岩波書店、一九七三年。
(47)『聖学問答』前掲書、一一八頁。
(48)同右書、八〇頁。
(49)同右書、一〇〇頁。
(50)『弁名』『荻生徂徠』、一七〇頁。
(51)同右書、四四頁。
(52)(53)『聖学問答』前掲書、九五頁。
(54)同右書、一三二頁。
(55)「春台先生行状」前掲書、三〇三頁。具体的な事例を行状は以下、三〇四頁まで列挙している。また同様の話は、『紫芝園稿』のなかにいくつも散見される。
(56)「与徂徠先生書」『紫芝園後稿』巻十五、二九七頁。
(57)「書諼園録稾後」『紫芝園後稿』巻十、二二九頁。
(58)「与徂徠先生書」前掲書、二九六頁。
(59)「与子遷書」第三書、『紫芝園後稿』巻十二、二四一頁。
(60)両者の対立点としては、前節の末にみた『論語』の解釈や政治経済論のほかに、注59の史料では続けて、「先生は好んで兵書を著はし、刑名を言ひ、以て諸侯に干《もと》む」と批判している。また徂徠の学問は数度変わったから、長生きをしたら「久しからずして必ず古文辞の非を覚らん」(「読李于鱗文」『紫芝園後稿』巻九、二一八頁)と述べるのみならず、徂徠の文章も「往往法度の外に出るものあり」と述べて、「法則」にならないと批判している（「書徂徠先生遺文後」『紫芝園後稿』巻十、二二三頁）。また二弁以外を評価していなかった点については注65の史料を参照。
(61)たとえば尾藤前掲書解説、四九二～四九七頁。
(62)「春台先生行状」前掲書、三〇二頁。
(63)『聖学問答』前掲書、一一六頁。
(64)このほかに道を解説した書に『弁道書』があるが、これは神道と仏教と儒教徂徠学との違いを解説したものである。
(65)「報子遷書」『紫芝園後稿』巻十二、二四二頁。
(66)『弁道書』『日本倫理彙編』六、二二五・二三二頁。
(67)『太平策』『荻生徂徠』、四五九・四六一頁。
(68)『聖学問答』前掲書、六六頁。
(69)「学則」『荻生徂徠』、一九五頁。
(70)『弁道書』前掲書、二二五頁。
(71)同右書、二二六頁。
(72)同右書、二二七頁。なお以後、春台が諸子百家の何によって論じているかは、必要と認めないかぎり記さなかった。
(73)『六経略説』『日本倫理彙編』六、三一五頁。
(74)武部前掲書、二三九～二四〇・二九二頁。
(75)辻達也『享保改革の研究』、一七五～一八九頁、創文社、一九六三年。
(76)武部はこの箇所で比較生産費説との類似を説くが（武部前掲書、二二〇～二二一・二九一～二九二頁）、自給経済が前提なので無理と私には思われる。

(77) なお、商は行商人、賈は店持ちと春台は分けて記すが、私の叙述のなかではとくに必要と認めた場合以外は、商に統一して記す。
(78) 徂徠の経済論に関しては、本書第二章参照。
(79) 『政談』『荻生徂徠』、二九五頁。
(80) 武部前掲書、二八一〜二八二頁。
(81) 尾藤もこの部分を「儒学の正統的な政治思想とは思われない」と記している。尾藤前掲書解説、五一三頁。
(82) (62) と同じ。
(83) このほかに発行高不詳の古大判と発行高一万五〇八〇枚の明暦大判があった。なお、金銀貨の量質に関しては、とくに断らないかぎり、吉川弘文館『国史大辞典』の各金銀貨の一覧表によった。また一七世紀の金銀の公定比価は、金一両＝銀五〇匁であった。
(84) 「近世米価表」『日本史辞典』(角川書店、一九六九年) 所収。
(85) 北島正元編『政治史Ⅱ』、一八三頁、山川出版社、一九六五年。執筆は辻達也氏である。なお本稿では煩雑になるので銀の問題は省略した。また、徂徠は急激なインフレになった契機を、元禄一六年の大地震に求めている (本書、一二二頁)。
(86) 本文には「元禄十年己卯」とあるが、己卯の年は一二年であり、文意も一二年のほうが続きがよいので、一二年に改めた。『徳川実紀』にも、元禄一二年八月の項に「十六日昨夜烈風によて家門使奉り御けしき伺はる」とある (『新訂増補国史大系徳川実紀』第六篇、三七六頁、吉川弘文館、一九九一年)。
(87) なお春台はこのとき、グレシャムの法則が働いたことを述べている。すなわち、正徳金が発行されると、「絶て見えざりし」慶長金が出現し、「殆《ほとん》ど新金と相半」するほどであった。ただし、正徳金は発行量が少なかった。享保金が発行されると「銷磨」していた慶長金を「蔵中」から出して、「新金を蓄蔵」するようになり、数年の内にその比は、「新金は十分の一」になったと伝えている (523)。なお武部はより多くの箇所でグレシャムの法則の適用を指摘している。武部前掲書、二五六～二七五・二九一～二九五頁。
(88) なお春台には享保二〇年冬に低米価を歎いた「糶賤行」(『紫芝園後稿』巻一、九三～九四頁)がある。
(89) 武部前掲書、二九六・二九八頁。
(90) この史料は武部がケインズ政策との近似性を認めるものである。ただし、武部自身「ややこじつけの観はあるが」(武部前掲書、二九二頁)と断っている。なお同上書、二七八～二八〇頁。
(91) 「復備前湯浅之祥書」第二書『紫芝園後稿』巻十四、二七一頁。
(92) 『経済録拾遺』『徂徠学派』、四五～四六頁。
(93) 同右書、四六～四七頁。
(94) 同右書、四七頁。
(95)(96) 同右書、四七頁。
(97) 同右書、四七～四八頁。
(98)(99) 同右書、四八頁。
(100) 同右書、四八～四九頁。『経済録』「食貨」において次にも述べるが、春台は浮役・小物成の雑年貢の率を「大抵十分の一を上に奉る。是古来の法にて、異国も吾邦も同然也」(498)と記している。いずれも数的根拠は示していない。また、浮役・小物成などの雑年貢は取らないのが普通であったとは、首肯しかねる。水戸藩の場合、「村々産物の租」を賦課したのは明暦三年からである(『水戸紀年』『茨城県史料近世政治編I』、四五七頁、茨城県、一九七〇年)。その後、元禄改革において、本田畑の年貢を軽減する一方、その補塡として、そのほかの雑年貢を増徴した(拙著『水戸光圀の時代』第一章三節、校倉書房、二〇〇〇年)。もちろん賦課しない大名もいたが、少なくとも私の見聞したなかでは、雑年貢を賦課していない大名はいない。
(101) 『経済録拾遺』前掲書、四九頁。
(102) 同右書、五〇頁。

(103)（101）と同じ。
(104)同右書、四九～五〇頁。
(105)同右書、五〇頁。
(106)同右書、五一頁。
(107)同右書、五二頁。
(108)（106）と同じ。
(109)（107）と同じ。
(110)『太平策』『荻生徂徠』、四五八頁。
(111)同右書、四六三頁。
(112)同右書、四六六頁。
(113)小島前掲書解題、一三・二一～二二頁。

第四章　海保青陵の経済思想

一　はじめに

海保青陵は、伝統的な儒学の流れから生まれた経済論の最高峰といえる人物である。しかし、青陵の知名度は低かった。注目されるようになったのは「明治の終り頃である」[1]。そして、戦前にはすでに注目すべき経済思想家として評価されていた[2]。

戦後、近世思想史における近代思想への流れのうえに、青陵を位置づけたのは丸山真男である。丸山は自然に対する荻生徂徠以来の制度的改革「「作為」の論理の具体的発展」に着目したのである。青陵に関しては、「一切の現実の社会関係を商品交換（うりかひ）の原理から演繹してゐるところに無視しがたい特異性をもってゐる」と評価した。具体的には「封建的君臣関係をも純粋な労働力の売買と看做」した。それは、「いまや明白に当事者の自由意思に基く結合と同視されるに至つた」と評価した[3]。

改革の内容としては、次のように述べている。武士が困窮するのは大名以下、米を売って生計を立てているにもかかわらず、「彼等が商品経済の真只中にゐながら、その現実に強ひて目を塞ぐことから生ずる」のである。彼らも「積極的に「興利」を営」まなければならない。「洪範」の「水に潤下、火に炎上といふ理によつて（中略）貨幣は自然に放任して置けば皆民間に落ちる筈」だから、「是非ともこれを下から「まきあげ」る所の作為を必要とする」のである。そして、「そこにはマキアヴェリズムの臭ひすら感じられる」と評価した。丸山は「封建社会の認識に於てあれほどの近代性を見せた海保青陵」と、青陵を高く評価するが、同時に「その目的がもっぱら武士階級の救済にあり」、また「愚民観念が内在してゐた」と、「封建的支配関係そのものの変革には一指も触れえなかつた」と確認している(4)。

塚谷晃弘は論理構造をまず論じた。徂徠の系譜に連なる青陵は、徂徠から歴史意識と学問の経験主義的・包括的性格を継承した。それは旅行を重視し、諸国の具体的実情の観察となった。そこから、「青陵の学問の中核である経済論＝富国論の基礎理論ともいうべき彼の理の概念が形成されたのである。しかし、理の概念の成立には老子が導入された。「青陵は尚書洪範を「理之淵源」と呼」ぶが、そこでは老子の四大説（天地人道）によって五行説を解釈し、「五行を純粋に自然流行の原理として編み直した」のである。そうした青陵の理は、次のようにまとめられている(5)。

青陵の哲学は、徂徠学から出発して老子に帰結するところに特色があるのだが、彼にあって理とは、朱子学流の静的な理念でなく、千変万化する運動の理念である。それは機能的、相対的なるが故に、まさしく老子の無にふさわしい。それだけに定義しがたいものがある。しいていえば、「軽きはあがりて、重きは下る」（「老子国字解」）「火に炎上といひ、水に潤下といふ」（「洪範談」）の如き自然の法則である。しかし自然即規範（＝倫理）という思考はない。

それでは理は、どのようにしてとらえられるのか。それは智によってである。聖人は「智者におきかえられる」。また徳や仁は「智の中に止揚される」。誠の智者とは主観を去って天理に従う存在である。それは老子の無為を思わせるが、有為のためであって、「「活智」をもつ自由な主体的精神」となって理をとらえるのである(6)。

経世論においては、青陵の所説の近代的側面を評価する。この評価は丸山以上のものが感じられる。たとえば一面では、「すべての経済政策は富国（＝藩）のためのまき上げの法、すなわち法術の性格をもつ」と、政策論において老子のみならず法家の思想を導入した「青陵に、「愚民」観が内在したことはまぬがれがたい」と説く。

しかし続いて、青陵の人は同格との所説から、「老子的愚民政策、法術論の基礎には、為政者的立場からではあるが、近代的人間観への前提となった重要な認識があったことも、みおとしてはならない」と、説くのである[7]。

蔵並省自は塚谷と違って、一六、七歳のときに同居した幕府の蘭方医官「桂川氏より「理」ということを教えられるとともに、当時の洋学知識を吸収」したと、説いた[8]。

小島康敬は、青陵の「思惟構造[9]」を論じた。青陵は、桂川家から「物事を徹底的に「理に合は」せて考え抜く態度を学んだ」。また旅行は青陵に各地のことを体得させるとともに、比較の視点をえさせた。そして何よりも徂徠の弟子の宇佐美灊水《しんすい》に学んだ青陵は、学問は今日のためとの現実尊重の学問観をえたのみでなく、太宰春台の方法論である時理勢情を継承した。「洪範」の「水は潤下し、火は炎上する」も、春台を継承したとする。

青陵の思惟構造の特色として第一にあげられるのは、機能的思考法である。「既存の価値体系を既存であるというただそれだけの理由で承認する事をしないで、それらをたえず機能的観点にさしもどして再定義」したのである。かくして、聖人も古典も相対化された。第二に認識の問題である。青陵は「「己が智」を働かせる事を説いた」。理をとらえるためである。理とは「一方必然的客観的法則であると同時に、他方自己同一性を保持しながらも無限に変化流動して行く原理という二面的性格を有したもの」である。ここでは「働きかけ方」が重要である。智者とは、理を「見抜き、対象世界に能動的に働きかける事ができる」存在である。こうした智をえるためには「認識対象そのものになりきる」のであり、智を働かせるためには「認識視座の設定、そしてその視座自身の絶ゆまざる自己距離化」が求められた[10]。

経世論では「「愛利」が即「天理」（中略）つまり人間の営利的功利的行為が「天理」によって保障され、積極的に正当化されている」と、高く評価している。しかし、残された問題点として、青陵の統治論は「法家的な「刑政」政治であった」と指摘した。また愚民観に関しては、人は同格との主張から「人間の知的能力の地平からみた一種の平等観が切り開かれていた」と指摘しつつも、それは「支配の政治技術の道へと辿り着いた」と指摘している。そして最後に、「営利活動は目前の自明の遂行命題であって」、「功利とは何か、経世済民とは本来どのような精神に基礎づけられていなければならないのか。命題そのものの存立根拠にまで問題をさしもどして経世済民を捉え直す作業」は、なされていないと指摘している(11)。

渡辺浩は、青陵を「驚くべき知性」と高く評価する。そして智から説き始める。青陵は、智は書からえられるものでないという。それでは「いかにして「智」を得るのか」。それは心を自由に使うことからえられる。すなわち、心を二重に立てる、「「心ノ本尊」(『陰陽談』)を内に保ちつつ、同時に具体的な状況に機敏に反応する心の組み方」をするのである。そして、智を働かすために、疑い、考え抜くのである。智がとらえるのが理である。理とは「現にそうである在り方のことであ」り、それを「正確に捉え、それに忠実に沿って物事を扱えば、結果は吉と出る」のである(12)。

次に統治論になる。政治とは「天下のせわをやく」ことであるが、それは「人民の道徳的向上は統治の目的外であり、ただ天寿を全うさせれば良い」のである。しかし、「容易ならぬことであると、青陵は言う」。その主要な理由は、人は同格との認識からくる。民は愚であるべきだが、智がある。「人類史にはある不可逆的変化がすでに生じている」。民を太古の愚民に戻すことはできない。それを促進しているのは、徳川の世の経済的発展である。青陵は、進歩の「現象に気づいたのである」。かくして「統治とは、今や民との熾烈な智恵比べであった」のである(13)。

そして、経済論に進む。統治を完遂するためには仕掛が必要である。青陵はまず武士に賤金思想を捨て去り、君臣関係さえも商売であることの自覚を求める。民には「命令して働かせれば怨む。だから、みずから進んで働くように、浮かれさせる」。生産量と販売量を増大させる利益誘導の仕掛としては産物廻しの専売制度などを挙げている。こうして利益をえた民から、領主はその成果を巻き上げる。かくして「武家に困窮ではなく、利益をもたらすことになる」一方、「民は、幸福なき勤勉と自由なき繁栄を続けられる」のである[14]。最後に青陵は「根本的な難問に逢着したと思われる」と指摘する。それは「統治者は「智者」である」ことが求められた点にある。しかし、当時の日本は世襲制の時代であった。したがって、「治める地位に智者がいる保証はどこにもなかった」のである。この点を青陵は述べていない。「それを説くことはあまりに危険だったのかもしれない」と結んでいる[15]。

徳盛誠は『海保青陵』[16]を著作した。この書は副題に「江戸の自由を生きた儒者」とあるが、青陵の思想の論理構造を解明した書である。文人で文章好きであった青陵は、その修行のために遊歴の旅を始めた。旅は経世論を深めた。しかし、「青陵の学は文人的な生き方と切り離されることなく、むしろそれを契機にして成立した」と述べる。それを示すのが寛政一〇年（一七九八）に著された最初の著作『文法披雲』である。この書は漢文の作文法を説いた書であるが、その技法が経世論に適用されたのである。

青陵の学は智として確立する。「青陵はすでにある智を自由に往来させることに活路を見いだした」。智は「もっとも社会的な価値をもったもの」である。この視点からみる当時の世界は、「智による闘争の時代」であった。民衆が智を向上させていたからである。それ故に「徳川社会をささえる諸関係が本質的に不安定」であり、「そこになお安定を創出するための帰結が愚民策」であった。「確かなものは裸の自分と「心の智」のみ」であった。右の対策として、次のようにまとめている。原則は「徹底して理や筋に拠った探求をす」る。その一方「予測が無効になりかねない事物の不透明さやその推移の不確かさ」を認識する。両者には齟齬がある。「しかし、この齟齬こそが、青陵の思考を、現実に対して、理論的であると同時に、きわめて実践的なものにしている」と指摘している[17]。

「経済をめぐる二つの智」としては、「第一は、領域全体の動向をつかんだ上で、新たな経済制度をうちたてるための智、もう一つは、他者に相対し、他者を思惑どおりに動かすための智である」と述べる。二つの智が繋がることで、「局所に囚われず満遍なく把握する」ことができるのである。具体的政策としては典型的には大坂から指導と融資を受けることと、産物廻しである。これらの振興策はすでに実行している藩もあった。しかし、「それを可能にする発想の転換、智のあり方の刷新、つまり、現実を新たにつかみ直し、それに応じた自らの態度の再構築を唱えたところに」意義を認めている。さらに「商売こそは、二つの智を必要とする」ものであり、「商いというこうした人間的営みに、今の「生きたる世界」そのものを感知した」と論じている。(18)

さらに青陵を、一八世紀ロンドンで活躍した、『蜂の寓話』の著者で「広汎で自由な社会批評を展開し」たバーナード・マンデヴィルと比較した。両者の共通点として、「現実が一つの観点からは律しえないことに着目する態度」を指摘する。そして「おわりに」の章で、「経済策の提言や発想の工夫に関する提言を重ねた青陵の、思想家としての目的は何だったのか」と設問して、「人びとが、世界を貫く理に沿いながら、すなわち世界と調和しながら智力で自立を果たすことだった」と結論づけている。(19)

右に諸家の青陵論をみた。取り上げ方の違いにもかかわらず、そこからいえることは次の二点である。第一に、青陵の近代的な経済論を高く評価している点である（なお、重複を避けるために、具体的に紹介しなかったものが多い）。近代的な側面は拡大される傾向にあった。それにもかかわらず、青陵が封建的な思想家であったことが確認されている。第二に、それを支える思想的根拠として、理と智の問題が重視されていることである。

右のような諸学説のまとめが大過ないとするならば、私には次の三点の疑問が浮かんでくる。第一に、近代的な経済論を成立させた方法が、十分論じられていない点である。まして、それと儒教理論との整合性は焦点をあてて論じられていないのである。第二に、封建的な思想家であった青陵が、近代的な経済論を主張した目的である。いいかえるならば、青陵が理想とした社会とは、どのようなものであったのかである。この点が近代性に眼を奪われて、十分検討されているとは思えないのである。第三に、青陵の所説は近代的な方向性とそれを阻む封建的な性格のために、矛盾に満ちているが、さらに立場上いえなかった、慎まなければならなかった点も考慮して、可能性と限界の問題が十分に検討されている、とは思えないのである。

　右のように考えて、以下、本稿は次のように論じる。まず本稿に必要な範囲で履歴関係を確認する。次に経済論の方法と経済論を分析する。そして、理想と現実と目的を論じよう。これらの作業のうえに、儒教理論上の問題点を検討して、可能性と限界について展望しようと思う。

二　履歴と学統

　海保青陵は、丹後宮津青山家四万五千石の家老で、家禄五〇〇石の角田市左衛門朋の嫡子として宝暦五年（一七五五）九月に江戸に生まれた。名は皐鶴、通称は儀平、字は万和、青陵は号である。海保は祖父五郎太夫克広が角田家に養子に入る以前の苗字であった。

　儒者としては珍しく上士出身であったが、そこにとどまらなかった。祖父克広が養子になった角田家には、姉娘が一人いた。彼女は藩主幸督《よしまさ》の奥方付になった。そして、奥方の死後は幸督の「継室」になり、次の藩主幸秀《よしひで》と青山本家五万石を相続した忠朝を生んだ（稽古談105[20]）。したがって、父朋と二人の藩主は系譜上、形式的には従兄弟であった。それ故に両家から厚遇された。たとえば、父は次に述べる御家騒動のために宝暦六年（一七五六）に隠居し、二歳の青陵が家督した。同八年には暇になったが、本家から二十人扶持金百両を毎年与えられて、本家の屋敷内に住んだ（稽古談109）。

青陵は一六、七歳のときに、幕府の蘭方医官桂川家に同居していた（天王談511）。明和八年（一七七一）一七歳のときに、一家は尾張藩に仕えた。青山本家からの扶持は継続して与えられた。豊かな環境のなかで父は、「鶴（青陵の名皐鶴の一字、注吉田）が気儘に学問すべし」といった。青陵には「敬謹家」の弟が一人いた。青山本家から「行々《ゆくゆく》は大夫にも取立べし」との条件で、息子を一人もらいたいとの要請がきた。この要請に青陵は尾張藩は望みでなく、「いつ暇をとりても、他家へゆきたきときにゆかふと自由なる」青山家がよいといって、青山本家の儒者になった。禄高は一五〇石であった（稽古談109〜110）。安永六年（一七七七）二三歳ころである。その青山本家も天明四年（一七八四）ころに退去した（待豪談964）。

青陵は遊学の生活を始める。その範囲は、北は越後・信濃、西は讃岐・備中であった（稽古談110）。遊学は観察によって各地の具体的な事実を知り、また比較することによって青陵の学問、経済論を実り豊かなものにした。この間、「四十近ふなりて」というから寛政六年（一七九四）ころまでに、『書経』「洪範」を『老子』によって解釈する四大の説が形成された（洪範談586）。

それにしても、なぜ青陵は禄を辞したのであろうか。近世、儒学を学ぶということは禄仕するためであった、といっても過言でない。上士出身で、豊かな生活を保障されていた青陵にとって、禄仕することに恋々たる思いを抱かなかったことは、理由の一つにあげられよう。しかし、それのみではあまりに不十分である。青陵の性格と職務内容と学問が考えられなければならない。

青陵は性格的に一般的な理解・説明では満足せずに、徹底的に疑い、考え抜く人であった（天王談512）。

左《さ》れ共鶴、今以て馬鹿の病な《（お）》をらず。左れ共合点のゆかぬ事を合点ゆきたる面をする事は、今以て鶴には出来ぬなり。合点ゆかぬ事はどこまでも合点ゆかず。（中略）是《こ》れは決して此《この》理あるべし。只鶴が鈍才ゆへに推す事足らぬ也。推す事足らぬ事は百も千もあるなり。聖人に非るよりは推す事詳ならず。ゆへに知にくき事あり。造化の妙は些細なる詳密なる事なれば、推し窮めぬ事沢山あり。唯、中ずましに済しておく人は鶴大きらひなり。

青陵は、「合点」納得のできないことは納得できない、聖人ならざる身として究明できないことは沢山あるけれども、「中ずましに済しておく」こと、つまり中途半端にしておくことのできない、徹底的に疑い考える人であったのである。尾張藩を退去した理由も、「カ様に不才懶惰《らんだ》にて、何とて大国の奉仕成就せんや」（富貴談521）と語っている。「懶惰」になるのは、思考に集中してしまうからとみてよい。

そうした性格の青陵が儒者として仕えた職務内容は、次のようであった（稽古談109〜110）。なお左兵衛佐とは幸秀《よしひで》の七男忠高、本家を相続。伯君は忠講《ただつぐ》、二男は忠裕《ただやす》。

左兵衛佐殿其《その》節は下野守殿とて、雁間御詰衆のふるき顔なり。御妾腹の男子二人あり。伯君は春橘といふて、二男は今御老中、幼名久之助と云へり。両君ともに幼少なれば、講書をしてきかすべしといふことにて、鶴は始終さいしよより奥勤にて、春橘殿家督立れて伯耆守殿と云へり。鶴、格別に懇意にてありし也。久之助殿も長屋ずまひでありしより、素読をも鶴が授けたり。伯耆守殿卒去して今の侯立れたり。鶴、青山家に仕ること始終七年にて、禄を辞して遊学せり。

すなわち、若殿様への学問の教授であった。この職務に青陵は耐えられたであろうか。一般的には生活のために耐えなければならないどころか、非常に名誉な勤めである。しかし、青陵の性格はそれを許さなかったに違いない。そのうえ、青陵と青山家は「自由」な関係にあった。右の引用文も、「尤《もっとも》、罪もなき身なれば、翌日よりやはり懇意に出たり」と続く。また青陵の学問は、系譜的に経済に傾斜していたから、御殿勤めは向かなかった。[21]

儒学の系譜からみると、青陵は徂徠学の人である（稽古談111）。

先生は始めは春台門人の大塩与右衛門といふ儒者の門人也。後に濬水《しんすい》先生宇佐美恵助の門人となりて、徂徠派の儒者也。鶴は十ばかりのときより宇佐美先生の門人にて、鶴が二十三のとき先生卒せり。鶴は唯文章ずきにて、何派の学問などゝいふこと大きにきらひ也。わかきときから何派の学問にてもなし。即《すなわち》、鶴が一家の学也。

先生とは父角田朋である。号は青渓という。春台は太宰春台である。大塩与右衛門とは、号は鼇渚《ごうしょ》、春台門下で薪炭業を営んだ富商である。(22) 宇佐美灊水は徂徠の門人である。徂徠没後、徂徠学派は公私に分裂した。公的側面を継承したのは春台一人といわれがちであるが、そうしたなかにあって灊水は「頗る春台の風あり」(23)と評された学者である。すなわち、父青渓は二つの系譜から徂徠学を継承した人であった。そして、青陵は父と灊水とから学んだのである。青陵は「何派」でもない「鶴が一家の学」と、自称しているが、徂徠学の系譜の人である。それも父以来、春台的な経済論(24)が大きな比重を占めていたといえる。

父青渓は、宮津の家臣が米を横領して藩主のいる江戸に送らなかったために、江戸邸が財政破綻するという御家騒動の解決にあたった。そして、「三年の内に勝手のこらずさらへあげて身上なおれり」との成果をあげた(稽古談106)。その方法は、河辺次郎右衛門という金持浪人に千両出させて、家中に次のように指令した(稽古談107)。

今迄はきびしき倹約を云ひ渡したれども、今日より拙者に御勝手を御預けなさるゝ。拙者御勝手向を御預りもふす上は、今迄の法をさつぱりととりかへて、新面目にすることゆへに、先づ唯今より、御倹約は止めにする也。何年何日以前の掟に定めかへること也。何《いず》れもとんと新しふしらべかへて、拙者の新法を守らるべし。

倹約を中止して財政再建をしたとは、どのような方法によったのか。青陵は借金を全部返済したくらいのことしか述べていないが、千両の金を有効に運用したに違いない。おそらく青渓は春台の経済論を富商であった鼇渚を通して、具体化したかたちで継承していたのである。この父の学風を青陵は継承した。学問的系譜を記した右の引用文の直前には、次の逸話が語られている（110～111）。

昔し青山家に居りしときに、左兵衛佐殿、鶴を呼て、扨《さて》、其方の親は、日比谷（宮津青山家の江戸邸のあった所、注吉田）の身上を一たび興したる大忠大才の人也。其方も儒者のことなれば、此家の経済のことにつきて、心づきたることを書きて見すべしといゝつけらる。鶴、退きて四、五十枚の書付をとゝのへて青溪先生に見せたるに、先生云、こゝにてはなし、大きにけんとふちがふておる也。かきなおすべしと云はれたり。又かきなおして見せたるに、先生云、前のよりは少しましなれども、まだこゝでもなき也。又かきなおすべしと云はる。鶴、今度は儒者の論をとんとやめて、身上のよふなるすじを、ちかどらまへにして、今日入用のことをかきならべて見せたるに、先生大きによろこび玉《たま》ひて、至極これなりとて、父子難じ合い、問ひ合いて、経済のことを研究せり。世がちがふておるゆへに、事は追々ちがへども、意にちがふことなし。

本家の青山忠高から経済の諮問を受けた。そこで青陵は父の指導をえて、「儒者の論をとんとやめて」「今日入用のことをかきならべ」た。そして、父とともに研究したのである。ときは、青山家に儒者として仕えていたときであった。

遊学を続けた青陵であったが、享和元年（一八〇一）ころに、尾張藩儒の細井平洲が重病になったために[25]、儒者として尾張藩にふたたび仕えた。しかし、三年で退去した。その後、一年越後で過ごし、次いで加賀に一年余逗留した。文化三年（一八〇六）からは京都に住んだ（稽古談110）。同一四年五月二九日に六三歳で死亡した。

三　方法

本論に入る前に、青陵の経済論の方法を確認しておこう。

経済、現実の問題に取り組んだ青陵にとって、学問とはもはや古典の解釈学ではありえなかった（稽古談29）。

学問と云は古《いにし》へのことにくわしきばかりのことにてはなき也。今日唯今のことにくわしきがよき学問といふもの也。古へになき智恵が、今の人執行にて推し出たること甚《はなはだ》多し。凡《およ》そ今の時にくらきは、むだ学問と云もの也。

学問とは今日の諸問題に対応すべきもの、しかも今日は「古へになき智恵が」多いのである。それなのに儒者は「皆政事は下手」（稽古談5）、「御勝手取直しのことは、一向に下手《へた》」（稽古談7）である。それというのも、孔孟の解釈学に陥っているからである。孔子は春秋の、孟子は戦国のときの人であって、日本の「今日は昇平二百余年」とは時代が違う（稽古談3）。したがって、孔孟の「定木《じょうぎ》を今日にうつすときには、なるほど合ぬはづ也」（稽古談4）と、青陵は孔孟の教を一旦否定する。しかし、儒者であった青陵にとって、孔子と孟子は尊重すべき存在であった。かくして孔孟を解釈する方法は、次のようであった（養心談420）。

今時は如何と考て言葉を出すべき事にあらずや。故に孟子の言を師にする間違也。孔子の言を師に言《(ママ)》する間違也。孟子の意孔子の意を師にすれば間違事なし。

すなわち、今を考えて、孔孟の言にそのまま従うのではなく、その「意」意味するところをとらえるのである。もちろん、この方法は『論語』『孟子』にのみ限定されるのではなく、古典全体に適用された。その意味するところは、古典を正確に解読して論理展開をする正統的な方法を否定して、自由に大胆に解釈するのである。具体的な方法論としては、「鶴の考へには洪範は本の本也。周礼は末の本也」（植蒲談143）と述べる。『書経』「洪範」は「本」原論の根本であり、『周礼』は「末」方法論の根本であると主張しているのである。

方法論の書として『周礼』を採用した理由は、先王の説いた経済の書と判断したからであった。すなわち、乱世の学説として孔孟を否定した青陵にとって、拠るべき聖人は「堯・舜・禹・湯・文・武・周公の仕方にて、治世を治むれば治まる也」（稽古談14）と、道を制作して治世をもたらした作者七人の聖人であった。そして『周礼』は、「周礼の法は物をうる法也。皆一割の利息を取る法也。聖人の法也」（稽古談22）と、聖人の著した売買・利息の書とみなせたからである。しかし、『周礼』は周公に託された国家の行政組織を説いた偽書である。青陵は偽書であることを知っていた（稽古談6）。

　周礼の法は周公旦のたてられたるにないにしたる所が、いづれすさまじく経済に達したる男の、大国の政を手にとりて行なふて見たる男の書たるもの也。ゆへにみな真のこと也。今日ぢきに取行ふて用に立こと也。

青陵は偽書であるが、「経済に達したる男」が、「大国の政」を実際に行った実績に基づいて執筆した「真」の書と認めたのである。いいかえるならば、聖人級の人物による有用な書として、合理化したのである。

原論となった「洪範」の解釈は、青陵独自の『老子』の四大によった矛盾の多いものであった（洪範談586）。

　余は此《こ》の洪範をも小児のときより何遍も〳〵人に講じてきかせるに、（中略）此《この》二十年ほど以前、四十近ふなりて解せたり。一たい老子を講ずるに、四大といふ事を講ず。天・地・人・道の四つなり。

しかし、定数は天地人など「動かぬ数」三である。老子の四大はこの定数に、「又一つ活きたるものを入れて四にしたる」ものである。それが気である（道であるはずが気とする。青陵は道＝気ととらえている）（洪範談586）。気は陰陽であるから数は五となる。五行に配当すると、定数の三は水・火・土であり、気は金・木である（洪範談595）。そこから潤下・炎上の巻き上げ法が導き出された（稽古談85）。

　洪範に「水に潤下といひ、火に炎上といふ」と云へり。これが金を上へ上る法也。聖人の智といふものは、おそろしいよふなれども、聖人は唯、理をかたる。

青陵の方法論は、右にみたように矛盾したものであった。この問題点に関しては、七節で論じよう。

四　重商主義的政策

青陵は最初に述べたように、伝統的な儒学の流れから生まれた経済論の最高峰といえる人物である。青陵は藩レベルであるが、商品貨幣経済の発展に対応した積極的な経済政策を提唱した人であった。本節はこの側面を確認しよう。

前節で青陵が、『周礼』は聖人の著わした売買・利息の書と述べているのをみたが、同じ趣旨の言葉を青陵は繰り返す（稽古談9・24）。

天地は理づめ也。うりかい利息は理づめ也。国を富さんとならば、理にかへるべきこと也。理にかへりて見れば、周礼は甚よき手がかり也。

皆売買は天理也。周礼は売買のこと也。聖人の法は売買也。

青陵は『周礼』に記された売買・利息は天理であり聖人の法であり、それは国（この場合は藩のこと）を富ます基本であると主張している。青陵は売買・利息の私的な金銭関係こそが、国家社会の基本であると認めているのである。しかし、賤金思想の支配する当時の封建社会においては、青陵のような功利主義的な考え方は受け入れがたいものであった。そこで青陵は「其根源へゆきて見ること近し」と、封建制度の経済的基盤である年貢とはなんであるかを、次のように解説した（稽古談7〜8）。

もと田を民へわたして、民より米をあげさするは何といふものぞや。何のりくつで民より米を取ることなりや。せめてこの理を知たらば、くわらりとわかるべし。田も山も海も金も米も、凡《およ》そ天地の間にあるものは皆しろもの也。しろものは又しろものをうむは理也。田より米をうむは、金より利息をうむとちがいたることなし。山の材木をうみ、海の魚塩をうみ、金や米の利息をうむは天地の理也。田をすて、を《(お)》けば何もうまぬ也。金をねせてを《(お)》けば何もうまぬ也。田を民にかしつけて十分一の年貢を取るは、これ一割の利を取る也。周礼には㭍の木は二十五の五《(ママ)》と云へば、是《これ》四朱の利也。勿論、利をうむに、物によりて遅速あるゆへ、利息に多少なふてかなわぬこと也。田の年貢も、山年貢も、海年貢も皆息物也。しろものをかして利息を取也。是《この》利息はとらねばならぬもの也。山師にても、何師にてもなし。天地の理也。

「しろもの」は「代物」であるが、『広辞苑』では、商品・品物・代金・銭・原料・材料・たねと、意味は多様である。ここの「しろものは又しろものをうむ」は、次の「田より米をうむ」などの用例から、生産財は品物を生むの意味である。「しろもの」は生産財と生産物の二重の意味で使用されているのである。それ故に、続いて次のように説いたのである。

田や山海での生産は、金融が利息を生むように余剰を生む。したがって、田の所有者である領主は農民に田を貸すことで、地代として一割の年貢を取る。山海も同じである。それ故に、年貢とは金融での利息と同じで、「天地の理」として取るべきものなのである。

ここで田の年貢を一割としているのは、当時の実態とあわないが、これは井田制の年貢率を念頭においているのである。年貢を取る原理を説いているのだから、さしあたりここでは問題にする必要はない。しかし、年貢は「息物」と述べている点は看過すべきではない。商品貨幣経済の発展を説いた青陵であったが、年貢は金納でなく、物納であることを前提にしているのである。

年貢は地代としての利息であると説いた青陵の封建的諸関係をみる眼は、そこにとどまらなかった。君臣関係も、売り買いの関係であると説いた（稽古談8）。

古《いにし》へより君臣は市道なりと云也。臣へ知行をやりて働かす、臣はちからを君へうりて米をとる。君は臣をかい、臣は君へうりて、うりかい也。うりかいがよき也。うりかいがあしきことにてはなし。凡《およ》そうりかいのことは、君子のすることでないと云は、皆孔子の利をいとふことを丸のみにして、のみこみそこなふたる也。君臣はうりかいではないといゝたるより、喰つぶしと骨折損と沢山あり。喰つぶしは君の損也。骨折損は臣の損也。甚不算用なるもの也。天地の理にちがふてを《お》る也。

近世の君臣関係は知行、米を媒介にして成立しているが、それはまさに売り買いだというのである。この認識がないから、「喰つぶし」や「骨折損」が出るのだと。「喰つぶし」とは禄高の割に仕事の少ない番方の者を、「骨折損」とは仕事の割に禄高の少ない役方の者を指している（稽古談8～9）。形骸化し無能化した武士については八節でまた論じるが、情誼で結ばれた君臣関係を、売り買いと根本的に明確に批判したのである。また武士は、「武士の取ものは米也。何万石何千石と云て米を取也。此米を売て、それから物をかわねば買《かえ》ぬ理也」（稽古談22）と、売買の関係のなかで生活していると、その自覚を求めた。

青陵が売り買いを基本にして所説を展開するのは、武家が財政的に破綻していたからである。商品貨幣経済の発展を正視して、認識を改めるように求めたのである。財政破綻を克服するためには、商品貨幣経済の売り買いによる富国策を採用しなければならない。たんにそこにとどまらない。条件は同じなのだから、他藩も同じ政策をとる。競争である。それ故に自国の経済的発展を図るだけではなく、この点にも留意しなければならないと、次のように説いた（稽古談69）。

今の世は隣国にも油断せられず、自国をも油断なふ養はねばならぬ時也。隣国にも油断ならぬと云は、乱世の攻伐の類に非ず、売買損徳の事也。隣国に心付ず、うつかりとしてを《お》れば、隣国にて、此方の貨財をあちらへすいこむ計策をするゆへに、油断ならぬと云也。自国をも油断なふ養はねばならぬといふは、隣国にて土の出の多ふなるよふにするに、此方の国にて工夫せねば、隣国は富て、此方の国は貧になる也。隣国富て此方貧なれば、金銀は富たる方へならでは流れぬもの也。ゆへに此方の国をば富さねば、他国へ富は流れゆきてしもふ也。以ての外の事にてはなきや、一向にうつかりとしてを《(お)》るべきときにあらず。されども又ケ様の世故《よゆえ》に、此方の国富めば、又隣国の金銀は、日夜に此方へながれこむ也。

競争の現実のなかで富国策をとらなければならない。それでは富む基本はなにか。右の引用文では、「土の出の多ふなるよふにする」と述べられている点が重要である。より明確に富むとは、次のように述べる（稽古談33～34）。

此か《稼》せぎ《増》ましといふことにつきて考るに、陸にては田・畠・山・林、海・川にては魚・鼈《すっぽん》、皆土地より生ずるものにて、民の手足さへ動けば、なんぼも出来るものなれども、民の手足懶怠《らんたい》なれば出きぬ也。出きぬと云は無きにあらず。出さぬゆへ也。土地より出るもの多きを富と云。

すなわち、「民の手足さへ動けば」とあるように農民の労働による、「土地より出るもの」つまり生産物の「多きを富と云」のである。青陵の富国策は売り買いの商品流通と錯覚しやすいが、その根底には生産の拡大がある。そのうえに、藩による専売制を説いたのである。

青陵は専売制の成功例として、丹波園部藩の事例をあげる。「園部は多葉粉・菜種より松茸・青物まで」の産物を京都に出荷していたが、以前は「百姓の納屋物」として、「小荷物にて、少々づゝてん〴〵に京へ」出荷していた。そのために問屋に買いたたかれていた。「近年、家中の武士に才物」がいて、「園部の百姓と相談し」、京都の町奉行所の許可をえた。そして、産物を藩で買い上げて、藩の荷物として京都屋敷に送った。そこで「仲買どもを呼寄て」販売した。かくして商権の主客は逆転した。「最初より園部大きに利を得」、百姓も利益をえて、「これ百姓ども大きに喜ぶ理也。百姓よろこべば、百姓うかるゝ也。己《おの》れが労をもうちはす《忘》れて、産物をやたらに出す心になるゆへに、産物多ふ出る也」と、生産も拡大したのであった（稽古談23～24）。ただし、青陵が提唱する専売制とは、自藩の産物のみを対象とするものではなかった。

たとえば、青陵は加賀藩に自藩の良米をすべて大坂に売って、越後の安い米を買うように提案している。すなわち、大坂で加賀の米は「殊の外悪き米にて」、安いので貧乏人ばかり食べている。青陵は加賀ではよい米ができないと思っていたが、来てみると土地は肥えていて、米はおいしい。「是《これ》は悪き米を大坂へ廻して、よき米を」加賀で食べていたのである。一方、越後では「新潟へは大坂より舟入津し、極々安直《やすね》に米を買ふ」ので、「加州・越中の内へ廻して、金を才覚し」たいと思っている。これが実現すれば、加賀藩は十分に利鞘をかせげるので、次の提案となった（経済話325）。

加州米のよき米を大坂へ不レ残廻して、越後の米を御買いなされば、二十万石三十万石は忽《たちま》ち出てくることなり。直段《ねだん》は金沢の半分位なるべし。米も悪しからぬ米也。

一種の産物廻しである。産物廻しには資金が必要である。そこで青陵は山片蟠桃[26]の仙台における実績に学んで、米札を発行して資金[27]にするように提案した（稽古談31）。

升小（升屋小右衛門の略で蟠桃のこと、注吉田）は、米札を願ふてをびた（お）ゞしふ作りて、仙台の上より出す金をば皆米札にて出す。米をばうりて金にして、その金をば出さずに米札を出すことなれば、金はしたゝかに余る理也。其金を不レ残大坂へのぼせて廻すこと也。十万両のぼせれば、五朱の利息にしても、五千両は一年にうく也。百万両のぼれば五万両づゝ、年々にふへることなれば、是《これ》を以て古借をだん〳〵にかたづくること也。（中略）是妙計と云べし。とんと是が仙台の富む始り也。

普通の藩札でなく米札にした理由は、「新銀札は御制禁」（稽古談31）だったからであるが[28]、米代金が担保になっているので、かえって領内での信用がえられたのではないかと思われる。それはともかく、領内では米札を使い、年貢米は中央市場で売って、えた金は「大坂へのぼせて廻す」、つまり大坂で運用した。えた利息は「古借」の返済にあてた。かくして財政は再建されて、「富む始り」となったのである。

財政的に余裕ができたら、その資金はなにに使うのか。『稽古談』では、続けて産物廻しの資金難が語られる（31）。

産物廻しのことなぞは大ひなるものなれば、まわせば利の大ひに得らる、ことなれども、金手まわらねば産物を買上ることならず。買上ることならねば、民へ利をとらすることならず。民利をとらねば面白からず。民面白からねば、物沢山に出ぬ也。

当然、その資金の少なくとも一部は産物廻しに投資されると連想されるのだが、『稽古談』では産物廻しの資金調達として続けて説かれるのは、農民の間での金融講と掛金の代わりに商品をあてる代物無尽の結成である（31〜36）。しかし、これは正確ではない。『枢密談』には、次のように論じられている。

枢密賞とは、「家中の枢密賞は、武事（武器の方が正確、注吉田）に心がける事奇特なりと誉る。百姓は国益と誉る。（中略）商人をば他国へ多ふ商ひを広ふする事を誉るなり」（163）とあるように、身分に相応した産業活動に貢献したものへ出される賞である。そのなかでも、「枢密の尤《もっとも》大切にすべきは商人なり。国の金を他国へ取らするも商人也。他国の金を吸取るも商人なり」と、商人が重視された。しかし、そこに問題があった。「いかゞすれば金がふへると問はゞ、元手があればふえると答ふるにちがひなき事なり」と、資金難である。そこで、「然れば才智の商人に、上より極内々元手をかしたならば、近国の金はみな此方へ吸取る理なり」と、藩からの金融援助が提案されたのである（164）。

財政再建がなされたときの剰余金の一部は、産物廻しの資金にあてることが予定されていたに違いない。しかし、それでは当面、間に合わない。そのために『稽古談』では集金のために講を説いたのであろう。

それでは産物廻しとは、具体的にどのようなものであろうか（稽古談93）。

産物まわしの法は、前にいゝたる丹波園部の法を用ゆべき也。又、品によりては大坂にして、大坂へまわすべきこと也。大坂・京・大津のるいばかりが、うりはらひ場にて、外にはなきにあらず。大都会にてはどことでも引合ふことできる也。且、外の都会と引き合へば、此方のしろものを売り払ふのみにあらず、其都会の物をやすふしいれてくることも出来る也。又、自国の物を他へうり、他の物を自国へかい入る、のみにあらず、他の物を他へうりてもよきこと也。あき人にあきなひをさせること、国のはぢにもならぬこと也。所詮、米をうらねばならぬ武家のことなれば、物をうりたりかひたりすること、又甚《はなはだ》の醜行《しゅうこう》といふことにもあらず。

ここで「丹波園部の法を用ゆべき也」といっているのは、右にみたように園部藩では専売制を実施していたが、産物廻しはしていなかったから、専売制をいっているのである。専売制の下で実施される産物廻しとは、たんに大都市へ出荷するのみではない。逆に輸入する。大都市と交易するだけではない、他領とも交易する。さらには他領の商品を買って他領へ売りさえするのである。「家中が商事会社になる」[29]との指摘もあるが、少し違っていると私は思う。

たしかに最後に、「米をうらねばならぬ武家のことなれば、物をうりたりかひたりすること」は「醜行」でないといって、藩士が直接商売をするように読めるが、そうではない。その直前に「あき人にあきなひをさせること」とあるように、直接商売をするのは商人である。藩士がすることは「あきなひをさせる」とあるように、その上にいて指揮するのである。その具体的内容は、右にみた金融面の援助と、「自国の市にも、市の目付をつけて、市のしらべをする」（稽古談93）とあるように、自国市場の管理・統制である。ほかには園部藩にみたように、対外的な対応が挙げられる。

商業における商人の実力は、とても否定できるものではなかった。その理由は一つには右に『枢密談』にみたように、対外的な交易は商人が行っていたからである。他面では領内における信用からみても、藩との落差は歴然たるものであった（御衆談138）。

凡《およ》そ前々も御買上と書たる所は、皆町人をつかふて町人に買上さする也。百姓にせい、織元にせい、上より御買上と云事を甚いやがるもの也。只とらる丶様に覚へて、至て恐る丶もの也。町家のかい上、家《ママ》はやすふてもよろこぶ也。上の御買上といへば高ふてもいやがる也。これが下々の情也。

要は「一国一と味方になりて、他国の金を吸ひ取るとは、産物まわしが其機密也」（稽古談92）と、藩の下、領民が一致団結して産業活動を活性化させて、領外から金銀を稼ぐのである。藩の役割を今の会社に比定するならば、持株会社であろうか。

なお産物廻しの商品としては、「珍らしからぬ、いつでも沢山あるものを、大荷物といふこと也」（陰陽談266）と指摘している。日常的に大量に消費されるものである。単純なことのようであるが、青陵が商品貨幣経済の発展の実態をよく理解していたことを示している。

青陵は増産と産物廻しとで、「先づ富ますにしくはなし。富むがとんと始り也」（稽古談69）と、富ますこと、他領から金銀をえることを説いた。そのためには領主が「世話やきよふ、ゆきとゞか」（稽古談23）して百姓を鼓舞する。そして、農民が利益をえて「百姓うかる丶也。己《おの》れが労をもうちはすれ《忘》て、産物をやたらに出す」（稽古談24）ようになったときに、巻き上げ法を実施するのである（稽古談93）。

扨、民の産物をまわしてやりて、上にもそのまわしてやる入用を納ると云ことが、まきあげ運上の始まり也。最初は必要経費の徴収を口実にするのである。そして、巻き上げ法の完成はすべての産業活動からの徴税となり、上下の金銀の循環を円滑にする（稽古談89）。

皆天の御定の一割の利息なり。田地・山海・市陌《しはく》を民にかしつけて、一割の利息を滞なふ取れば、金銀はぐるり〳〵とまわりて、たり《足》ひづみ《歪》なふ、めぐりておるよふにしかけたるものと見へて、水には潤下の理を云ひ、火には炎上の理を云ふことは、全く循環端《はし》なきよふに、貨利めぐると云ふことを教へたるもの也。「市陌」からも、すなわち、これまで年貢・運上を上納しなかった町人からも運上をとることになり、これまでと違って「商賈の民は富みて、本業の民は貧也と云ふことをきか」（稽古談89）ざる社会になる。もちろん、領主財政も安定化するのである。

青陵は巻き上げ法の注意点を、巻き上げ法は「まきあげすぎれば下が極無になる。凶也。まき上げきかねば上が極無になる。凶也」「上下等分にゆくを天の理としたるもの也」（稽古談87）と指摘している。巻き上げ法は領主と領民がともに利益をえなければ、「凶」破綻するとの指摘である。巻き上げ法は領主と領民との、豊かで安定した社会を目指しているように思われる。しかし、意図しているところはそう単純でない。次にこの点を解明していこう。

五　理想と現実

青陵は徹底して封建的な賤金思想を批判して、商品貨幣経済の発展に順応した経済政策をとるように諸藩に求めた。青陵は現実を直視して、財政破綻に苦しむ諸大名のために発想しているのである。それでは現実から離れて本来はいかにあるべきか、青陵の理想の社会とはどのようなものであったのか。そして、それがなぜ封建制を危機に赴かせるようになったのか。青陵の考えを確認しよう。

青陵の思想の特色の一つは、愚民観を強調する点である。「下は智のなき愚なる人々也」（稽古談10）。そうした民に道徳を教えるのは、貧国の元である。彼らは肉体労働に従事すればよいのである（枢密談163～164）。

民の忠孝仁義を誉る事甚《はなはだ》いわれなき事也。忠孝仁義は士の持まへなり。民が忠孝仁義をはげむはかどちがひなり。士が田を作り、箱をさし、商をするにちがひたる事なし。国貧になる始り也。唯《ただ》、民はちからを労する事持まへなり。骨を折ててんぐ〳〵の業を出精する事第一なり。忠孝仁義をとゞむるにあらず。かどちがひゆへに上よりかまう事にあらず。上では民の各の業を出精するをよろこぶ事なり。忠孝仁義は下民へ求むるゆえんにあらずと知るべし。

儒教では、人はみな能力的には同等で、道徳性を身につけなければ禽獣と同じとみる。身分差が生じるのは、士は修養によって道徳性を身につけるが、肉体労働に追われる民は修養のための時間的余裕がなく、道徳性をみずから身につけることができないからである。民が道徳性を身につけるのは士の徳化、見習うことによるのである。したがって、民に道徳を教えることを否定した右の引用文でも、「忠孝仁義をとゞむるにあらず」の一文が入っている。青陵の民衆の道徳観は、儒教そのものであったのである。

強い愚民観をもった青陵は法家の法治主義を採用し、簡法厳刑主義を主張した（経済話319）。

簡法とは、民の情の守られぬ事をば守らさぬことなり。誰にても守らるゝ事を守らすなり。誰にても守らるゝことを守らぬ人を、急度刑すると云ふことなり。厳刑とは、当りまへの刑よりも重くする事也。

「誰にても守らるゝ事を守らす」。しかし、それに違反したら厳刑に処すのである。なぜ厳刑に処さなければならないのか。それは、みずから道徳性を獲得できない愚かな民は、「刑せねば民の風はなを《お》らぬ」からであり、「厳刑なれば民悪事をせぬ也。上の自由になる也」と、厳刑を恐れて支配に従順になるからである（経済話322・323）。

儒教の愚民観を主張した青陵であったが、そうした存在は孔子の時ならば一般的であったが、当時の日本にそれを求めるとしたならば、「今の木曽の山中か、佐渡・隠岐のはなれ嶋の民のよふに、質朴なるものでありしと見ゆる也」（論民談539）と、山間や離島の僻地にしか認められなかった。

右の愚民観の分析からいえることは、青陵が論拠とするもの、理想と仰ぐものは古代（より正確には中国古代）のものであった点である。それでは理想の古代の経済的環境はどのようなものとして、とらえていたのであろうか（老子国字解949）。

古《いにし》へは己《おの》れが畑へ出来たるものを菜にして、田へはへたる米をくひて、家で織るものをきて、己れが林へ出来たる木で、家をつくりてすまひたるもの也。ケ様なればとんと商ひに出るわけもなければ、（中略）民もとなりむらへもゆく用事はなき也。

衣食住ともに自家製のもので生活する、村外へ出ることもない完全な自給自足の生活である。民衆ばかりではない。支配者も同様であった（善中談490）。

此時には天子も諸侯も地方知行の大夫士も物を買ふ事なし。みな己《おの》れが知行処より出るものにて衣食をするなり。銭金の働く事今の様なる事は古今なき事なり。

ただし「此時」とは、この文の直前に「古書を読ぞこなひたる」「論孟に利に遠ざかる」「乱世」とあるから、中国古代を念頭に置いている。貨幣経済の発展していない社会である。それでは交易はなかったかというとそうではなく、「孔子の時分は多はしろものがへ也。売買の話に非ず」（待豪談959）と、物々交換であったとみなしている。

自給自足を原則とする素朴な古代は、青陵にとって理想の時代であった。それ故に青陵の本音は、「古《いにし》へは文字なし、覚へは帳面なきゆへに縄を結びて、大小をわけて覚へし也。今の俗をだん〴〵古《いにしえ》へみちびきて、後には縄を結ひし古《いにしえ》へかへしたらば、又古《いにし》への民になるべし」（老子国字解949）とあるように、復帰すべき時代であったのである。この点は次節に論じるとして、それではなぜ危機的な現状に陥ったのであろうか。

その原因は幕府の奢侈政策のためであった。『稽古談』によれば、それは三代家光のときから始まった。「それより御代々ごとに、すつすつと風俗す丶みて上る也。衣服・家居・飲食・遊嬉のことは、昔しに十倍も二十倍もせり」の状態に至った。しかし、『稽古談』では八代吉宗の「倹素」以後、事情が変わったことが述べられている。とくに一〇代家治からは、次のようになったと述べる（59〜60）。

天下一統の奢侈の風と云ものになりたるゆへに、上の御奢侈は一向になけれども、下々の奢侈　甚《はなはだし》きゆへに、とりなを《(お)》すこと甚六ケ敷《むつかしき》こと也。

これは幕府の奢侈がやんだといっているのではなく、「天下一統の奢侈の風」となったために、幕府の奢侈も含めて「とりなを《(お)》すこと」変更ができなくなったと述べている、とみなすべきである。奢侈の中心が幕府から「下々」に移ったのである。

幕府が奢侈の政策をとった理由としては『待豪談』に、「とかく御入城程なき事なれば、万事かろ〴〵しふては御威光輝ず。故に一年々々に御威光のかゞやく仕置をしたる事と見へたり」と、威光を輝かすため、権威づけのためと説明されている。それが継続して、「御一代ごとにりつぱに成る。一年ごとに大そうになる。今迄段々のぼり〴〵して、只今の世の勢ひに成たり」と、「勢」人力ではいかんともできない状態になっていると指摘している。その結果、大名の財政は破綻した（964）。

それは一日ごしに登るにちがひなき事也。一日ごしにのぼる故に、諸侯方の御物入多く成也。一日ましに御物入多ふなれば、所全《詮》段々御勝手向六ケ敷《むつかしく》ならねば叶はぬ事也。是《これ》は畢竟昔し一日ましに御威光かゞやく様に、早ふのぼる様に〳〵としたる形が今以《いまもって》のかぬ故也。

「諸大名ともに国用の半ば江戸入用」（経済話323）であったが、それが拡大したのである。加賀藩の場合、幕初以来、「米をば十万石づ丶大坂へ船にてまはして、其金をば国へは取り寄せず、すぐに江戸の屋敷へ廻して、一年参勤の物入」（稽古談37）にあてていた。その金額は当時の米価で「三万両にも充つまじ」なのに、当時の江戸の必要経費は「十五、六万両も年に江戸に出」る現状であった（経済話324）。実に五倍以上になっていたのである。

そのうえ武家には、御三家と加賀藩は免除されていた（新墾談312）が、一割の役金が賦課された。旗本には小普請金か寄合金である。大名には金ではなく「御役」が宛がわれて、「年々に取らずに、三年も五年もためて、いちどきに取る」のであった（稽古談52）。かくして大名は倹約ができなくなっていた（稽古談26）。

> 今の大名は大倹約をしたふても、江戸の御役をつとめねばならず、同席のふるまいをやらねばならず、他出をもせねばならず、一万石十六騎の軍役をもそろえねばならず、上野増上寺の予参登城前対客つき合、皆その格ほど《程》やい《合》ありてせねばならず、そこで身上むずかしくなる也。

幕府の奢侈政策のために、諸藩の財政は破綻した。幕府がこの政策を採用した理由は、右にみたように、「御威光輝」すためであったが、それは諸藩にとっては、幕府の大名統制策としての弱体化政策であった（経済話324）。

> 大猷院様（三代家光の院号、注吉田）の思召には、大名富みて居れば、異存を貯ることも有るべしと御思惟なされて、大名の貧になる仕掛をなされたるもの也と承る。此御計策も権謀にて、久遠に行ふべきにあらず。唯今《ただいま》は、諸家共に皆御勝手御不如意なれば、中々乱を起す抔《など》と云用意金はなき也。左《さ》れどもゆるむれば大名富む、富めば又知るべからざること故、ゆるめられもせぬなり。唯、貧に困《くる》しませてさへ置ば、気遣はなきことなり。江戸にては、諸大名の武備のゆるむが御計策なるべし。

諸大名が富裕化すれば「異存を貯る」ようにもなるので、幕府は貧窮化政策を採用した。諸藩の財政再建を図る青陵としては、当時の諸藩は財政難なのでその必要はなくなっていると判断している。しかし、幕府としては緩めれば異存を抱く大名が出てくると、やめられないでいるとみているのである。

さらなる問題は、右にみたように「奢侈の風」が「天下一統」のものになった点である。より正確には、その推進力は支配者から被支配者に移った。奢侈は商品貨幣経済の発展をもたらした。したがって、奢侈は都市から封建制の基盤である農村へと拡大していった（稽古談60）。

奸猾になりて奢侈をするものは工商也。此《この》工と商と、恣《ほしいまま》に奸猾になりたるゆへに、農へもそろ〳〵うつり、種々の物を植つけ作り出し、山のいたゞき迄種をまきて、扨《さて》、役人の目をくら《暗》すめて、入り金の多きよふにすることゆへに、近年の町方の立派、村方の立派と云こと、月々日々に進みて止《と》めどもなき様子也。

とくに右の引用文でも理解できるように、町人の抬頭が問題であった。経済の実権は都市の大商人が握り、京都・大坂の商人は江戸から巨額の利益をえて、幕府を窮乏化させるほどであった（富貴談528）。なお、ここでいう「大府」の意味は直接的には江戸の町であるが、「大府」と表現して江戸の町と幕府とを兼ねて表現している。また、壑は音ガク、穴の意。

大府の金、日夜に京大坂へ行くは、京大坂、大府を以て壑とするゆへ也。面白き機を織り出して、大府の人をうかすゆへ、遂に貧乏と云悪水を大府へぬく。金の利息を軽くして、面白きしゆ方を工夫して、大府の人をうかすゆへ、遂に貧と云悪水を大府へぬく。

日本経済は江戸・京都・大坂の三都を中心にしていた。したがって、諸藩の経済は三都に従属し規制されていた。それ故に諸藩の富は、三都に奪われる構造になっていた（富貴談528）。

京と大府と大坂とは三ケ津と云ふ。日夜知恵をくらべて、互に壑にせん〳〵と争ふ事也。凡此《およそこの》三津の外は大国といへ共、智恵をたゝかはす事、三ケ津の様にいかぬゆへ、遂には三津の壑となる事と知るべし。

経済の実権を掌握した三都の大商人は、幕府権力から富を収奪するようになっていたのである。なお、その中心が大坂であったことは、ここで改めて論じる必要はないであろう。

商人が経済力を強化する原動力は、右にみたように「智恵」である、と青陵はみなしている。「智」は、「倍々ふえる」もの（燮理談460）と青陵は指摘する。青陵には人間の智の進歩史観といえるものがあって、昔と同じ智の水準では成功しないと、たとえば次のように説く（洪範談619）。

宝暦の世の人は、世人の智の長さが皆一尺ありたるなり。金をもふけたる人の智は二尺ありたるなり。世人の智皆一尺なるに、此人ばかり二尺ありたるゆへに、世人はもふける事がならぬに、此人はもふけたるなり。文化の世の人は、智の長さが皆々三尺もあるなり。（中略）今は二尺あれ共、世の人の智が三尺あれば、是《これ》此人の智が世人よりは一尺みじかいと云ふものなり。世人よりも一尺みじこふて何とて金がもふかろふぞ。（中略）昔し世の中の人皆一尺なりしときに、唯《ただ》一人二尺ありたる男が文化の世におりたらば、決して五尺か六尺の智あるべし。世の流行のだん〳〵巧みになるは、小児のそだつよふなるものなり。

智は町人によって、たえず向上していた。かくして、「下々の智慧有て計策を働くこと、今の世程かしこきことあるまじ」と認識し、「下々の人に用心をなされいと云ことなり」と、青陵は支配層に警告を発するのである（稽古談16）。

それでは智とは何か。智とは単純化していえば、知識とか知恵の意味であるが、儒教では仁義礼智の徳の一種である。その智に青陵は道徳全体の意義を認める。たとえば、儒教の支配は道徳支配である。その頂点に立つ帝王は、天理に通じた最高の道徳性をもつ人であることが理想であった。この原則に基づきながらも、青陵のいう王とは、次のような存在であった（洪範談646）。

天・地・人の三才を貫き通して、其理をあまさずもらさず持ておる人が王なり。天地の間の第一の智者と云事なり。

理に通じた王は、「天地の間の第一の智者」とみなされたのである。したがって、本節の初めにみたように、儒教にあっては支配者と被支配者の違いは道徳性の有無（正確には被支配者は受動的）にあるのだが、青陵の場合は、それが智に置き換えられた。

それにもかかわらず、商品貨幣経済の発展は民衆の智を進歩させた。それは青陵に、「今は民の方が士大夫よりもやつとするどふて巧捷智恵也。これを世の移変と云也」（諭民談539）との危機感を抱かせるほどであった。かくして青陵は本来「人は皆同格」であり、支配者と被支配者の差は智であるか、愚であるかの違いなのだから、支配を確立させるためには、「下は愚」にしておかねばならないと、次のように説いた[30]（老子国字解812）。

下々の者が皆かしこふなる。下々皆かしこふなると、上の手にはとんとを《(お)》へぬ也。下は愚がよき也。上は智がよき也。凡《およ》そ人は皆同格也。上の人も人なり。下の人も人也。人が人を自由にせんとする事は元来六ケ敷《むつかしき》事なり。今指は腕より小さきもの也。故に腕の自由に指をつかふ事也。如《も》し指の大きさ腕ほどあらば、何とて腕の自由になろふぞ。下は愚ゆへに上の自由になるなり。如し下の人上の人と同じかしこさならば、何とて上の自由になろふぞ。

青陵は経済的に破綻した武家に危機感をもった。そこにとどまらずに、支配者の資格であると認めた「智」の側面においても、危機感を抱いたのである。

六　領主主導の経済体制の再確立

青陵は自給自足の経済を理想としていた。それにもかかわらず、商品貨幣経済が発展して、武家は経済的に破綻しているのみでなく、支配者の資格とみなす「智」においても、主導権を喪失しつつあった。これほどの危機感をもちながら、青陵は危機の原因である商品貨幣経済の発展を説いた。民を鼓舞して富ませ、巻き上げるのである。その目的はなんであろうか。

青陵は、巻き上げ法は困難な事業だが、天理に基づく、しなければならない政策であると説く（稽古談87）。

下より上へまき上るは甚六ケ敷《むつかしき》こと也。めつたな人にはできぬこと也。できにくきことなれども、せねばならぬこと也。せねば天の理にちがふこと也。

巻き上げ法の困難さは、十分に発展させることのほかに、青陵が救済の対象にしている諸藩が幕府の統制下にあり、そのために諸藩は競争を強いられるからである。青陵が、「江戸の大政はしらず。いわず」（稽古談92）との趣旨の発言を繰り返すのは、その反面であり、それを正面から論じれば、幕政批判になりかねなかったからに違いない。しかし、青陵は『植蒲談』において、巻き上げ法の実施を幕府に期待して、以下のように論じている。

青陵はこの方法を「直段《ねだん》上げの法」と命名した。全国的に新たに消費税を賦課する高物価政策である。したがって、この政策は「天下を丸きり持たる家で無ければ、うまふは行れぬ也」と、幕府にのみできる政策として提唱された（146）。

当時の高米価低物価政策は、「武士の買物をばやすふして、売ものをば高ふする」ので、「武士に奢侈をさせんとする」政策である。青陵は直接述べていないが、武家の消費の拡大は町人の経済活動を活性化させる。したがって、「下々の奢侈を止め」させることはできない。武士にも奢侈をさせない政策でなければならないと、高物価政策を提唱した。その方法は、まず全国的に次の安売禁止令を出す。長文であるが全文を引用しよう（146～147）。

近年四方繁昌、万民智を励し種々勘弁功捷になりて、諸色の直段《ねだん》日々に下りて、飲食衣服に至るまで、旧の四分一、三分一の直段につめても引合様に工夫して、日々に相競えて安うりする事、天下一流也。是《これ》泰平の

> 有様とは云ひながら、あまり諸色の下直《したね》なるによりて、諸民の奢侈なる事夥敷《おびただしき》事也。奢侈夥敷事になれば自然に法を犯して、御制禁のものを相用ひて、相互にほこり合ふ事に成る事古今一徹也。是全く太平打続て諸色多ふなり、万民智功に成て遊嬉にゆける故也。以来は諸色の直段をばずつと引上ぐべし。諸色直段引上ぐれば、万民奢侈自然と止む理也。且、相競ふて安売を致す故に、直段は安き事なれども、しろものは麁末に成て損じ安き也。結構品の損じ安きものを売買致すゆゑに、万民かへりて困窮する也。昔はしろもの堅ふて直段高かりし也。近来は代物脆《もろ》ふて直段安し。万民の為にならぬ事也。されば安売といふ事、以来法度に申付るゆゑに、決して安売いたすべからず。ずつと高売に致すべし。

値下がりの原因は競争のためである。その弊害は、一つは奢侈になり「御制禁のものを相用ひ」るようになったことである。また品質の低下を招いて、「万民かへりて困窮」の原因になっていると指摘している。

安売禁止令の結果、「既に今高きものをば人々買ず、人々諸色を買はねば質素に成たる也。結構なる品は猶《なお》高きゆゑに猶々人が買はぬ也」「高ければ奢侈止む理也」と、値段の高い品物を人々は買わなくなり、必然的に奢侈はやむと、その効果を述べる。理屈のうえでは、そういえる。しかし、商人としては「高ふ売りてはくれ《暮》ぬゆへに高ふせぬ也」と、高値では売れないので生活が成り立たない。かくして安売りは続くと見込んでいる。そのとき、消費税を賦課する旨の再令を出すのである(147)。

低物価は奢侈の元であるが、「高ふせいと触れても、高ふせぬ訳」は、商人は「安ふ売りても引合」うからである。それ故に、「高ふ売らねば成ぬ勢」にするために、「売れ高一割上へ御引上げ」させる。そして、「諸国の大名へも此事仰付られ、一ケ所にても売れ高一割引あげぬ所あれば、急度御糾明仰付らるゝ」。かくして「日本国中の物価惣躰高ふ相成る事なれば、安売りをする事成ぬ勢になるべし」と、高物価政策が全国的に貫徹される(147)。その結果、幕府・諸藩の財政は安定を取り戻す。下賜品も多くなり、上から下への金の流通も円滑になる。

なお、それでも安売りが続けば、運上金の割合を高くするのである（147～148）。

上にも一割の引上金を御積り見なさるれば、多年の御倹約残らず御ゆるめ、昔の通り下されもの諸事沢山にあるべき間、上より下へくだる金は滞りあるべからず。少も高ふ売て、高一割上へ差上ぐべし。カ様に仰付られてもやす売致すときは、上金の割を御増なさるゝより外仕方なき也。

一方、人々は物価が高いので、「是非なければならぬものは買ふべし。買はひでも能品《よき》は誰々も買ぬ」ようになる。それは「質素」で「倹約の行届きたる」生活であり、「奢侈の止みたる」状態になるのである（148）。

領主財政が安定を取り戻すだけではない。無税であったために「奢侈は町家の事也」といわれたなかでも、「商人はもふけ高多し」と、とくに問題は商人であった。その商人から運上金を取り、「奢侈のならぬ様に」するので（149）、商人の経済力は低下し、幕藩権力は経済の主導権をふたたび掌握するのである。

右の値段上げの法は、全国統治をしている幕府のみ可能であった。諸藩でこれを実施できない理由は、「一国の大名是《これ》を行へば、其国の直段《ねだん》高きゆゑに、他国のものまぎれ入る也。且其国の国産他国へ出ぬ理也」と、物価高のために一方的に自藩から金銀が流出するからである。青陵は諸藩向けの代替案として、『植蒲談』に続けて株式改の制度を提案した（149）。

株式改とは、「盗賊悪党博奕師」などが領内に入り込み、若者を誘って治安が乱れているのでこれを口実として、取り締まってから実施する。領民には次のような趣旨を述べて、納得させる。「株敷極《きま》らぬ」者が、すなわち職業の不確かな者が沢山いるから、「あぶれもの御領内へ」横行して、「悪党の根本」になっている。そこで「今度株敷改めといふ事を仰せ出されて、あまねく株敷を改め、扨《さて》、あやしき人は勿論、たわひもなき株敷の者は株をかえべきやうに仰出さるゝ也」と、すべての領民の職業の株敷を再確認して、職業統制・整理をする。もちろん、遊民は認めない。その後も、「一年に四度」改めを行うのである（149～151）。

その必要経費として、「本株え入る時に、株敷銭」を上納させるのが、巻き上げの始まりである。株敷銭は、「其家の貧富に従ひ、其株の品に従ふて多少ある」ものである。その後も、株敷銭は徴収される。とくにこれまで運上金を上納してこなかった工商の町人に対しても、百姓の年貢と同様に毎年、上納させるのである。そして、その金を大坂商人に預けて、利金で「株かへの者へ御憐憫を下され」たり、「自国の為」になる事業に融資するのである（151～152）。

巻き上げ法がきかなくなり、みなが奢侈を続けていると、はてはどうなるかを確認しておこう（稽古談86）。

> 歴代の下の奢侈になるを、上へ巻き上げべきを、どこかしかけのぜんまいちがふて、巻き上げのきかぬが桀《けつ》紂《ちゅう》のときなるべし。酒池肉林は此ときの奢侈の頂上と見ゆる也。上如ㇾ此酒池肉林を作りたることとなれば、下もやはり奢侈になりたることなるべし。桀紂の亡びたるは、桀紂のあしきゆへなるべし。奢侈の頂上になりたるは、役人のあしきゆへ也。巻き上げきかぬゆへ也。巻き上げよふきけば、奢侈にならぬはづ也。奢侈にならねば、下にて上を怨まぬはづ也。下にて上を怨まねば、湯武はおこられぬはづ也。湯武のおこりたる所をみれば、下が上を怨みたる也。下が上を怨みたるところを見れば、下が奢侈になりたる也。下が奢侈になりたるところを見れば、下に金銀さがりて、巻き上げがきかぬの也。

桀紂が酒池肉林の奢侈を極める一方、「下もやはり奢侈にな」っていた。青陵は当時の日本と類似の関係をみている。「巻き上げよふきけば、奢侈にならぬはづ」「下にて上を怨まぬはづ」なのに、桀紂の時代は「下が上を怨みたる」「下が奢侈にな」った時代であった。民が奢侈になるのは、「下に金銀さがりて、巻き上げがきかぬ」からである。しかし、なぜ「巻き上げがきかぬ」と、「下が上を怨」むようになるのであろうか。その理由はここでは明記されていないが、奢侈になった民、いいかえるならば、実力をつけた民に対して、金銀のない王は恩恵・仁政を施せないからである、といえよう。その結果は、王朝交代になったと憂えているのである。

前節でみたように、青陵は古代の質素な生活を理想としていた。その一方で青陵は財政破綻した諸藩に、商品貨幣経済の発展に対応して、領民を豊かにする富国策を提唱した。その目的は、「かしこい民をおとなしひ民にし、奢侈の民を倹素の民にしようといふ工夫」（稽古談80）であったのである。それ故に、その一方で青陵は民衆に対して、質素な生活をするように説いた。

「稽古談」の伝える、越後蒲原郡一ノ木戸の大庄屋小林某の話は、その典型である。寛政四年（一七九二）五年にこの地を訪れたときは貧しい農村であった（95〜96）。しかし、文化元年（一八〇四）に再訪したときは、高米価のおかげで豊かになっていた。それにもかかわらず、大庄屋の小林は「米のやすきときは貧でありそふなるものなるに、米のたかふなるに順《したご》ふて貧になると云ふは、いかゞのわけなりやと」（97）、青陵に質問した。奢侈に流れて出費が増大したためである。

この質問に答えて青陵は、「よき世の中」とは「膝きりの木綿衣服をきて、芋の煮ころばしで、ひや飯をくふこと也」、「くるしい世の中」とは「釜をかけてちん〱とたぎらせて、けつこうな干菓子で淡茶《うすちゃ》をのみて、絹布の衣類で立派な家にいること也」と述べた。そして、「倹素を守」るように諭したのである（98）。

古代の質素な生活を理想としていた青陵が、質素な生活に戻るように求めていたのは、百姓・町人ばかりではない。値段上げの法は、武家も奢侈ができない方法であった。それは百姓・町人に比べて、相対的なものでしかなかったかも知れない。しかし、青陵の理念としては、巻き上げ法は領主が経済の実権を掌握して、上下ともに奢侈をやめて質素な生活に戻ることにあったのである。[31] 次のようにもいっている（老子国字解853）。

民に稗団子をくわせて、己《おの》れは二汁五菜を喰ふといふは出来ぬ事也。（中略）少私寡慾を平生行ひておれば、そろ〱と古《いにしえ》へかへるなり。

七　理論的な問題点

三節にみたように、青陵は『書経』「洪範」が原論で、『周礼』が方法論であると述べていた。それが矛盾したものであることは、そこでも指摘したが、本節ではこの点を考察して、それが意味するものを明らかにしよう。

青陵が「洪範」を重視した理由は、「皆六経は天理の注伝」と理解する青陵にとって、とくに「洪範は凡《およ》そ天地の間の万物と万事の規矩なり」と、事物の「規矩」＝「定木《じょうぎ》」であったからである。事物は、「天地の間の事物なれば、天地の理で推して推せぬ事はなし」と、理でとらえることができる。しかし、まずは「何か定木を取てこれから推し出さねば、手がゝりなき事なり」と、理をとらえる「手がゝり」となる「定木」が必要である。そして、「此《この》手がゝりを書きのべたるが洪範なり」と、理解したのである（洪範談585）。すなわち、「洪範」の記す「定木」が「手がゝり」となって、事物をとらえる理に達することができると考えたのである。具体的には四大の説である。しかし、この説は解釈学としての経学からみるとき、ほとんど成り立たないものでしかなかった。

「洪範」は、周の武王が、亡ぼした殷の王子箕子《きし》に、殷に伝えられた統治法「彝倫《いりん》」を質問したのに対して、箕子が答えた文である。その最初の節に水火木金土の五行が語られ、続く節と結びつけられて、「洪範」は五行説の元になった経典である。それを青陵は、『老子』第二十五章「象元」の四大を利用して解釈した。そこで、「象元」の全文をまずみてみよう。(32)

物有り混成し、天地に先だつて生ず。寂《せき》たり寥《りょう》たり、独立して改まらず、周行して殆《おこた》らず、以て天下の母と為《な》す可し。吾《われ》、其の名を知らず。之《これ》に字《あざな》して道と曰ひ、強ひて之が名を為して大と曰ふ。大なれば曰《すなわ》ち逝《ゆ》き、逝けば曰ち遠ざかり、遠ざかれば曰ち反《かえ》る。故に道は大なり。天は大なり。地は大なり。王も亦大なり。域中四大有り。而して王も其の一《いつ》に居《お》る。人は地に法《のっと》り、地は天に法り、天は道に法り、道は自然に法る。

この趣旨は、世界には天地人道の四大があるが、道は天地に先だって生じたものである。したがって、その秩序づけは道天地人の順になるが、「道は自然に法る」のである。それ故に、窮極的な存在は自然であると、自然の意義を説いた章である。

この『老子』の四大から、寛政六年（一七九四）四〇歳ころに、青陵独自の四大の説、そして巻き上げ法の潤下・炎上の理論を完成させた。それは三節にも紹介したが、次のようなものであった。「動かぬ数」定数は天地人などに示されるように、三である。『老子』の四大はこの定数に、「又一つ活きたるものを入れて四にしたる」ものである。それが気である（洪範談586）。気は陰陽であるから数は五となる。五行に配当すると、定数の三は水・火・土であり、気は木・金である（洪範談595）。

この解釈は、右の『老子』の道を気に置き換えているのみでなく、この章が自然の意義を説くのを主旨としている点をまったく無視している。それのみでなく、五行の水火土は定数で、木金は気であるとは、「洪範」のどこにも書かれてはいない。青陵の所説は、古典の厳密な解釈から生まれたとはおよそいえない、断章取義的な傅会の説との批判は免れがたいのではないか。

さらに青陵は自説を強化するために飛躍をした（洪範談588）。

其後に仏書を見るに、釈子は四大種とわけたり。大種といふも、洪範といふも同じ事なり。やはり物の理を推す手がゝりの大法なり。其後に桂川氏にきけるは、欧駱州《ヨーロッパ》の大法あり。四元行といふよし。元行といふも、洪範といふも同じ事なり。

すなわち、『老子』の天地人道も、仏教の地水火風も、ヨーロッパの水火土気も同じとみなすのである。青陵の所説が世界的普遍的なもの、といいたいのであろう。しかし、そこになんらの論証もなされていないのである。
青陵の用語の概念が厳密さを欠くことは、多くの用語に関していえる。典型はもっとも重要な用語である道と理である。右に青陵が道を気に置き換えているのをみた。ところで、青陵の理とは「左《さ》なければならぬすじ」である。青陵は右の『老子』第二五章を解説して、「物とは道をさしていふ」（老子国字解864）のだが、なぜ天地が開闢したかを次のように述べる（老子国字解863）。

先《まず》道とはどふいふ事なれば、最初天地の開けはじむるじぶんに、左《さ》なければならぬすじといふものがあつて、開けたる也。（中略）即ち左なければならぬ理也。然れば左なければならぬ理といふものは、天地に先だちて出来たるものに相違なき也。

ここでは道と同じく理が天地に先立って存在し、その作用によって物＝道から天地が開闢したと解説している。そして、「皆この理といふものは具しているものなれば、是《これ》何物ができるときにも、すでに一しよに理が混じて、ついていてはなれぬものゆへに」、理はどこにでもあると述べて、次の飛躍をする（864）。

然れば 即《すなわち》 天下の万物は皆この左《さ》なければならぬといふ理から出でたるもの也。是《これ》天下の万物をうみ出したるといふもの也。天下の母といふてよきもの也。扨《さて》、只今まで此《この》左なければならぬ理といふもの、名がなひが、わしは此左なければならぬ理の名を道とつけてを（お）く、何といふ字を此名にわりつけても合はぬ。ゆへに道とつけておくと云ふ事也。

飛躍して青陵は理と道を同一視する。[33] およそ物質的な根源と作用的な形態は分けて考察しなければならないが、青陵はそのような厳密な作業はしないのである。[34] 理と同一視されたのは道のみではない。「無為」とは「自己流の無きといふ事也。天理に従ひて己《おの》れを用ひぬといふ事也」と規定して、次のように述べる（老子国字解808）。

故に無為と云ふも、理といふも、天といふも、道といふも、神といふも同じ事也。皆左《さ》なければならぬ理といふ事也。

青陵は用語の概念規定が厳密でないばかりではない。それを作用させる方法においても一貫性を欠く。智はその典型である。青陵は智を重視した。五節にみたように、智には道徳全体の意義が与えられた。帝王とは、「天・地・人の三才を貫き通して、其理をあまさずもらさず持ておる人」で、「天地の間の第一の智者」であった（洪範談646）。「天・地・人の三才を貫き通し」た人とは、理に達した聖人である。すなわち、「第一の智者」たる帝王は理に達した聖人である。それでは、どうすれば智はえられるのであろうか。四大の説に依拠するかぎり、次のように説くのは当然である（洪範談588）。

> 五行もやはり水・火・土・気なり。気を二つにわりて、陰・陽とわけたるゆへ五つとなれり。（中略）四大なりとすれば、智湧出るなり。

ところが、青陵は智を獲得する方法を説くとき普通、定数の三を使用しない。「心二重に立て智を生ずる也」（待豪談953）と、心を二つに分ける。分けた心を「将帥心」「士卒心」などと、青陵独自の用語で呼ぶが、典拠は、「心を二つにわくる事を詳にのせたるは、書経には道心惟《これ》微《び》人心惟危しとあり」とあるように、『書経』「大禹謨」にある道心と人心である。道心とは道徳性のある心、人心とは欲望の心である。「将帥心」の道心を「あきらかに、りんく〳〵とみがきたて、置く」一方、道心が「士卒心」である「人心をたゞす」のである。ただし、「たゞす」とは否定することではなく、「けれども大将も雑兵《ぞうひょう》をむごふしては、又敗軍になる也。むごひ目にあわさぬよふにつかふがよき也」と、苦使することなく適正な水準に保って使うのである（老子国字解802）。

儒学とは、儒教古典全体を一語一語解釈して、そこから理論体系を構築する学問である。こうした見地からみるならば、青陵の原論の所説は成り立ちがたい、矛盾したものであった。こうした側面は、方法論として採用した『周礼』にもいえる。

三節でみたように、青陵は『周礼』が偽書であることを知っていた。しかし、内容的に評価できるとして、方法論として採用した。これは異常な方法で、偽書であるにもかかわらず採用するとしたならば、全体的にはともかく、その部分は学問的に信用できることを証明しなければならない。

そのうえ、「周礼は売買のこと也」（稽古談24）とまで述べた。しかし、青陵は四節にみたように、年貢は物納であることを前提にしていた。また『周礼』で運上金として取るのは「贖刑《しょくけい》・売爵」のほかは、商工業関係のみであると、次のように明記している（稽古談89）。

周礼の運上は紗布《しふ》・総布・質布・罰布・廛布《てんふ》、これだけは農の十分一の外の十分一也。紗布は百工の運上也。今、司空の属《しょく》欠たれば、どふして取りたることやら知れぬ也。総布は升座秤座也。質布は手形証文の日限のおくれたるもの、運上也。罰布は市中の町法にそむきたるもの、運上也。廛布は諸しろもの、運上也。布は泉布也。銭のこと也。運上金を取り上ることとこれほど也。是《これ》自然に金を上へ巻き上る法也。

そして、国家制度を論じた『周礼』のこの側面だけを肥大化させて、『周礼』は商品貨幣経済に対応して発展させる書と、強調したのである。正確には六節で明らかにしたように、巻き上げ法が成功した暁には、商品貨幣経済は抑制されると見込んでいたのであるが。

経学的学問的見地からみると、青陵の見解は問題の多いものであった。しかし、経世論という見地からみると、たしかに先学の説を発展させたものといえる。商品貨幣経済との関係でみるならば、徂徠の対応可能、春台の対応不可能を経て、積極的推進に方向転換させた、偉大な思想家と認められる。(35)

学派的な見地からいっても、青陵は先学の説を継承して発展させた経世家であった。学派に関しては二節で述べたように、青陵は「わかきときから何派の学問にてもなし、即《すなわち》、鶴が一家の学也」（稽古談111）と断言していたが、徂徠学の系譜の人であった。青陵は徂徠を、「徂徠はなるほど古今沢山になきよき学問の人也」（稽古談

14）と高く評価する。したがって、三節にみたように、拠るべき聖人は堯舜禹湯文武周公の作者七人であったし、拠るべき経典は右にみたように六経であった。これにかぎらず、青陵の所説には徂徠学的な要素が多く認められる。

それにもかかわらず、青陵は自説の理論的核心といえる四大の説を、『老子』を導入して成立させた。青陵は老子を「老子は真の儒者也」（老子国字解798）と、とらえるのである。異端に肯定的だったのは老子ばかりではなかった。五節にみたように、青陵は法家の説も積極的に採用していた。こうした異端に対する肯定的な態度は、異端を枝分かれした思想として包摂しようとした徂徠、異端をも含めて総合した儒学を打ち建てようとした春台の方向性を継承したといえる。

その一方、徂徠学から出発した青陵であったが、多分に徂徠学に批判的・否定的であった。徂徠学は古文辞学を方法論としていた。そして、理は聖人のみがとらえることができると棚上げして、聖人の制作した礼楽刑政の道を説く政治学であった。しかし、徂徠没後、春台は古文辞学に否定的になっていた。これに対して、青陵は「古語をそのまま用ゆる程、文章のさがる仕方は無し。古語を其儘用ゆれば、古語に無き事はかけぬなり」（文法披雲714）と、古文辞では今日の問題に対応できないと、古文辞学を否定した。

そこにとどまらなかった。理を重視した青陵は、朱子学の理に批判的な人に対して、「宋の儒者をにくむ人は理外といふ事を云ふ。（中略）理外と云ふ事あろうはづなし。（中略）天地の間の事は皆理なり。皆理中也」（天王談501）と反論した。この反論は青陵の理が朱子学と無縁でないことを示している。それどころか、青陵は性理学としての朱子学を肯定しているのである（養蘆談214）。

宋の時に性理をいふ事はやりて、物の根本をきめる事儒者の業に成りたり。是《これ》は国も物なれば国の根元よりきめて目のちからを養ふ仕掛にて、尤《もっとも》千万成《なる》事青陵のいう理とは「左なければならぬすじ」法則であった。しかし、ここで「性理」といい、「物の根本をきめる」というかぎり、窮極的な原理としての理も含まれていると考えられる。その一端は、右に「天下の万物は（中略）理から出たるもの也」と述べているのをみた。青陵が朱子学に批判的な理由は、「だん〳〵論は奥の方へ〳〵と入て、口元の政の方へ出て来ぬ也」と、抽象的な議論に流れて現実の政治の問題に対応しないからであった。それどころか、精微さをました性理の議論は、一生かかっても解決できないものになっていたからである（214）。

今治平を捨て性理の奥に骨を折て、此性理の所で日が暮て、年が老《おい》て死で仕舞へば何の用にも立ぬむだ骨折也。

青陵は朱子学の理を肯定したが、その方法は否定した。したがって、青陵が朱子学的な窮理のための修養を語ることはない。朱子学的な方法に代わって、青陵は独自の研鑽によって四大の説をえたのであるが、青陵と朱子学の関係は意外と近いものであった、といわなければならない。なお五行説を採用したのも、徂徠は、「陰陽・五行は、つひに儒者の常言となる。その説牽強にして、通ずべからざるに殆《ちか》し」[36]と、五行説を否定しているから、朱子学の影響といえよう。

青陵は朱子学に多く学んでいる。この点も、朱子学に近づいた春台の方向性を継承発展させたものといえる。青陵は先学の成果・方向性を継承・発展させた思想家であった。しかし、青陵の方法は独善的で断章取義的なものであった。こうした弊害に陥った理由の一つは、三節にみたように青陵の古典を解釈する方法が、「言」を正確に読み取ることではなく、「孟子の意孔子の意を師にすれば間違事なし」（養心談420）と、主観的に意味内容を読み取る点から生じたものである。しかし、理由はそれだけにとどまらないであろう。

青陵は先学に学びながら、真摯に問題解決のために思索したに違いない。青陵は「今日唯今」（稽古談29）の問題に取り組んだ。儒者である青陵は当然、儒教の古典に依拠する。青陵が儒教的古典に依拠しながら、独善的な解釈に陥った理由は、儒教の体系が、さらには儒教的な知識の総体が時代に対応できなくなっていたことを示している。儒教はこの時代、道徳の教か、ある問題を考えるときの手掛かりを与えるものに過ぎなくなっていたことを、青陵の思想的格闘は物語っている、といえよう。

現実の問題と真剣に格闘した青陵は、本来儒教的古典に書かれていないことを、そこから読み取ったのである。ここに青陵の偉大さがある。

八　展望

青陵は商品貨幣経済が発展したために破綻した諸大名の再生のために思考した。封建制度を再編・強化するために思考した思想家であった。たしかに青陵は諸藩が生産力を拡大し、民を富ませて藩外から金銀を獲得することを説いた。しかし、その目的はその成果を巻き上げて領主が経済の実権を回復し、質素な自給自足の社会に戻すことを理想としていたのである。

青陵が封建主義の思想家であったことは、愚民観の持ち主であったことからも確認できる。五節にみたように、青陵は愚民といえる存在は僻地にしかもはや存在しないと理解していた。それどころか、民の智の向上は、支配者である武士を凌ぐほどであると認めていた。それにもかかわらず、愚民観を強調し、むしろ民は愚かにしておかなければならない、と説いたのである。

また青陵は、年貢・運上は一割であると述べた。この数値は儒教が理想とする井田制の年貢率であり、青陵が依拠した『周礼』の数値であったから、儒者の常言といえるものかも知れない。しかし、年貢率は四公六民であった。青陵も、旗本も幕府に一割上納していると述べたところで、「米の一石上る処を百姓にあづけて、それを三つ半だけとるを云ふ也」（稽古談52）と、年貢率は三五パーセントであると認めている。青陵はこの重さから眼をそらしている。青陵が都市や農村の貧しい人々のために説くことはない。人は働かなければならない。施行米を受けるような働かない民は、「天の民を生ずるは一人にて喰へる仕掛にしたるものなり。喰へねば喰はずに死すべきはづなり。死すべきはづの人を生けるは、政のきずなり」（枢密談175）と、救済することなく、死ねばよいとまで述べるのである。

それにもかかわらず、青陵の提唱した対応策は、封建的な制度・思想を批判して、嘱目するに値するものであった。しかし、六節にみたように、青陵の巻き上げ法は困難な事業であると認めていた。その理由は、諸藩は幕府の統制下にあり、また諸藩は競争の坩堝のなかに置かれていたからである。

幕府は大名統制策として貧窮化政策をとっていた。競争は量産・品質・価格・流通・資金と多方面に及ぶ。少しでも気を緩めると、他藩に侵される。しかも、全体的に発展しているとはいえ日本国内という限定された市場、それも幕府の支配する三都の中央市場を中心にしたなかにおいてである(37)。

おそらく青陵は、明るい展望をもって巻き上げ法を提唱したのではない。財政破綻した諸大名にとって、幕府の統制と諸藩間の競争の下、これしか方法がない、少なくとも今の体制のままでは、との思いで提唱したのである。その後は、成功して理想が実現するのではなく、諸藩間の競争戦は体制が崩壊しないかぎり続くのである。

今、私は「今の体制のままでは、との思い」と記した。もちろん、青陵がこのようなことを明言しはしない。かえって青陵は、「江戸の大政はしらず。いわず」（稽古談92）との、幕府政治に関しては語らないとの発言を繰り返す。しかし、青陵は徂徠や春台が当然の前提としていた近世国家の三制度、幕藩制・石高制・鎖国制に対して、現状を打破するために否定的な発言をするのである。

石高制に関しては、本田畑の本年貢は物納を前提にしていたが、何事も売買と、経済の中心が商品貨幣経済であることを、徂徠・春台に比べて質的といえるほど高く強調していた。そして、六節の桀紂のたとえにみたように、巻き上げ法がきかなければ、はては国家は滅亡する、と示唆していたのである。

幕藩制のあり方にも批判的であった。諸大名が財政窮乏に陥ったのは、幕府の大名統制策として軍備を増強させないために、参勤交代させて出費をしいたからであった。青陵は奢侈の原因を城下町集住に求めるよりも、幕府の政策である参勤交代制に力点を置くのである。五節にみたように、青陵はこの点を指摘して、「此御計策も権謀にて、久遠に行ふべきにあらず。唯今は、諸家共に皆御勝手御不如意なれば、中々乱を起す抔《など》と云用意金はなき也」（経済話324）と、明確に廃止すべきだと主張していた。さらに加賀藩に対しては金銀の流出をとめるには、参勤をやめるべきだと、次のように述べている（経済話318）。

三ケ国の外へ出たる金銀は、此方の金銀にあらず。然らば、出すまひと云て御参勤を御止めなさるか、江戸の御出張を御引きなさるか、なさらずば他国へ金の出ること止まじ。

もちろん、この発言は加賀藩とても将軍の支配下にあるのだから、できないとの前提で語られている。しかし、右にみた参勤交代制を否定する発言とともに、青陵が問題の解決のためには、参勤交代制の廃止、幕藩制の根本的改革が必要であると考えていたことを示しているのである。

また、青陵は四節にみたように、軍団としての武士のあり方にも懐疑的であった。儒者であった青陵にとって、支配者である武士の仕事は政治が中心であった。それ故に、「天下にても、文官は武官の十倍あるゆへに、諸藩にても文官多し」（稽古談66）と述べる。この比率は人数比だとしたならば、逆といっても間違いない。そんな単純な間違いをするわけがないから、そしてこれに続けて文官の職種を列挙して、「皆文官のもちまへ也」（66）と述べるから、この比率は仕事の量である。

ところで、軍団に編成された数多い武士の仕事は、「番をする外はひま也」の現状であり、「しわざなふて生ておるは、喰つぶし也」と非難される存在であった（稽古談63）。したがって、「今の武士は、唯《ただ》治世の武士にて、乱世の武士にあらず。治世には武士は入らぬもの也」（稽古談62）と、青陵は明確に否定さえする。

青陵は土着を説かなかったけれども、城下町にいて仕事がなく、奢侈な頽廃的な生活をしている武士は、改革されなければならなかった。そこで枢密賞という褒賞制度を設けて、「古《いにしえ》の武士は、武具も馬具も大かたは自身に拵《こしら》へたるもの也。武士は武具・馬具も自身に作り、馬すそ抔《など》も自分にすべきこと也」（稽古談62）と、古武士のように武器の生産をし、馬の世話も自分でするように改めることを提案した。その効果のほどはともかくとして、仕事のない軍団に組織化されていた武士は、働かざる者、食うべからずを主義とする青陵にとって、否定することもできない厄介な存在であったことは疑いない。

鎖国に関しても、青陵が懐疑的であったことを示す発言がある。幕府と諸藩、そして諸藩間で対立しているから、競争しているから巻き上げ法の成功は困難であった。それを成功させるためには、どうしたらよいのであろうか（稽古談92）。

鶴、江戸の大政はしらず。いわず。諸藩の政をいへば、豊臣公の朝鮮せめのしかけ宜しき法也。公、吾邦のありさまを見玉《たま》ふに、東西南北相攻めて、戦闘止む時なし。そこで外国を攻る事を始め玉へりとい丶つたふ。日本を一と味方にして、外域を敵と見る法也。今、下の金をまきあげんとすると、下は上を敵と見る也。上下交々《こもごも》相敵とするは、これ甚《はなは》だ下手《へた》なること也。豊公の故智を以て見れば、一国一と味方になりて、他国の金を吸い取るといふ法、甚宜しかるべしと思ふ也。ケ様にして一と味方になりておきては、少々過料をとりすぎても、少々贖刑《しょくけい》を行なひても、民怨《うら》むまじき也。

国内的対立を解消するために、朝鮮に出兵した豊臣秀吉の故智にならうのである。日本全体が一丸となって、外国と戦うのである。もちろん、これを経済に応用して、外国から金銀を奪うのである。すなわち、鎖国の否定である。ただし、右の引用文のはじめのほうに、「諸藩の政をいへば」と述べるように、この文は諸藩の改革方針を示したものである。もちろん、最後のほうにある「一国」と「他国」の「国」は藩の意味である。それ故に秀吉の故智を引用したのは、上下の藩内対立を解消して一藩「一と味方になりて」、他藩に対処することが必要だと説くためである。そうしてこそ他藩から金銀を獲得し、また領民からも金銀を巻き上げられるのである。

しかし、ここで青陵が、国内的対立を解消するために秀吉が外国を敵として「日本を一と味方にし」た、との故智を取り上げたことは、国内的な対立を解消するためには眼を外国に向けなければならない、と青陵が考えていたことを暗示しているのではないだろうか。

また青陵は王覇の弁を唱える。青陵のいう「王」とは「天下」を支配している「外なき」存在、当時の日本では幕府である。「覇」とは「隣国」と併存している「外のある」存在、諸藩である。しかし、視点を世界に変えてみれば、「江戸様も隣国あり、大きう云て見れば、支那も朝鮮もオロシヤも隣国也。オロシヤの勝手あしいよう、此方の勝手よきよふにと云は覇也」（養心談419）と、幕府（日本）も世界の競争場裏に位置づけるのである。ただし、国内の経済問題に終始した青陵は、当時、ロシアやイギリスが問題を起こすことはあっても、幕末のように体制の危機的状況になかったからであろう、これ以上の言及はない[38]。

青陵の眼が世界に向けられていたことは、思想的にもいえる。青陵は一六、七歳のときに幕府の蘭方医官の桂川家に同居していた[39]（天王談511）。その後も桂川家に出入している。七節にみたように、青陵は四〇歳ころ四大の説をえたときに桂川家に行き、ヨーロッパの四元行の話を聞いて同じだと認識した。その後も四大の説を語るとき、青陵はかならずといっていいほど四元行と同じと述べるが、内容的には同じという以上の、なにものもないといえる。

青陵に四元行を教えた桂川家の側は、どこからこれを知ったのであろうか。「四元行というのは、ギリシャのエンペドクレスの土・空気・火・水の四元素をいう」[40]とあるが、思想的な文献は禁書であった当時、まともにこの種の文献がえられたとは思えない。

四元行はキリスト教の伝来とともに伝えられた。たとえば、『妙貞問答』にも言及されている。[41]ところで、桂川甫周と交友関係にあった前野良沢は、安永五年（一七七六）に『管蠡《かんれい》秘言』を著した。その付録の「戯論五行」において、普遍的とみなした四元行に基づいて儒教の五行説を批判した。[42]したがって、桂川家はこの書から、少なくともこの交友関係から知ったと推測できる。ただし、青陵は五行説に基づいて四大の説を唱えたのであるから、中途半端な聞きかじりであったといえる。

青陵に蘭学の素養があったとは思えない。主著である『稽古談』を読んでも、オランダに関する話といえば、青陵の語ったもっとも有名な一節であるが、「阿蘭陀《オランダ》は国王が商ひをすると云て、どつと云ふてわらふこと也」（22）くらいしかない。青陵の著作に蘭学の影響は認められない。しかし、四大の説を老子の四大と仏教の四大種とヨーロッパの四元行と同じと主張したことは、青陵の理論が世界的な普遍性をもつことを示したかったからに違いない。それと蘭方医官桂川家との交際は、ついに生かされることはなかったけれども、青陵が問題解決のための新しい理論の構築のためには、異質なヨーロッパの思想に興味を持ち始めていたことを示しているのではないだろうか。青陵の時代は、以前にまして蘭学が発達したときであった。ただし、繰り返すようであるが、青陵自身が蘭学を学ぶことはなかったし、その知識は桂川家を通しての聞きかじり程度であったのである。

青陵はたしかに儒教的な経世論の最高峰といえる思想家である。本節ではその方向性がもつ可能性を展望した。たしかに青陵の所説は、儒学の伝統からみるならば、支離滅裂なものであったというほかない。だが青陵は現実を直視して、現実に対応できる新しいあり方を模索した、真摯な思想家であったのである。

（1）塚谷晃弘「江戸後期における経世家の二つの型――本田利明と海保青陵の場合――」日本思想大系『本多利明 海保青陵』解説、四四二頁、岩波書店、一九七〇年。

（2）蔵並省自「海保青陵」同右書解説、四八一頁。

（3）丸山真男「近世日本政治思想における「自然」と「作為」――制度観の対立としての――」同著『日本政治思想史研究』所収、東京大学出版会、一九五二年。なお引用は順に、二八七・二九四・二九七・二九七頁。なお傍点は丸山。

（4）同右書、引用は順に、二九五・二九五・二九五・二九六・二九八・二九四・二九八・二九八頁。なお傍点は丸山。

（5）塚谷前掲解説、前掲書、四三六頁。なお本段のこれまでの引用は順に、四三四・四三五・四三五頁。なお傍点は塚谷。

（6）同右書、引用は順に、四三六・四三六・四三四頁。

（7）同右書、引用は順に、四三九・四四〇・四四〇頁。

（8）蔵並前掲解説、前掲書、四八六～四八七頁。なお同著『海保青陵の経済思想』（山川出版）、第二章第三節二「青陵と桂川氏との交渉」参照。この書は、青陵の事績を丹念に追及したところに特徴がある。

（9）小島康敬「海保青陵――その思惟構造――」『江戸の思想家たち』（下）、研究社出版、一九七九年。なお以下の本段の引用は順に、九九・一〇二頁。

（10）同右書、引用は順に、一〇七・一一〇・一一二・一一二・一一二・一一六・一一四頁。

（11）同右書、引用は順に、一一八・一二三・一二五・一二五・一二五・一二六頁。

（12）渡辺浩「民ヲウカス――海保青陵の思想」同著『日本政治思想史』、東京大学出版会、二〇一〇年。なお引用は順に、二七七・二七九・二七九・二八三・二八三頁。

（13）同右書、引用は順に、二八三・二八三・二八四・二八六・二八八・二八九頁。

(14)同右書、引用は順に、二九四・二九九・二九九頁。
(15)同右書、引用は皆二九九頁。
(16)徳盛誠『海保青陵』、朝日新聞出版、二〇一三年。なおこの節の引用は六九頁。
(17)同右書、引用は順に、一六三・一七一・一七一・一七四・一七四・一七五・一八六・一八六・一八六頁。
(18)同右書、引用は順に、一九二・一九三・二〇七・二〇六・二一〇・二一〇頁。
(19)同右書、引用は順に、二二一・二九四・三二三・三二三頁。
(20)『稽古談』(『海保青陵全集』、八千代出版、一九七六年)、一〇五頁。以下、青陵の全集からの引用はこのように記す。なお、史料を引用するにあたって以下の処置などをした。片仮名はかえって不自然と認められる以外は、平仮名に改めた。適宜、振り仮名をつけた。原文が仮名のために意味が取りにくい場合は、漢字を傍書した。仮名遣いが間違っていて、意味が取りにくい場合は、今の仮名をカッコに入れて傍書した。明確な誤字は正しい字を傍書した。誤記か不必要な文字は(ママ)と傍書した。強調するために傍点を施した。
(21)青陵は「経済」の用語を経世済民の意味でなく、今日の意味で使用する場合が多い。なお一節に述べたように、徳盛は青陵の経世論を文学が基盤になっていると説く。しかし、次に述べる若い時に青陵は父と経済の研究をしたという逸話は、経世家として青陵の原点となっていることは、しっかり押さえなければならない。徳盛も、「原点がここにある。現実を思い切り卑近なところから捉えて、まずは今日必要な事柄から手を着ける(中略)発想の転換に、儒者でありかつ現実の経済改革の経験をもつ父青渓からの影響が大きかった」(徳盛前掲書、三一頁)と述べている。
(22)武部善人『太宰春台転換期の経済思想』、三七頁、御茶ノ水書房、一九九一年。
(23)『先哲叢談』、二四九頁、春陽堂、一九三六年。なお濤水には詩文・経学関係のほかに『社倉考』『事務談』『輔儲篇』の著作がある。
(24)太宰春台に関しては、本書第三章参照。

(25) 細井平洲は享和元年に死亡した。

(26) 青陵と蟠桃とは、「此人大坂もので学者の金持也。金持の学者とは違ふなり。商売は金かし也。それが書を読で経済に達したる也。鶴が諸談を見て大に感服して、其後は文通をする人也。是は歳も鶴よりも多ふて、五六十年金銀の理をのみ込たる翁なり。升屋の平右衛門の別家番頭にて小右衛門と云人也」（養蘆談180～181）とあるように、評価しあう知人であった。したがって、蟠桃が仙台藩の財政改革に成功したときの方法である指米と米札の話は、青陵の諸談の随所にみられる。ただし、蟠桃から蘭学の影響を受けた形跡は認められない。

(27) 金融を重視した青陵は、たとえば『稽古談』全五巻のうち、巻之三の大半を諸藩が大坂の蔵元から借金をする際の心構えを説いたように、財政改革のために大坂をはじめとする大都市の商人の援助と指導を仰ぐように、諸談の随所で説いている。

(28) 幕府は宝永四年に禁止した藩札の発行を、享保一五年に先例のある藩に限って解禁した。しかし、明治四年には二四四藩で発行していたというから（『国史大辞典』、作道洋太郎「藩札」の項）、以後のものには、米札のように条件をつけたのであろう。

(29) 渡辺前掲書、二九五頁。徳盛も「藩のいわゆる商社化を指向している」（前掲書、二〇六頁）と述べている。

(30) 青陵の「人は皆同格」との議論から、一節にみたように塚谷は「近代的人間観」を、小島は「一種の平等観」を認めるが、いずれも儒教的人間観を誤解した評価というほかない。青陵は次のようにさえいうのである（前識談574）。

人の位は何段も有ものなれ共、あろう分は貴人一階、中人一階、下民一階、禽獣一階と分て、禽獣へは隣り合せなるものなり。

(31) 一節に述べたように、徳盛は青陵の目的を、「智力で自立を果たす」点に認めていた（前掲書三二三頁）。しかし、青陵が指導した支配身分である武士や、農民・町人でも上層のものに対しては、そういえたとしても、青陵が理想としていた社会は、厳格な身分制の下、貧しい質素な生活であったことは、見落としてはならない。

(32) 新釈漢文大系『老子荘子上』、五二頁、明治書院、一九六六年。
(33) 青陵が理と道を同一視した論拠としては、朱子学の道が「事物当行の理」であった点が考えられる。
(34) 理を物質的な根源と作用的な形態にとらえた理由としては、朱子学の理が二つの側面をもっていたこと、すなわち法則としての理と窮極的な原理としての理＝太極であったことが考えられる。
(35) 荻生徂徠に関しては、本書第二章参照。
(36)『弁名』日本思想大系『荻生徂徠』、一六一頁、岩波書店、一九七三年。
(37) 青陵の富国策の欠点としては、人びとに質素な生活を求めた点があげられる。すなわち、内需の拡大を期待していないのである。
(38) 青陵の王覇の弁に関しては、徳盛前掲書、一七〜二一頁。
(39) 一節にみたように、蔵並省二は桂川家から理を教えられたと説くが、その論拠は「天王談」（510〜512）に載せる目貫の話である。しかし、二節で「天王談」（512）のこの続きの文を引用して示したように、この話は合点の行くまで青陵が徹底的に考え抜く人であったことを語っているのである。
(40) 塚谷前掲解説、前掲書、四三五頁。
(41) 日本思想大系『キリシタン書排耶書』、一五八頁、岩波書店、一九七〇年。
(42) 沼田哲「世界に開かれる目」、辻達也編『日本の近世10　近代への胎動』、二三四〜二三五頁、中央公論社、一九九三年。なお『管蠡秘言』は日本思想大系『洋学上』（岩波書店、一九七六年）所収。

第五章　本多利明の経済思想

一　はじめに

本多利明は洋学的な知識に基づき、世界に向けた交易による富国の実現、重商主義的な政策を説いた経世家である。時代を先取りしたといえる異色の思想家であっただけに、利明が注目されるようになったのは青陵と同様に、「明治の終り頃である」[1]。

もちろん、世界に向けた重商主義政策を説くその経済論は、戦前すでに高く評価されていた。本庄栄治郎は次の三点において、利明の見解は重商主義に一致すると説いた。第一に「進取発展・国家本位等の根本思想に於て」である。第二に「人口の多少は国富の増進に多大の関係を有するため、人口増殖の必要なること」である。第三に「外国貿易の方法によりて金銀を輸入し、国富を増進するを得べしと」の主張である[2]。

そこにとどまらずに本庄は、「更にそれ以上の卓説も亦少くないことは注意すべき点である」と述べて、次の三点を指摘した。第一に重商主義は、「貨幣を重視し、之を以て多々益々弁ずるが如き観念を有してゐたが、利明は既に早く此の如き誤謬を脱し、之を以て単に融通の具なりとし、其価値は貨物との比例によつて定まるものなることを説」いた点である。第二に重商主義は、「一国の利益は他国の損失を来すものなりと説きしに反し、利明は既に外国貿易が両当事国を利するものなることを」説いた点である。第三に貨幣の迷信から、重商主義が「貿易を一層重視し、商業を以て農工以上に過重視したが、利明は尚農業を重視することも強かった」点である[3]。

右のように本庄は利明をとらえて、「徳川時代全般の経済学者に比するも、最も傑出せる一人であり、最も異色ある思想を有せし一人なり」(4)と、高く評価したのである。

戦後、近世思想史における近代思想への流れのうえに、利明を位置づけたのは丸山真男である。荻生徂徠以来の作為の論理による、制度的改革の思想の発展のうえに利明を位置づけたのである。利明はかつてないほどに商人が栄え、士農が困窮している「時代認識から出発し」た。そして「空前の社会的困窮の根本原因」を、渡海運送交易を商人に任せている点に認めた。利明は「商業資本の無統制的跋扈に」、「時代の病弊を見出すのであるが」、「従来の論者」と違って、「商業資本の単純なる抑圧ではなくして、むしろその機能の国家的運営を内容と」した。またマルサス的人口論から、「『日本の土地限りの遣り繰り経済』を排して『海洋渉渡の明法』を掲げ」た。海運の確立による国内経済の安定のみならず、「進んで海外貿易と植民地経営による経済的振興を説い」たのである。(5)

利明は右のような改革、制度の建立を説いた。このとき蘭学を学んだ利明は、ヨーロッパ、とりわけ世界中に領土をもつ「英帝国の富強」を理想とした。ヨーロッパが富強になったのは、「自然と国家豊饒すべき道理を究て、制度を建立せし故なるべし」(経世秘策)と理解した。利明は彼我を比較して、「その拠つて来る一切の原因を「海洋渉渡」及「勧業開物」制度の有無に帰するに至つた」。しかも、「勧業の制度」とは「人巧の奇器名産の多く出産する制度」(経済放言)、すなわち工業製品である。ただし、「工業生産物は「奇器」としてしか認識されてゐないところに」、その限界を認めている。この制度がないために、天明の大飢饉のような「国内的悲惨を生じ」、またはロシアに千島を奪われる「国際的恥辱も蒙ることになる」。利明は制度を建立して、イギリスと並称されるような国家の建設を提唱したのである。(6)

右のように丸山は、「貿易・植民・勧業制度の樹立といふ」(7)近代的な側面を評価した。さらに稿を改めて、絶対主義的性格も二点指摘する。第一に、世界一の富強国になるということは、「天下の万民皆国君に忠節を竭《つくさ》んことを計りて信方《まさに》内に向ひ、万民内心一致して制度を扶《たす》け、国政を侵す者なければ罪人鮮《すくな》し」（経世秘策）という状態になることである。それは「全国民が――厳密にいへば最高統治者一人を除く全国民が――一体となって新秩序に内面的に服従する状態にほかならぬのである」。またカムチャッカに新国家を建設することを利明は説いたが、「そこに建てるべき国家に於て人材登用による官僚組織を構想してゐることで」ある[8]。しかし丸山は、「その制度を作為する主体はやはり武士階級に求められ、結局、「四民の階級厳立して遊民退散し世の中静謐《せいひつ》」（経世秘策）になることをその根本意図としてゐた」[9]と、その封建的性格を指摘するのである。

その後の研究状況は、「質的にも、量的にも、他の研究分野に期待できるような進歩はまったくみられないといってよい」[10]と評価されたように、停滞的であった。そうしたなかで、佐藤昌介が、「蘭書を翻訳するだけの能力を有していたかどうかは、きわめて疑問である」と指摘し、また阿部真琴の「誇張癖をもっている」を引用している点は[11]、確認しておくべきであろう。思想史を研究するとき、ともすれば対象となる人物のマイナス面は、軽視されがちになるからである。

塚谷晃弘は、利明の思想は天明の大飢饉を契機として、寛政七年（一七九五）の「自然治道の弁」によって確立されたと説く。自然治道とは、「国富をまし、農民を〝撫育〟するための自然、天意に則した経済政策」[12]、もしくは「それ自体が「天理」であるとともに、具体的な術策、すなわち国家豊饒策＝富国策であり〝作為〟によって到達しうる〝永久不易〟の理想像をも意味する、一種の複合概念といえる」ものである。その経世論の論理は、つねに次のように論じられると指摘した[13]。

万民増殖のためには、国産の増殖が必要、だが、国産には際限があり、国民には際限がない。そこで、この国用不足を補うためには、他国より力を抜きとること、金銀を取り込むことが必要、そのためには交易が必要、交易は〝海国日本〟にあってはなによりも海洋渡渉が必須条件、この海洋渡渉には、針路方位を明白にする天文・地理学が必要、天文地理には算数が必要。

万民増殖の豊饒策をとるのだが、そのためには人口論によって限界がある。そこで重商主義的政策を採用しなければならない。そのためには西欧の算数を基礎とした科学技術を学ばなければならないのである。

自然治道の模範が西欧諸国である。西欧諸国は「豊饒《ほうじょう》なるが故に剛強」（経世秘策）であり、「武を用て治る事をせず、只徳を用て治るのみ」（西域物語）の国である。さらに「その精神的支柱である」「キリスト教こそ「自然治道」の理にかなったもの、否その〝本然の理〟そのものであり、西洋の英雄＝聖人はこの「自然治道」の体現者であり、宣布者ということになる」とまで、高く西欧を評価した[14]。

その反面が儒教をはじめとする在来思想への決別である。利明は徂徠学の系譜の経世家であるが[15]、「従来の「経世論」にきっぱりと背をむける」。儒仏神は、「学問の〝横道〟であり、わが国の文明の進展を停滞させ、富国を阻害する無益なもの」だからである。理論的にも、利明の理は「〝自然科学〟の理である」。聖人も、その説は「富国＝〝国家豊饒策〟に無益であるがため」に否定された。代わって求められた英雄は、「天文、地理、海洋渉渡の道を開く」「才・徳・能兼備」の人であった[16]。

重商主義に関しては、「市民革命以前の絶対王政期の理論・政策」と規定し、さらに「利明の世界観、富国策の論理でうけとめた〝重商主義〟であると規定すべきであろう」と付け加えた。西欧との違いについては、「商人＝商業資本は否定する」、国内産業資本を発展させる「プランを示さない」点、そして西欧の「貿易の論理は、強大な軍事力を背景とし」ていたのに対して、利明の「基調は〝仁政〟的平和主義」である点を挙げている[17]。

利明の近代的側面を高く評価した塚谷であったが、現実の国内体制に関しては、「士農工商の階級も、諸侯の存在も」「徳川将軍の支配」も認める、「現状肯定の」思想であったと認める。そして、「理想と現実の矛盾」に、「何かわりきれないものをのこす」と述べるのである[18]。

宮田純は、利明の思想を時期的に三段階に分けて分析した。すなわち、①寛政七年（一七九五）の『自然治道の弁』、②同一〇年の『西域物語』『経世秘策』、③享和元年（一八〇一）の『交易論』『経済放言』の三期である。そして、三段階の進展を次のようにまとめている。①は「北方の諸島を内包する日本国の経済圏を適用範囲としたうえで、国内流通の円滑化と国内生産力の増大化の進展に則りながら諸問題の解決を図る」。②の「対外交易論は、将来的な人口増加傾向の展開過程において、国内開発のみによる生産力では対処不全となる現象の発生時に適用すべき安全網としての政策で」あった。③の対外交易論は「人口増加傾向とみなした現実社会に対する即時の政策」であると。[19] すなわち、わずかな期間であるが、利明の対外策は開発と人口問題との関係から、内向きから対外的積極策に変わったと指摘している。

右に諸家の利明論をみた。利明は絶対主義下の重商主義に近似した思想家として、高く評価されている。しかし、私が思うには、一つには利明が在来思想に表面、否定的であったとしても、そこから学んだものは何かである。また西欧を理想視したが、日本の現状との関連で、いかにしてそこに到達しようとしたかである。さらに利明の海外進出策は平和的であるとされるが、本当にそういえるかである。

右のように考えて、以下、本稿では次のように論を進める。最初に履歴をみながら、利明の学風を、学問的な悪い癖といわれるものも含めて確認しよう。次に視点と方法を論じる。とくに利明の基本的視点といえるものは、等閑に伏せられていたように思われる。そして、西欧の理想化の実態を確認して、国内開発から世界へ拡大する利明の論理を分析する。このような作業をとおして、理想と現実との狭間にあった利明の歴史的意義について再考しようと思う。

二　履歴と学風

本多利明は、幼名長五郎、長じて繁八、通称は三郎右衛門、北夷または魯鈍斎と号した。(20)「生国越後村上城下の士」として寛保三年（一七四三）に生まれた。後進地帯の越後は貧しかった。海保青陵は寛政五年（一七九三）に蒲原郡一ノ木戸を訪れたとき、人びとの姿を次のように描写している。(21)

女の分は皆むすびがみ也。衣類は皆腰きりありて、細き帯をしめて、頭に手拭をはちまきにしたる人多し。多くははだしにて、糞を背に負て往来す。扨々《さてさて》、蝦夷人を画けるようなる様子也。

貧しい農村地帯に育ったことは、後年経世家として思索を進めたとき、豊饒を目的として立論した大きな背景となったに違いない。算学を志した理由として、次のように伝えられていることも、この点を示唆している。

八歳の春志を起し、太平久しくして枕を泰山に安しぬれ共、いつか此期あらんや。年々歳々奢侈増長し、窮民は多くして国用日に乏しく、又人の生るゝも多くして遊民のみなり。故に天地に奉公する人少し。苛政専らなるゆへに国家富を失ふ。此理を歎て国家豊有ならしめん事を思ひて、此利を極めんと思ふには、算道にしかずと是《これ》を本となしぬ。

八歳の少年が右のような自覚をもったとは、とても思えない。しかし、八歳といえば学問を始める年頃である。はじめは無自覚であったであろうが、生長とともに正統的な学問である儒学でない、算学に熱中する自己を合理化するために、政治的社会的問題に思いを重ねていったのであろう。

この少年に、「父は此心をしらすして運筆を習はし素読をならはしむ」」、すなわち儒学を中心とした教育を強いたのである。その程度、また利明の儒学の実力を具体的に示す史料に欠けるが、利明はそうとう高い水準に達したと見通せる。なぜそういえるかといえば、「暦象考成上・下二篇、及同後篇、及儀象志の法を修してより、疑惑も解《とけ》て一点の曇霞なきやふに覚し」（西域物語97[22]）とあるように、利明は最初、西欧の科学的知識を漢籍から学んだからである。利明は漢学に通暁していたのである。

この点からみて、経世家として徂徠学から強く影響を受けたと認められる。それを示すものとして、第一に丸山が指摘するように、制度の制作という発想自体が徂徠学的である。また聖人は「堯・舜・禹・湯・文・武の聖王」（経世秘策29）ととらえられる。また利明の議論は英雄待望論に終始するが、期待される英雄とは、「本才本能あつて天地人の三才に通達したる人を得るにあり」（経世秘策42）という存在である。すなわち、制度を制作できる才能を持つ、「天地人」に通じた存在、徂徠学の聖人である。

同様のことは政策論にもいえる。一、二挙げると、「国政は人力を扶《たす》け費《ついえ》を省き、庶人の欲する所に随《したがい》て建立せざれば、永久に伝へ保つことは能《あた》はざるものなれば、人情をとるを主とせり」（経世秘策37）は、聖人は人情に基づいて道を制作したとの徂徠学の論理とみなせる。より具体的には、貨幣は純度の高い金銀がよいとし、また貨幣を交換手段としてとらえ、その価値は物資との比例によって定まるとの議論、すなわち「金銀は位貴きを以、治道に益ありとせり。殊に通用金銀は国産融通を司《つかさどり》て、四民の階級を正すの要務なれば、不レ多不レ少、諸色の直段《ねだん》中分なる所に際限を立て」（経世秘策14）との議論は、金銀貨に関して名目主義（貨幣購買説）をとった徂徠に対して、金属主義（素材価値説）で太宰春台が反論した論争[23]に学んでいると思われる。

一八歳のとき江戸に出て、関流の算学を今井兼庭に、天文学を千葉歳胤に、剣術を山県大弐に学んで、「奥儀を極」めた。二四歳のときから「算術天文剣術」の塾を江戸音羽に開いた。算学では、文化四年（一八〇七）に関孝和の百年遠忌を主宰し、「四方の算者関流四代と称しぬる事尤《もっとも》の義也」[24]と評されたほどの実力者であった。

蘭学を始めた理由は「天文算術」からと、次のように伝えられている。「本多利明先生行状記」は、利明の歳を「今年七十有三歳」と記しているから、文化一二年（一八一五）の著作である。そこに、それまでに蘭学を

「門人に教ゆる事四十年」とある。したがって、安永五年（一七七六）三四歳ころのことである。せっかく「天文数理」の蘭書を輸入しても、訳官に理解できる専門家がいなかったので、「無用の珍書」になっていた。「利明先生是《これ》を歎息して西洋の書を披《ひら》き、天文算術の理を以読《もってよみ》、初て其理の深切なる事を覚悟し」た。そこから利明の蘭学は、渡海の方法と天文地理へと拡大したのである。そして、経世家本多利明の誕生となる。

利明の蘭学の実力を疑問視する向きもあるが、小宮山楓軒と立原翠軒に、次のように書き送っている。[25]

一①西洋諸君政務書一冊、但蛮書のまゝにて候。追て翻訳出来候て可レ入二貴覧一候。

一②北地の事に付、色々深きわけ共有レ之候。二十三ケ年《安永八年（朱筆）》以前オランタの都の本屋にて板行に相成候地理書、私手に入候間翻訳仕掛《しかか》り、当時大半出来仕候。

一③先年ロシア本紀と申書二冊、大本にて新渡之所、（中略）此節其吏より私知人へ読訳候様にとの儀に付、預り申候。当時専に翻訳仕候間、出来次第可レ入二御覧一候。

利明は翻訳に努力したのである。蘭学の師をもたなかったといわれる利明が、翻訳ができるようになるためには、少なくとも初期は松平定信のいう「不学なるもの、字書をかたはらにを《（お）》きて、ひとつ〳〵みてよむたぐひならまし[26]」であったに違いない。そして、最後までたしかな翻訳家になれなかった理由は、利明の性格に由来すると私には思われる。それは利明の文章が、数量的にも内容的にも不正確な点である。ここでは各二例を紹介しよう。

『河道』に利明は、「江戸の人数上下万民ともに合せて凡《およそ》二千弐百五十万人程も有べし[27]」と書いている。最初、私は単純に一桁間違えたのではないかと思った。しかし、利明は『経世秘策』（38）に、「江戸一日の飯米惣高、凡《およそ》玄米九万石余」と記している。一人一年平均一石食べる当時の慣行からすれば、一日一人三合食べるのであり、九万石は三千万人分の一日あたりの米消費量となる。江戸は成人の男が多い都市であったから、利明が江戸の人口を二二五〇万人と認めていたことは、たしかである。

また利明は海運を重視したが、難破船の多いことをたびたび指摘する。その規模を、「毎次颶《はやて》に遇《あい》て難船・破船する事十に五、六に及べり」（長器論196）との数値を挙げる。また「米一品にても毎年平均しても、現石百万石にも及べし」（西域物語105）と述べている。大坂廻米が二〇〇万石程度であった時代である。難破船の高率な点とあわせて、これでは海運業自体が成立しないのではないかと、私には思われる。

内容的な事例を挙げると、オランダの開祖が、「其道を学ばんとて窃《ひそか》に館を忍び出て、フランスの都パリスと、ヱゲレスの都ロンドンとに忍び入、庶人に化して舶工に随《したが》ひ習ふ事三ケ年」（西域物語156）との話を紹介している。しかし、これは明らかにロシアのピョートル大帝の逸話の誤伝である。

また『河道』に利明は越後の福島潟の開発について、次のように記した。「天正の中比《なかごろ》」溝口秀勝が新発田《しばた》に封じられたとき、新潟の町の東側には福島潟という大湖沼があった。ここには信濃川・阿賀野川・加治川の三川が流れ込んで、その大量の水は十分に海にはけなかった。そのために領内は水害の常習地帯であった。そこでその対策を「長臣」に命じた。「長臣」は水利に長《た》けた老人をえた。その指導によって松ヶ崎に掘割して、「大川となせば国中の悪水忽《たちまち》大海へ引落」ちた。かくして「十ケ年を歴《へ》ずして郷村数百ケ村」が出來て、「領主の収納を増殖する事現米六十余万石に及べり」と(28)。

しかし、この話は『新潟県史』によると、福島潟の開拓は幕初には土豪と周辺農民による小規模なものであった。本格的な開発は六代直治の享保年間であった。同一五年（一七三〇）に松ヶ崎の掘割工事を実施して完成させた。ところが翌年に二度の洪水があって、そのために「新掘割は大破し」「大河となり、砂丘を突切って直接日本海へ注ぐ、阿賀野川本流となった」。その後、開発は本格化したのである(29)。

なぜ利明は、このような不正確な文章を書くのであろうか。その理由は数学と違って複雑な対象に、自分の記憶をたしかなものと思い込み、また十分な史料批判をしなかったからであろう。こうした悪い癖が、翻訳にも作用したのであろう。それにもかかわらず、私は利明の情熱と成果とを高く評価すべきだと考える。

蘭学を学んで世界に眼を向けるようになった利明は、北辺の問題に関心を持つようになった。天明五年（一七八五）に幕府が蝦夷地の調査を計画すると、働きかけて一行に足軽として参加することになったが、「然る處私義折節病気に付」、弟子の最上徳内を代役として参加させた(30)。また松平定信の老中在職中に、定信に蝦夷開発の意見書を提出した(31)。

寛政一一年（一七九九）には、近藤重蔵が蝦夷地に行くにあたって、若党として同行するように求められたが、「老年」を理由にして断った。そのために近藤は「立腹」し、「怨敵之様」になった(32)。利明が断った理由は、蝦夷地開発に消極的になった幕閣への不満が一つあったであろう(33)。それ以上に航海術を学んでいた利明には、北方への航海を実施して、航法を伝授したかったのだと思われる。寛政一一年に小宮山宛書状に利明は、「渡海の書、弥大成」するので、「カピタン役之者、今より選挙致置、其術教示致度」と、また「カムサスカへ早々乗付置度、右に付先《まず》日本船一艘、無理にも新造致度」「若《もし》私参候ても宜候は、密々可二罷出一《まかりいずべく》候」と、書き送っているからである(34)。

利明の希望は享和元年（一八〇一）に実現した。幕府の御用船凌風丸の船頭として、根室の先の虫類まで往復した(35)。この船には「御雇水主稽古《けいこ》乗《のり》船頭共十七人」が乗っていた(36)。

文化元年（一八〇四）には、「沖乗新法渡海之術相遺《あいのこ》し申度」、商人から一二〇〇両ほどの出資をえて、半櫓船を新造して松前を目指したが、冬だったので「中南部」で引返した(37)。失敗の原因を利明は、「半櫓船にては、迚《とても》沖乗渡海は難二相成一」と、半櫓船にした点に認めている。利明は上方では、「商人之内に何程も所持之者有レ之」惣櫓船にしたかったのだが、「惣櫓船関東にいまた打立候儀無レ之、若《もし》万一公儀より御咎め等有レ之ては」との理由で、半櫓船にせざるをえなかったのである(38)。ここで指摘できるのは、利明が新造した、もしくはしようとした船は在来の和船であって、堅牢な洋式帆船でなかったことである。

利明のいう「沖乗新法渡海之術」とは、三点の測量道具の使用が主であった。すなわち、「針盤、三十二方位の磁石なり」、羅針盤であり、「象眼儀」「日景及大星の光線を測るに是《これ》を用る」、天体観測器具であり、「秒測土圭」「時刻の経歴を測るに是を用るなり」、時計である(39)。つまり羅針盤と天体観測器具と時計で、時間と位置と方向を知ることにあった。この技術で、またこれをどれだけ使いこなせたかも含めて、どれだけ既存の方法より早く安全に航海できたであろうか。

享和元年（一八〇一）の北海道への航海では、五月八日に安房柏崎を出帆した。直後に難風に会い、上総興津で日和待ちをし、宮古に二六日に着いた。ここでも日和待ちをして、根室に着いたのは六月二三日であった。一月半かかった。帰りは七月一三日に根室を出帆した。宮古で日和待ちをして、八月九日に出帆した。その後、大風に会ったので銚子で「日数四十一日日和待仕り」、九月二八日に晴れて出帆した。興津と柏崎と浦賀に寄港して、江戸に着いたのは一〇月九日であった(40)。三か月近くかかったのである。

問題は日和待ちにあった。ところで、当時の航海はどれくらいの日数がかかったのであろうか。東廻航路の数値はえられなかったが、酒田から江戸までの西廻航路の場合、河村瑞賢が航路を開発したときは、三か月かかったが、天保期には平均で六〇・五日、最速で三二・三日であった。これだけ早くなった理由は天文航海術は採用されていなかったが、近世中期以降、磁石が使用されるようになり、また帆の操作法などの向上により、全面的ではないにしても沖乗りや夜間航海ができるようになって、日和待ちを減らせたからである(41)。事情は東廻航路でも同じであろう。まして利明の航路は西廻航路のせいぜい半分程度であったから、利明の航海が格別に早かったとはいえない、と私には思われる(42)。

利明は造船・航海術に関しては、それほどの高い技術を身に付けていたとはいえない。しかし、利明は専門技術者として評価されていた。殖産興業の分野でも評価されていた。利明は「諸国を遊行して天文地利を量《はか》り、名山大川国の肥饒《ひじょう》をしらへ」、殖産を教えたと伝えられる。ただし、利明の場合は青陵のように個人的におこなったのではなく、幕府、諸藩の依頼を受けたものである。こうした事例は三つ確認できる。

利明は天明六年（一七八六）一〇月に、「用事ありて」「僕《しもべ》と共に」、大飢饉のなかを会津領から仙台、さらに「相馬領、岩城領、南部領、津軽領、仙北郡」まで、「辛《から》き命を儲《もうけ》たり」との思いをして旅行した（西域物語123～127）。利明は旅行の目的を語っていないが、大飢饉のなかをこのような広域にわたる旅行をした理由は、幕命による実態調査だったのではないかと思われる。次節で述べるが、このときの経験が、経世家利明の基本的な視点を確立させたのである。

寛政六年（一七九四）ころに利明は備後福山藩の依頼を受けて、産業調査に赴いている。翌七年六月にその報告書『西薇事情』を提出した。福山藩がこの時期に利明を招いた理由は、天明六年（一七八六）の百姓一揆から改革を余儀なくされて、寛政改革を実施中であった[43]から、その参考に資するためであったとみなせる。『西薇事情』から利明の経済政策の特徴点と問題点を、簡略にみてみる。

福山領は二毛作地帯のうえに、生産性が高かった。田一反歩あたり米は最高で四石、裏作の大麦は五石も取れる。「如《かくのごとき》レ斯之良国は余に鮮《すくな》かるべし」と評している（186～187）。ただし、『広島県史』によれば、米は「反当収量が一石五斗から三石ほど（中略）二石を超える収量をあげることは珍しいことではなかった」[44]というから、例の数字を誇大に表示する悪い癖が出ている。それにしても生産力は高い。

したがって、「追レ年追レ月人民増殖する勢ひ」であるが、「今爰《ここ》に遠く慮《おもんぱかり》て、其策なきに於ては、終《つい》に産業不足になり、産子を間引之悪癖流行せん恐あれば」と、山と海における新田開発を提案した（187）。土地利用は「国中八分は端山之裸山、弐分は耕地之田畑なり」であった（186）。特産物としては、蒟蒻・煙草（187）・紙

(193)があり、とくに「畳表・綿之二品は甚《はなはだ》上品」(188)であった。そこで利明は畳表と木綿の増産を、新田開発より優先させるように提案した(189・190)。

畳表は「日本第壱之名産」であったが、「沼隈《ぬまくま》郡之内、山谷之村々に計《ばかり》作」られていた。それを「国中残なく葦《(藺の誤カ)》田と為し、表を出すといへども、猶《なお》多しとするに足らず」と提案した(188)。「上品」の福山領の畳表は「求とすれども、価高直《たかね》或は其品なく」と需要があるからであった。しかし、「問や之商人姦曲を」するので、「官に買揚《かいあげ》」て、つまり専売制にして、江戸から東北まで広汎に売捌くことを提案した(189)。

もちろん、その目的は「天下之金銀備後に駐《とどまら》ん事は、衣食住に係ればなり」(189)と、金銀貨幣を獲得して、豊かな生活を保障するためであった。しかし、田方のすべてを畳表の生産にあてるという極端な重商主義的政策は、米を中心とする自給経済を破壊して、無用の混乱を招くのではないかと危惧される。

木綿は「田地有高《ありだか》半分は綿、半分は米を作る」と、この表現は正確でないが、意味するところは田畑の半分で大量に生産されていた。しかし、「実綿或は繰綿《くりわた》」で出荷していた。そこで、女性が「糸に採り、木綿に織て」、すなわち、工業部門を導入して付加価値をつけて、綿布で出荷するように提案した。こう改めることで、「綿にて売之価と十倍せん」と展望している(190)。利明は言及していないが、田方をみな畳表の生産にあてるとしたならば、木綿の生産量を確保するためには、畑方のほとんどすべてで木綿生産をするほかないであろう。

領地の八割を占める山は、「端山之裸山」(186)であった。中国山脈の末端の丘陵地帯であったので、秣場になっていたのであろう。「材木を出す事」のないこの山の八割に、桑を植えて養蚕業を起こすように提案した。その結果は、「今之国民を倍するとも、猶《なお》多しとするに不レ足」と、人口の倍増をもたらすと述べる(190)。また「後々は拾万石之領地とならん」(191)とも述べる。山の残りの二割は「谷々之沢々にあ」るので「耕地にして」、その収入は「拾万石の領地なり」と見込んだ(190)。福山藩は一〇万石の大名であったから、山の開拓で二倍の新たな収入が確保されると説いたのである。しかし、すべての山を開拓してしまっては、採草地がなくなってしまって、農業生産に支障をきたすのは疑いない。

このほかに山間の荒廃化した村には、紙漉きがなされているので、「此紙を官に買上げ」て奨励し、「追レ月追レ年繁昌を添」えて復興を計ることを提案している（193）。

利明は田畑山のほとんどすべてに換金作物を植えて、商品生産をする重商主義的な政策を採用することで、よりいっそうの繁栄を説いたのである。しかし、問題を残す提案であった。米をはじめとする食糧の確保はどうなるのか。採草地がなくなれば、肥料代のために出費が多くなる。資金に関してはまったく言及されていない。また、これらの後には新田開発が予定されているが、資金面はもちろん、古田との関係はどうなるのか、明確でない。それ以上に利明には、政治的社会的問題への取り組みが欠けている。

天明六年（一七八六）に福山藩で一揆が起きた原因は、一つには天明の大飢饉のためであるが、根本は長年の重税にあった[45]。それを、「近年有司遠藤弁蔵謀計して、高一石に付、冥加と名《なづけ》、増租税弐升づゝ」賦課したので、一揆になったととらえる[46]。一揆の原因を一有司である遠藤の苛政に帰しているのである。一揆の結果、先納金も御用銀もなくなり、未進も三〇年賦になって「国中静謐《せいひつ》」になり、「其以後諸事御改革ありて」、「一同難レ有今を暮す」と記している[47]。一揆の原因と成果の間にずれがあるが、それはともかくとして、これでは重い本年貢は少しも軽減されたようには読めない。

この一揆が大規模になった理由は、商品貨幣経済が発展した結果、農民層分解が起こり、多数の貧農が生活に苦しんでいたからであった。それ故に一揆勢は豪農を襲った。利明もこの事実を「郡中の大庄屋共と目懸《めが》け、家宅を打破り、狼藉いたせしが[48]」と把握しているが、なぜ襲ったかは考えていない。かえって富裕層の存在は、「豪富あれば凶歳飢饉に当て、国用に達る者なり[49]」ととらえるのである。

『西薇事情』にみる利明の政策は、重商主義的な商品生産の徹底した推進である。この点はこれ以後の著書に、これほど明確には記されていない。しかし、次節以下に論じる利明の所説の基礎には、この見解が潜在していた点は見過ごすべきでない。一方、その弊害、マイナス面を顧慮していない。利明は自分がよいと思った方向に、ひたすら邁進する人であったといえる。

寛政一一年（一七九九）一一月に、水戸藩の運河計画の調査に水戸に来た(50)。翌年一一月にその報告書『河道』を著した。水戸藩での調査は、「立原君へ極内にて御密談（中略）万々一相洩《あいもれ》候ては誠に御両所様之浮沈にも相懸り候儀(51)」と、小宮山楓軒に書き送ったように、楓軒と翠軒の私的な内密の依頼とされる。しかし、利明は前年に「中山侯にも御目通り仕」と、付家老中山信敬《のぶたか》と会い、その後も「只一度御音便奉レ伺候へ共、奇才之賢君、時節を以御談判仕可レ申と乍レ恐《おそれながら》相含居候。貴君にも宜敷《よろしく》御謀可レ被レ下候」と、関係を保とうとした(52)。さらに『河道』の出来る直前の寛政一二年秋に、「中納言様より御憐愍《れんびん》を以御内々にて白銀二枚拝領(53)」と、藩主治保《はるもり》から銀二枚を下賜されている。したがって、事実上、水戸藩からの密命であった。

水戸藩は天明の大飢饉後、激しい農村荒廃に悩まされた。ついに寛政一一年（一七九九）四月に、藩主の弟の付家老中山を水戸に派遣して、本格的な改革を始めた(54)。この月には藩士に「非常の大議論と云とも不敬を罪すへからす」と広く意見を求めた(55)。利明の調査は、その参考に資するためだったのであろう。

利明は『河道』において、関東が荒廃する理由から説き始めた。そして、「是《この》色取検見有《ある》故なり。此邪法は神《かん》尾《お》氏の遺法なりといへり(56)」と断言する。しかし、これは明らかな誤解である。

色取検見とは、石高制の田畑の評価を無視して、坪刈によって年貢高を決める有毛検見と同じである。享保六年（一七二一）に著された田中丘隅の『民間省要』に、色取検見が言及されているから、関東でも享保年間に一部実施されていたようである(57)。しかし、この検見法が関東で一般的であったとはおよそいえない、と明言できる。

まして神《かん》尾《お》春央《はるひで》が勘定奉行に就任したのは、元文二年（一七三七）であるから、神尾によって始められたものではない。

利明はここでも不正確な記述をしたが、この悪政を除去することを論じたのではない。「今急に検見を停止し、定免取箇の定法と改革せん事は、迚《とて》も仕難き時勢なれは[58]」と、悪政の問題は棚上げにして、自論である水運を熱く説くのである。この点に関しては五節で触れよう。

利明の経世論の主な著書を年代順に列挙すると、次のようである。寛政七年一月『自然治道之弁』。同年六月『西薇事情』。寛政一〇年八月『西域物語』。同年一〇月『経世秘策』。寛政一二年一一月『河道』。享和元年七月『交易論』。同年八月『長器論』。同年中の八月以降『経済放言』。

この後の著作としては、文化元年（一八〇四）八月の『渡海新法』がある。また文化六年には、簡略ながら楓軒に「ロシア事今迄は無事にて大慶（中略）去八月中長崎渡来の艦アンケランド（イギリスのこと、注吉田）の艦にて蘭船を探索の為に罷越《まかりこし》候由[59]」と、フェートン号事件に関する情報を伝えている。しかし、文化年間になると、経世家としての利明の活動はやんでいく。文化五年にロシアの北辺への侵攻に、「西洋の事理に通達し、蝦夷地案内を能《よく》知たるは本多なりとて召抱らるへき御内定ありしに」、利明は「老年」を理由に断ったと伝えられる。文化一二年の利明を「本多利明先生行状記」は、次のように伝える。

> 今年七十有三歳、市中の隠の如し。壮健なる事は尋常の人に過て異なり、日々勤とする所は天文地利算術其他勝《かぞえ》るにいとまあらす。

非常に健康であるが、市中の隠者のように学問に勤めていたと伝える。なぜ利明は活動を停止したのであろうか。理由の一つは、右にみたように老年になったからであるに違いない。しかし、それだけではあまりに不十分である。健康であれば、著作・翻訳はできるからである。ところで、近世においては、地位にいないものが政治を論じること自体が禁じられていた。林子平が『海国兵談』を出版したために処罰されたのは、寛政四年（一七九二）であった。蘭学者が国を憂えて発言する環境は失われていった。利明の周りも安心できるものではなかった。寛政一二年に、次のように利明は書状に記した。[60]

妬《と》奸《かん》讒《ざん》佞《ねい》之徒、前後左右に付纏《つきまとい》ひ、実に火宅之境界、片時之安堵無レ之。

利明は慎重に身を処した。利明の著作は「数十巻」といわれるが、このうち出版したのは『経世秘策』上下巻のみである。しかも、同志に頒布した三〇部のみであった。[61]その末尾には「御政務を誹謗する様に聞へ、恐れ畏《かしこ》み奉りけれども、（中略）出位の罪を犯して書記し畢《お》はんぬ」（42～43）と記されている。

利明は文化六年（一八〇九）三月に、加賀藩に召し抱えられた。はじめての仕官であった。七月には金沢へ行き、半年留まった。そこで藩主前田斉広の諮問に応じたり、軍艦の模型を作ったりした。加賀藩への出仕は、利明の動きと無関係ではない。禄を食む身として、御政道を非議するような活動は、慎まなければならないからである。

晩年、静かな余生を送った利明は、文政四年（一八二一）三月一六日に、七八歳で江戸に没した。

なお、利明は剣術を山県大弐から学んだが、大弐からの思想的な影響に関しては七節で触れる。

三　視点と方法

利明の「全思想、政策の中枢に位置する」「「聖人の道」に該当する独自のカテゴリー」は自然治道である。その「直接的契機は、天明飢饉（一七八三～一七八七）の際の奥羽旅行による深刻な体験である」とされる。[62]たしかに天明の大飢饉の悲惨さについては、利明は繰り返し繰り返し述べるだけでなく、次のように困難な改革を開始する契機とするように説いた（西域物語128）。

改革は何とすると云《いわ》んなれど、難き事の頂上なれば、容易に噴難《ふきがた》く、都《すべ》て善悪の大端よりせざれば、万民得心せざるもの也。其大端は、前に云二百万人の餓死人有ば、是《これ》を以大端をなし、後来の飢饉を救助の慈策たらんと心得させ、是より開業に企《くわだつ》べき時節なり。

利明には天明以前の思想的変遷を確認する史料がないので確証できないが、前節に述べたように、利明は貧しい農村地帯に育って、貧窮化の問題に強い関心を持ったと伝えられる。したがって、天明の大飢饉の悲惨さを目のあたりにしたとき、思想的に大きく飛躍したことは十分考えられる。

しかし、だからといって、その由来を「西欧的な淵源をもつ」「〝西欧流〟自然科学によって学びえた「理」を基本とし」ていた(63)と、とらえることには躊躇する。なぜならば、利明の理論の最大の特徴点は、マルサス的な人口論だからである。それを次のようにも述べている（西域物語155）。

凡《およそ》天地の間に生を保つもの、次第に段々に殖《ふえ》ん勢ひは、万物永久相続の天則。況《いわん》や人は万物の霊長なれば、次第に増《まし》、段々殖んも天則也。

ここでは「天則」と、儒教の万物の根元である天の「則」、すなわち法則ととらえられている。前節にも指摘したけれども、利明は儒教から大きく影響されている。「自然治道」は訓読みをするならば、「自然の道を治める」と読むのであろう。「自然」は天地に、略して天に置き換えられるし、「道」はこの場合、朱子学の道、「事物当行の理」、すなわち法則であろう。前節で利明は経世家として徂徠学から影響を受けたと述べたが、この時期の儒学は一学派に限定する必要がないほど折衷的であった。

自然治道の概念が儒教に由来するとなると、「本多利明先生行状記」冒頭の次の文章が注目される(64)。

太極両儀を生じ、両儀八卦を生す。両儀とは陰陽分離して天地と成を云なり。天地は万物を生す。是《これ》自然の理なり。

ここでは儒教の先天の思想を語り、天地の生成を述べたのち、「天地は万物を生す」と記している。万物は天地の陰陽の運動によって生じるのだが、それを「自然の理」と言い換えている。理とは右にみた法則としての理、すなわち道である。自然の道とは「天地は万物を生す」の意味であったのである。

ところで、「天地は万物を生す」とは、より積極的な表現をすれば、『易経』「繫辞下伝」の「天地之大徳曰ㇾ生」（天地の大徳を生と曰ふ）[65]である。天地は万物を生生してやまないのである。この概念は儒者の前提とするところであった[66]。

自然の道とは、万物を生生してやまない天地の法則である。それを「治める」とは、どういうことであろうか。もちろん、「治める」は統治するの意味ではありえない。ここでは、『字源』の「ととのふ、整理する」「ただす（正）乱れざるやうにする」の意味である。すなわち、自然治道とは、「生生してやまない自然の法則にしたがう」の意味ととらえられる。

利明は、なぜ万物を生生してやまない自然の法則にしたがう、自然治道を理念としたのであろうか。それはもちろん、そうでない現実、生生の原理、すなわち増大とは逆の現象が展開していたからである。人口と生産の減少である。とくにそれは天明の大飢饉によって増幅された。利明はあるべきあり方、自然の法則どおり生生してやまない、人口と生産が増大する国家・社会を求めたのである。

ここに利明のこれまでの経世家にみられなかった、偉大な特徴点を指摘できる。利明は単純再生産でなく、明確に拡大再生産を説くのである。たしかに利明は次に述べるように支配の側の思想家であるが、利明の基本的視点には被治者の、とくに農民の生活の安定と向上とが含まれているのである。

自然治道の理念をえたとき、優秀な数学者であった利明は、人口と生産の増加には大きな差があることを、ただちに気づいたに違いない。かくしてマルサス的な人口論を提唱した。単純化した人口の増加モデルで、いかに人口増加がはげしいかを、次のように説いた（西域物語146）。

夫、年十五歳、婦、年十三歳、初て一子を産《う》む。是《これ》より隔年に子を産《うん》て、経歴三十三年の間に、婦の血気既に衰へて子を産まず。其《その》子、男女拾七人あるを、男子は婦を他より招入て一家となし、女《むすめ》は夫を他より招入て一家となし、家数、十七戸となる。

そして、同じように子孫も子を産む。そうすると三三年後には、「子孫総計、七拾九人」になる。子の結婚相手を同様に子を産むほかの一夫婦の子に求めて、孫以下はこの血縁内で結婚する。そうすると、七九人を「父母の四人に除て、拾九人七分五厘を得る」。すなわち、三三年後に人口は最大で一九・七五倍に増大する。この拡大に生産はとても追いつかない（西域物語146～147）。

日本の内にも空山曠野迄も新田畑に開発せんかなれ共、今ある所の拾九倍七分五厘は如何あるべき。よし有にもせよ、夫《それ》迄に至る雑費食用に差支ることあれば丈夫にはなし。自国の力を以て、自国の養育をせんとすれば常に不レ足、強てせんとすれば国民疲れて、廃業の国民出来《しゅったい》して大業を破るに至る。

利明は単位面積あたりの増産は考えていない。また、ここから利明の海外雄飛論が提唱されるのであるが、この点は後節に譲ろう。ここではまず、なぜ自然の法則に逆らう、天明の大飢饉を生じさせるような現実になったのであろうか、利明の見解を確認しよう。

利明はそれを、「諸侯を妻子共に江戸の城下に置給ひ、一年づゝ交代して、領国の政事を聞かしめ給ふ」と、参勤交代制と、「各武士を領国の城下に居住せしむる」「御旗本の人々は江城の警固なれば、江府都下の常住なるべし」と、城下町集住に求めた。利明は武士たちに互いに文武に励むことと、領国経営に務めることを求めた（経世秘策26）。しかし、領国経営は「年貢・租税の制度ある上は、養育・教示・制度は固《もと》より有べき筈也」と、年貢制度はあっても、農家の維持策はなかったと認めなければならなかった。この「政務第一の肝要」策が欠けていたために、「治平相続《あいつづく》程」、士農工商の人口バランスは崩れた（西域物語144）。

> 武家次第に増殖し、奢侈も又然り。商民も又其《その》如く、此両民の増殖の勢ひにつき、僧工遊民も又増殖する故、農一民にては哺啜《ほてつ》成兼《なりかね》ん道理也。

近世、とくに一八世紀にも武家人口が増加したとは、事実誤認と思われる。それはともかく利明によれば、武士と商人らの都市人口と奢侈の増大のために消費が拡大したので、農民の生産力では維持できなくなった。そのために「士民工商の国用不足となる故に、農民を虐《しいたげ》んより外の事あるまじ。於ㇾ是《ここにおいて》農民困窮する也」（西域物語144）と虐政となり、農村荒廃が始まったのである。

財政窮乏に陥った諸大名は家臣から借上をして、「商賈の借財を償といへども、減ぜずして却《かえっ》て増殖すること常なり」（経世秘策26～27）と、商人から借金をして、それが増大した。その結果は完全な財政破綻をきたし、商人に依頼するありさまで、農政を顧みる余裕などなくなってしまったと、次のように述べる（経世秘策27）。

> 俗に所ㇾ謂借財の淵に沈み果《はて》、子々孫々更《さら》に浮む瀬なし。後には商賈の意に任せ、所領を渡して仕送《しおくり》を請け、公私の用を達すれば、冥加を思ひ天職を守り、農民を撫育する抔《など》は思ひもよらず。

それでは、商人はいかにして利益をえるのであろうか。それは交易によってである。その方法は次のように、奸商との理解である（経世秘策34）。

> 商賈の所為は其国・其処の産物を旬能《よ》き時に下直《したね》に買得て貯《たくわ》へ置、水旱・風損抔《など》、異変を待居て、是《これ》が為に相場引揚げ高直《たかね》となる時、則《すなわち》其国・其処へ元直段《ねだん》より数倍高直に売て高利を貪《むさぼ》る。

それどころか、右のような災害時でなくても、交易の利益は莫大で、そのために日本の富の一六分の一五は商人の手に落ちる構造になっていると、次の事例をあげる（経世秘策33）。

愚、爰《ここ》に当時商賈の収納を探索するに、日本国を十六分にして、其十五は商賈の収納、其一は武家の収納とせり。其証拠、羽州米沢及び秋田仙北郡辺の米、豊作の節は、一升代銭五、六文なり。交易の上商賈の手に渡り、江戸に到れば、豊凶の差別なく凡《およそ》百文となる。此《この》割合を以金一万両を元入となし、羽州の米を買入れ江戸廻し、売払ひ高、金十六万両となる。又此十六万両を以、元入金となし、同国の買レ米江戸廻し、売払高、二百五十六万両となる。二次折返し交易すれば、此《かく》の如く大金となる。此内《このうち》運賃駄賃も掛るといへども、一次の買米元金の十六倍となる。爰を以見れば、天下を十六分にして其十五は商賈の収納、其一は武家の収納たること瞭然たり。

運賃を無視するとは、はなはだ乱暴な議論である。それはともかく、利明は日本の富の一六分の一五は、商人がえる交易の構造になっていると説くのである。

国富のほとんどすべてを商人に奪われていることこそ、当時の武士の困窮化と、そのための虐政による農村荒廃の原因と認めているのである。かくして利明は武士に発想の一八〇度転換を求めた（経世秘策34）。

当時の風俗を考勘するに、交易は売買なり。売買は商賈の家業にして、民と利を争ふ道なれば、武家に於ては商売をせずと一図に凝《こ》り塊《かたま》りたるは、不明、不穿鑿の沙汰なり。

すなわち、交易を商人に任せるのでなく、武士も交易の商売をしなければならないと説いた。そこにとどまらず、「渡海・運送・交易して有無を通じ」ることは、「国君の万民に父母たる天職」とまで強調したのである（経世秘策34）。利明は武士のために発想し、治者としての武士に時代にあった自覚を求めたのである。

「渡海・運送・交易」は、利明の主張する解決策である。この方法は国内のみならず、海外進出にも適用された。そのためには学問が必要である。その学問とは、また学ぶ順序は次のように記されている（西域物語90）。

学問の本旨とする処は、衆人に背《そむ》からず、頑愚をも能容《よくい》れ、国家に益ある道を勉め守る外に有るまじく、其最初は何より学で其道に入んとならば究理学より入らんも近かるべし。窮理学と有、何といふとなれば、彼《かの》天地の学をいへり。是《これ》に闇《くら》くては何一ッ分るはなく、其天地の学は何を以て入らんとならば、其最初は数理、推歩（暦学のこと、注吉田）、測量の法より入らんも近かるべし。是等《これら》を能《よく》透脱の後、西域の学に入べし。西域の書籍も多しといへども、其内《そのうち》天文、地理、渡海の書を先とせんか、語路《ごろ》不分明之所有《ところあり》といへ共、数字は異体にても、一より十に至る数は日本と相等し。因《より》て数を以て推て知事《しること》多し。

すなわち、学問とは「国家に益ある道」である。それは「窮理学」であり、「天地の学」である。「天地の学」の天地とは、人に対する天地であり、すなわち自然である。自然科学を学ぶのである。その順序は、まず「数理、推歩、測量の法」である。ここまでは利明は在来の漢学を含む日本の学問から学んだと認められる。その次に蘭書による、「天文、地理、渡海の書」である。蘭学は難しいが、数学を基礎におけば理解できると述べている。数学を基礎に据えた自然科学とは、今日の自然科学にも通じる方法論といえる。

利明は蘭学を学ぶ目的を「渡海」においた。渡海とは船舶の操縦法であり、広めて造船まで含めると考えてよい。それだけ強く利明は、「渡海・運送・交易」を重視したのである。

この方法が以前の経世家と利明とを分かつ、利明の独自な方法である。「渡海・運送・交易」によって次節以下にみるように、利明は海外発展を説いた。利明は熊沢蕃山と荻生徂徠を「治平以後、二百年（中略）経済に長じたりとて世の賞を得たるは、熊沢・荻生の二子の外なし」と称賛しながら、「海洋渉渡の明法」を知らない、「日本の土地限りの遣り繰り経済は、迚《とて》も埒明くべきにあらず」と、明確に否定したのである。(67)

四　理想のヨーロッパ

利明は自然治道の実行される豊かな、利明の用語でいえば「豊饒《ほうじょう》」な国家・社会の実現を目標としていた。蘭学者であった利明には、それが実現されているモデルとすべき国々があった。「自然治道に因《より》て建立せし制度なれば、国家富栄《とみさかえ》、庶人迄も大富豪夥《おびただ》し」（西域物語120）と認識されたヨーロッパである。それでは、利明はヨーロッパをどのようにとらえていたのであろうか。

ヨーロッパ諸国が豊かであることは、「大豊饒にして剛国也。故に万民皆石家作の住居也」（西域物語93）と、住居が石造である点に象徴的に示される。しかも、民衆に至るまで石造の住居に住んでいるのである。なぜ石造建築がよいのか。その理由は、火災と夜盗は「米穀の売切れ」とともに、江戸の町の改革すべき「三慮」であった（経世秘策36）が、「火災盗賊の憂ある事をしらず[68]」と、災難に有効だからであり、「永久不朽の石家作り」（経世秘策36）だからである。そこにとどまらない。利明は石造建築の建築法を説明したのち、その生活の快適さを次のように紹介している（西域物語123）。

家居広大にして四季草花の不レ絶《たえざる》仕方ありて、四季草花不レ絶《たえず》咲。寒中に重衣《かさねぎ》を着ざる様暖気を設く故、極寒中といへども夜中夜着なし。敷物はパンヤの布団を敷事《しくこと》、或は三ツ四ツ、奢侈莫大なり。

一般の住居が「奢侈莫大」である。それが王侯になると、「王侯大人の住居抔《など》は中にも結構美麗、筆舌の及ぶべきにあらず」と、よりいっそうである。とくに道具類は金銀が多い。その理由は、毀れても価値が失われないからである[69]。

又諸道具諸器財類は多く金銀を用るなり。是《これ》を倹約とするといへり。至極尤《もっとも》なる仕方に社《こそ》あれ、金銀に製作の諸道具は、損し砕《くだけ》ることありといふとも元価を失はず。是等《これら》に至るまで永久の損益を謀り極めたる良制にして、感銘せんに猶余《なおあまり》あり。

石造建築は住居のみではなかった。「永久不朽」を目的として、橋も道路の敷石も「堀川溝等の両縁底まで悉皆石垣」であった[70]。

ヨーロッパの豊かさは、日本人からみれば奢侈である。しかし、ヨーロッパ人からみれば倹約であった。考え方が違うのである。そこにとどまらなかった。「結構美麗を好」むことは、さらなる発明となり、発展を促進していると、次のように指摘した[71]。

君長の倹約とする所は、無益にして廃れるを助く。左《さ》なきは衆と倶《とも》に結構美麗を好。猶《なお》結構美麗の産物の出来を悦嬉するを君長の本意とせり。左すれば精に精を副《そえ》、美に美を副て、終《つい》に奇器・名産も出産すべし。

「君長」は「衆と倶に」豊かな生活を楽しむだけではなかった。積極的に社会的弱者を救済した。「欧羅巴《ヨーロッパ》の諸国大抵《たいてい》此風俗なり」と述べて、その典型としてフランスを次のように紹介している（交易論169）。

法令厳烈にして、慈悲を以根本とするなり。困窮民、廃人、貧人、病人を救ふ。フラカレイキ（フランスのこと、注吉田）は殊に厚く、養育館を国内六ケ所に建置、其雑費を給る事毎年同じ。日本文字金の算用にして試るに、百四十二万両なり。

一四二万両とは、どのような金額であろうか。たとえば、寛政一〇年（一七九八）の幕府の年貢収入は一五四万石余であった[72]。これを当時の概算法である一石＝一両で金にすると、一五四万両余である。利明はいかに巨額であるかを示しているのである。もちろん、豊かなヨーロッパは「西域の制度は諸侯封建も有といへども、金銀を以、禄とせり。諸士に至て猶《なお》然り」（西域物語109）と、貨幣経済の社会であった。ただし、利明はヨーロッパの金銀の豊かさは語っても、なぜか貨幣についてこれ以上に言及することはない。

奢侈とも映る豊かな暮らし、それを保障する支配者の心は「慈悲を以根本とする」（交易論169）。それが自然治道の政治のあり方であった。ただし、ここでは「慈悲」の仏教用語を使用しているが、次にみるように「徳」のような儒教用語も併用している。イデオロギー性はないとみなしてよい。

それではヨーロッパは、なぜこのような豊かな国になったのであろうか。もちろんそれは「渡海・運送・交易」による、海運の世界的展開である（西域物語103）。

> 西域にては治道第一の国務は、渡海・運送・交易を以、帝王の天職なれば、至て大切に、官職・有司も殊に厳重に守護する也。故に天下万国の金銀・財宝・珍奇・良産は皆欧羅巴《ヨーロッパ》に群集せり。

ヨーロッパでは帝王以下、国家的規模で海運に従事する。その結果、世界の富を集めたのである。その典型として前節でも言及したロシアのピョートル大帝と誤解した、オランダの開祖の話を利明は紹介する。すなわち、ドイツの「北方の地端」で「廃地」であったオランダを、ドイツ皇帝から「拝領」した。そして、「開祖自身」「フランスの都パリスと、ヱゲレスの都ロンドンとに忍び入、庶人に化して船工に随《したが》ひ習ふ事三ケ年、亦ヒロード（パイロットのこと、注吉田）に随て、天文・地理・渡海の法を習」った。帰国してからは「船を製作し、開祖自身カヒタンと成、万国へ渡海・交易して大利を得る事夥《おびただ》し」。この結果、首都アムステルダムはロンドンとパリに併称される都市になったと（西域物語155～157）。

それでは、貿易の利益は何によってえられるのか[73]。

> 総て産物は其国より自然と出産する産物のみを用て、外国と交易すれば、自国と他国の勝劣なし。勝劣なければ互格にして、利潤も亦勝劣なし。其勝劣あるは自然産物と、人巧産物の多少に縁《より》て勝劣出來、貧富と分れ、其両端遥に隔るなり。人巧の産物につきいふことあり。天下万国広大なりといへども、欧羅巴《ヨーロッパ》諸国の如く人巧□しく、奇器・名産多く出産するはなし。

ヨーロッパが交易によって利益をえているのは「自然産物」、すなわち一次産品ではなくて、「人巧産物」、すなわち工業製品にある。そして、その技術力は高く、「多く出産」しているからであった。それというのも、「大学校を建置、才智芸能ある者を選挙し扶持する」「勧業の制度がある故」であった。[74] 工業に着目した点は高く評価されるべきであるが、それが「奇器・名産」と表現されるものにすぎない点が、利明の限界であることは、一節に丸山によって指摘されているのをみた。

かくしてヨーロッパ諸国は世界へ拡大した（経世秘策30～31）。

> 彼国よりは万国の内、侵し掠《かす》むること其数を知らず。ヒスパニアより南北亜墨利加《アメリカ》の大国の内、最良なる国々数多《あまた》取て都を遷《うつ》し、政事を布《し》く。其外ホルトガル、イギリス、フランス各亜墨利加に領国あり。又東洋の諸島は皆、欧羅巴《ヨーロッパ》に属し随ふ。ジャガタラ、スマタラ、ボルネヲ、呂宋《ルソン》等、皆欧羅巴の領国なり。未だ従がはざる国々は交易館を設け、其国の王侯と交易して、大益を得ることを専《もっぱら》とせり。故に未だ従がはざる国といへども、国力の限り皆欧羅巴の為に尽せり。如ㇾ此の真秘の大業、皆意の如く成就して、天下に無敵の国は欧羅巴なり。

ここでスペインが首都をアメリカ大陸へ移したとは、明らかな誤解である。それはともかくとして、「侵し掠むる」とあり、また「従がはざる国」とあるが、それらへの対応として、利明は軍事力をほとんど想定していない、といえる。なぜならば、自然治道の実施されているヨーロッパ諸国は、民衆が心から従う徳治の国であると考えているからである（西域物語98）。

> 欧羅巴諸国の治道を探索するに、武を用て治る事をせず、只徳を用て治るのみ也。威権を以て治むれば、心《しん》底《そこ》より従ふに非ず。

その方法は「我骨肉を削《けずり》て渠《かれ》に与んとするの策」（西域物語163）である。すなわち、自分の利益よりも、相手の立場を考えるのである。こうした意味での典型として描き出されたのが、ロシアの女帝エカテリナⅡ世である。

ロシアは海洋国家ではないが、水陸の交通を開拓して繁栄をもたらした英主として、次のように語られている。「北高海の北縁シベリイの辺に湖」があった。毎年八月になると洪水になって、住民を悩ませた。そこで女帝は命じて岩山を爆破した。この結果、洪水はなくなり、水路が北海に開けた。「湖周回隣国迄国産の交易便利を得」るようになった。この影響は中国にも及んで「大道を新規に開」いた。今では「支那とモスコヒヤ北高海の北縁、北韃而靼《ダッタン》の国々まで」繁昌した。その「勢ひに乗じ」ロシアの版図は、「日本東蝦夷カムサスカ外二十二島にまで推し及」んだのである。こう記して、利明は次のようにエカテリナⅡ世を称えた（経世秘策70～71）。

女帝ヱーカテリナの大徳の験《しる》しなるべし。今は既に天下の大世界、大半モスコビヤに属したるは、只女帝ヱーカテリナ治世を以《もって》最《もっとも》多しとせり。干戈を用て伐取《きりとり》たるは少く、皆大徳を博布して随《したが》ふ国のみ多し。干戈を用て服したるを第二とし、只徳行を博布して国を得《える》を真の属国とし、干戈を用たるは内心に迄は至ざるゆへならん。

エカテリナⅡ世は徳を以て、世界の大半を心から服属させた英主として称えられたのである。しかし、「第二」の位置づけとはいえ、戦争を否定してはいない。この点は六節で考察しよう。

それにしてもヨーロッパ諸国とほかの国々は、支配・服従の関係に入る。この点はどう考えていたのであろうか（西域物語141～142）。

是《これ》は教示・制度に因《より》て智愚と分れ、智は愚を使《つかう》の天則に係り主国と成、属島属国となり、君臣の道立《たつ》なり。是天下の達道也。

利明は国家を智と愚に分けて、「天下の達道」として智国、すなわち文明の発達している国が、支配的な指導的地位に就くのは当然と、儒教的名分論の華夷思想を想定させる考え方で合理化している。ここでも利明は、古い儒教的な考え方を吐露しているのである。

それではヨーロッパは、自然治道に基づく善政を、なぜ実施できるようになったのか。この点を『経世秘策』（28～30）でみてみよう。「亜夫利加《アフリカ》洲の東浜の内に、エゲプテ（エジプトのこと、注吉田）と云国あり。今を距《へだて》ること六千余年以前に、人道開け文字あり。暦法ありて歳月日時を国に布《し》き」と、六千年の重みがある。ここで重要な点は、自然科学の基礎である数学と結びつく暦の伝統が、六千年前から始まったとの指摘である。

この文明はユダヤに伝わり、キリストが出現し、「天主の教を建立」した。この「良法」はイタリアに伝わった。そこに「明主出て撫育の道を建立して国家を治めしに、国民大に信服し、聖人なり迚《とて》欧羅巴《ヨーロッパ》の総帝に尊号せりといへり」と、キリスト教の良法に基づいて善政を実施したローマ皇帝が出現した。利明はキリスト教を「良法」と認めるが、具体的な説明はない。ともかく、キリスト教精神に基づく善政の伝統がヨーロッパに確立したのである。

その後、「終《つい》に愚帝出で国政を乱し属国背き、今既に国々独立せりと」、ヨーロッパは分裂してしまった。しかし、右の二つの伝統は生かされた。自然科学に関しては、次のように述べる。

長器の創制、皆欧羅巴《ヨーロッパ》を最初とせり。天文・暦数・算法を国王の所業となし、天地の義理に透脱して庶人に教導せり。依て庶人に又豪傑出来、各所業丹誠の大功にて、天下万国未発の興業数々あるなり。

国王が自然科学を奨励した結果、庶民の間から多数の「豪傑」が出て、それまでにないものを多数発明・開発したのである。

一方、善政の伝統を維持することは容易ではなかった。ローマ帝国崩壊後、「戦国」になったと『経世秘策』は記している。どのような過程をへたかは具体的に記されていないが、『西域物語』（147）では、その後の困難な経験から、自然科学を基礎にした「渡海・運送・交易」の制度によって、国民を養う国家になったと、次のように記されている。

> 西域は、開国以来六千余年経歴すれば、其内に迂遠成事《なる》を、手戻する事に、艱難辛苦を身に積で、懲々《こりごり》して、叶《かな》はぬ事を吟味し、実に誠に至れり尽せりと云所を得て、而後《しかしてのち》万国の力を我国へ容《いれ》ざれば、自国の養育成難き意味深長ある事を窮極して、万国の渡海・運送・交易を以て、国家を保持するの天職としたる制度なれば、其根本たる天文・地理・渡海の法、天職に係る故に、代々の改暦皆天子の御製也。

キリスト教を良法と認めてまでのヨーロッパへの称讃は、反面、日本の伝統思想の否定である。ヨーロッパ六千年の文化的伝統に比べれば、中国は「堯の代より経暦三千八百余年」、その影響下にある日本は「神武帝より一千五百余年」にすぎない。これでは「物毎《ものごと》行届かぬ筈也」と切り捨てられる（西域物語95）。その理由は儒教とやはり遅れて成立した仏教は、「各治国平天下の法を説くに過ず」「約するに皆勧善懲悪の意に過ぎず」だからである（経世秘策29）。より具体的に日本在来の思想である神儒仏の三教は、「神・儒・仏の三道ありて世に行るといへ共、国家に益を興す程の英雄も出来ざるは、三道信用する験《しるし》も無に似たり」（西域物語97）と、「国家に益を興す」善政と結びつかないと、否定されたのである。

伝統思想を否定した利明が採用する方法は、もちろん自然治道を実現させていると認めたヨーロッパのものである（西域物語106）。

> 西域は旧国なれば、世務国務能整《よくととのい》たるなれば、西域の美成《なる》善成《なる》事を取て、我国の助とするこそ本意なれ。

利明が理想としたのは、ヨーロッパ諸国のなかでもイギリスである。「欧羅巴《ヨーロッパ》隆《さかん》の国々は、本国は小国なるもあれど、属国多くある国を指《さし》て大国と云」（西域物語132）との理解から、「凡《およそ》大世界の海洋にヱケレス領のなきはなし」と、最大の大国であったからである（西域物語140）。しかし、もともとイギリスは「人倫絶たる独島なり。極寒の土地なり。国産乏敷《とぼしく》、何一ツ取所《とりどころ》のなき廃島」（西域物語141）であった。イギリスが発展した理由は、もちろん、「自然治道に因《より》て建立せし制度」（西域物語120）の賜物である。利明はイギリスを手本とし、目標とする（西域物語138）。

東洋に大日本島、西洋にヱケレス島と、天下の大世界に二箇の大富国、大剛国とならんことは慥《たしか》也。

そのためにカムチャッカ遷都論という、奇想天外な構想をも提案した。

五　発展の三段階論

以前から蘭学を学んだ技術者として北方問題に関心をもっていたとしても、利明が経世家として本格的に思索を始めたのは、天明の大飢饉が大きな契機となったことは疑いない。次のようにも述べている（経世秘策27）。

天明癸卯（三年、注吉田）以来、餓死百姓の田畠亡処となりたること夥《おびただし》く、関東より奥羽迄、爰《ここ》は昔の何村、かしこは昔の何郡の内なりなど、是《これ》を無村無地高と云、就《なかんづく》レ中奥州計《ばか》りにも亡処高凡《およそ》五郡に盈《みち》たり。癸卯以後三ケ年、凶歳飢饉にて、奥州一ケ国の餓死人数凡二百万人余、固《もと》より不足なる農民なるに、如レ此の大造なる餓死人ゆへ、夥しき亡処出来《しゅったい》せり。それに矢張《やは》り今に間引子の悪俗止《や》まざれば農民減少し、終《つい》に断絶の勢ひあり。爰《ここ》に厚く介抱、撫育せざれば、此悪俗止めがたし。依て明君の出給ひて大慈大悲の制度建立あらば、年を歴《へ》ずして其悪俗止み、国家豊饒《ほうじょう》の勢ひを生ずべし。

天明の大飢饉の悲惨さ(75)と間引の横行から、農民の「断絶」の危機感を抱いた。そこで「明君」の出現による「大慈大悲の制度建立」、すなわち改革の必要を説いたのである。

利明の改革案は三段階に構成されている。それを『経世秘策』の最後にまとめて説いている。長文であるが全文掲げよう（84～85）。

右（第一段階）小急務の条々は、何れも日本の国内より出産する所の国産を用て、国内の万民を養育する仕方なり。其《そ》の仕方をいへばいまだ可に当らざるは矯直《ためなお》し、可に当らしめ、或はいまだ発業せざるは改革して発業させしめ、国産の出産を次第に潤沢にし、国産の融通も次第に便宜にし、万民も次第に増殖し、国家を守護する仕方の大概なり。左《さ》すれば唯今より持直し、後年若干の内は仮形《かなり》に万民の産業も便宜《べんよろし》く、渡世相続も安堵を得んなれども、末が末に到ば、終《つい》に以前に復《かえら》んは必定なり。

（第二段階）如何んといふに元来無理なる仕方なり。其無理なる仕方といふは、固《もと》より日本の国内の国産は出産に際限あり、万民の増殖は際限なし。此出産に際限ある国産を用て、増殖に際限なき国民を、末遂《すえとげ》て余さず洩《もら》さず養育して、猶《なお》有余あらしめんとするは無理ならず哉。終《つい》に国民は国産よりも多く、国産は国民よりも少く迫り至る期到来せずんば非ず。是《こ》れ無理なる証拠なり。元来際限ある国産を以、次第増殖に際限なき国民を養育せんことは、迚《とて》も仕難し。此仕難きことを知て前広《まえびろ》に遠慮し、日本周廻の属島の島産及周廻の海産を、自然と日本へ独り入来る様に仕掛するを遠慮といふて、せで叶《かなわ》ぬ国務なり。

（第三段階）後々末々に到り、海産・島産の副力ありても、猶国用不足の期到来せん道理ある故に、又是《これ》を遠慮して海国に自然と具足すべき海洋の渉渡を自在にするの良法セイハルト（利明が「大測表」と訳した航海技術の書、注吉田）に熟練せしめて、官船を用て運送交易し、天下に有無を通じ、万民の飢寒を救助するの制度を建立せしめば、次第に積レ功に随（ひ）へ、万国の国産を抜取ことに長じ、次第に多く入来る故に万民の増殖に行支《ゆきつかえ》なく、末遂て増殖すれば終に大国となり、大豊饒《ほうじょう》、大剛国となり、永世不動の大治を得て石家作抔《など》もいつの間に歟《か》出来、万民大安堵する者なり。是此《これこの》万民に父母たる真の道に協《かなう》ゆへなり。

すなわち、第一段階は国内開発の時期であり、第二段階は属島開発の時期であり、第三段階は世界へ進出する時期である。しかし、『西域物語』や『経世秘策』などの著作においては、明確に画然と書き分けられているわけではない。右の引用中でも、第一段階には一見、水運が欠けているようであるが、「国産の融通も次第に便宜にし」の表現のなかに含意されているとみなせる。第二段階では「前広に遠慮し」、第三段階では「是を遠慮して」と表現することによって、その段階に相応した海洋技術をあらかじめ習得する努力を、早くから始めるように提言している、とみなせる。それ故にこそ、三段階論に続けて、次のように船舶とその技術を学ぶ重要性を説いたのである（経世秘策85）。

然れば国務の本は船舶にあり、其船舶は海洋渉渡を自在にせざれば国用を達ること難し。海洋渉渡を自在にするには天文・地理・渡海の法に熟さするにありて、外に拠《よる》あるに非《あらず》。

なお船舶は利明が『経世秘策』巻上で説いた四大急務の第三条であった。それでは第一段階から各段階の問題点を、寛政一〇年（一七九八）の著作である『西域物語』と『経世秘策』の二書を中心にして順次考察しよう。

自然治道を理念とする利明にとって善政とは当然、「人民の増殖する勢ひを、折《くじか》ぬやうに治るを善政とせり」（経世秘策22）と、人口の増大する政治であった。豊かになることである。その豊かさは、三段階論の引用文の最後にも「永世不動の大治を得て石家作抔もいつの間に歟出来」と述べられたように、ヨーロッパ並になることであった。そのヨーロッパは世界と交易するのみでなく、優秀な工業製品を生産する工業国であった。

たしかに利明は、一面では産業の発達を説く。自給自足の経済ではなく、社会的分業が前提になると、次のように論じている（経世秘策76）。

世に独立といふことのならぬ事あり。其根本を押究《おしきわめ》んと欲る時は我身を顧べし。我身を顧ば則瞭然たり。貴賤ともに衣食住の安きを以考へ知るべし。衣服を蚕と綿麻の最初より、我が手にて製作して衣服となさん歟《か》、食粮《しょくりょう》も粟籾より我が手にて耕耘して食用となさん歟、住家も材木より我が手にて造作して家宅となさん歟、其外万事万端人涯に預ることは悉皆衆人より扶助するを以、上天子・下庶人までもその一人を立る者なれば、世に独立といふことは決てならざるなり。

ここにとどまらずに、利明は当時の奢侈品禁止令は、経済の発達を阻害すると、次のように批判している（経世秘策61）。

唯今までは制度に因《より》て、結構なる品物は何に寄《よら》ず元方の停止あり。左《さ》あるべきに非《あらず》。都《すべ》て産物はなる丈《たけ》結構なる産物の国内に出産する様仕向《しむける》べし、仕掛《しかける》べし。是《これ》を名《なづけ》て国務といふて、せで叶《かなわ》ぬことなり。左すれば相互に自業を励み、精密に丹誠するゆへ、自然と国内に名産物多く出来、異国交易抔《など》に大利を得《える》の助とならん。

外国交易までも見据えて、優秀な製品を生産するように説いたのである。たしかに利明は二節に『西薇事情』でみたように、商品貨幣経済の発展を説いた。その要点は、畳表・綿製品・絹製品の商品生産をして、優良な製品を大量に輸出して豊かになることであった。

しかし、『西域物語』や『経世秘策』では、商品貨幣経済の発展という論調は希薄になる。むしろ「農業は国の本」（経世秘策77）との、農本主義的傾向が眼に着く。

利明は『経世秘策』巻上に「四大急務」を説いた。その第一条は「焔硝」である。この爆薬を使って、河道を中心とした航路の整備と新田開発を説いた（14〜16）。より具体的に同著後編では「小急務」として、淀川の治水と琵琶湖の一六七万石の新田開発、阿武隈川と千曲川の河道の整備、備前児島の一〇万石・越後鎧潟など三潟一二、三万石・陸奥猪苗代湖四万八千石の新田開発を説いている（66〜82）。

食糧の増産は人口の増大に対応して、是非とも強力に推進されなければならなかった。その理由は新たな飢饉を惹き起こすからであった（経世秘策12）。

万民追レ日追レ月、増殖の勢ひを為すは、至極其筈《そのはず》のこと也。是《これ》に従ひ国産も亦追レ日追レ月増殖せざれば、天下の国用不足する故、日本国中の曠野及空山迄も、土地の限りは皆開発し、田畑となりて、農業耕作して

百穀百菓出産せざればならず。若是《もし》が不足せば、万民の国用不足となりて、凶歳飢饉に当りて飢渇の庶民
出来《しゅったい》する也。

ところで、右に述べた『経世秘策』の急務の条々では、新田開発と水路の整備が並行して説かれている。船舶、舟運の意義は、利明にとって絶大であった。舟運は経済発展の原動力とみなすのである。この点を典型的に論じたのが、寛政一二年（一八〇〇）の著『河道』である。

『河道』は、常陸の涸沼と北浦とを運河で結び、利根川水系の水害予防と、東廻航路の舟運を那珂湊から呼び込もうとする計画である。その範囲は日本海航路の船にまで及ぶ。その結果、一つには利根川水系の「水腐田畑も大に減少し」、また霞ヶ浦・鹿島入江・印旛沼・手賀沼に大規模な「新田畑」ができる。それ以上に江戸への物資輸送の安定化と、「商賈の貪縛《どんばく》を少しは緩《ゆるむ》を得る」。そして、地元は「其余沢関東の諸国へ溢《あふ》れ浸《ひた》り、追年に豊饒《ほうじょう》を副《そえ》て終《つい》に富国と成べし」と指摘する。[76] それではなぜ、河道が通ると地元は豊かになるのであろうか。[77]

河道不通にして運送不便なれば国産其處に自腐し、土地必貧窮する也。又河道融通し撫育可に当れば、只今迄不産の国迄も出産する様に成行、土地必ず豊饒に成也。

交通が不便なので生産地で腐らすとは、利明がほかの著書でもよく述べているが、当時、生産地で腐らせるような商品生産をしていた、少なくとも一般的であったとはいえない。それはともかくとして、「自腐」するような品目とは、工業課程をへていない作物を、とくに穀物を連想させる。そして、後半は「只今迄不産の国迄も出産する」とあり、物流が改善されることによって、生産されていなかった国（「不産の国」などありえないから、この場合は地域の意味であろう）でも生産が始まるとの指摘である。いずれにしても、生産が活性化されて販売し、豊かになると説いているのである。ただし、流通市場に送られるのは、『河道』には商品作物への直接的な言及がないから、穀物を中心に考えていると思われる。

利明が、食糧確保に力点を置いていたことはたしかである。右の利根川水系の水腐れ場や霞ケ浦と鹿島入江と印旛沼と手賀沼の新田は、地理的にみて当然ほとんど米作である。そして何よりも、あれほど商品生産を『西薇事情』で奨励したにもかかわらず、『西域物語』では、備後福山領の農業生産に関しては、「田地一反歩に麦五石余を得て、又稲作に米四石余を得る也」(150)と、米穀生産の高さしか述べられていないのである。

内水面での舟運の整備は、食糧増産を促進するものであった。これに対して、海運は飢饉対策として重視された。その方法は各地に交易館を建設して米穀を保存しておき、飢饉時にその地方に官船で送るのである(経世秘策35)。

日本国中の津々湊々の要地〳〵に交易館を建て、其国・其処の年々の豊・凶作に依て、自然と独《ひと》り立《だち》の相場を以、其年十二月までの内、其国・其処にて売出す所の米穀を、買揚《かいあげ》ありて其館に貯《たくわ》へ置、日本国中の豊・凶作を検査ありて、廻船便宜にて早速知れ、年々其国々の扶食《ぶじき》入用ほどは心当をなし、其館に残し置、其余は官の船舶を以、凶作の国へ運送ありて飢饉を補ふなり。

運送にあたる船は、「天下の産物を官の船舶を用て」(経世秘策18)とあるように、河川交通も含めて、みな官船である。官船を使用する理由は、三節にみたように商人から商権を回復するためである。そのためにも、交易館は物価の安定の機能をも持つ。続けて次のように述べている(35)。

御府内を始め諸国共に、前年十二月迄に百姓より売出したる自然相場を台となし、是《これ》より高直《たかね》、下直《したね》ともに一、二割の内は館より交易を発せず、若《もし》これより高直とならば館より払ひ出し、若是より下直とならば館より買揚《かいあ》げ、年中の売買は前年の十二月迄に、百姓より売出したる所の自然相場の内外一、二割の内に締保《しめたも》ち、売買する様に交易館より差引介抱すれば、御府内の米直段《ねだん》を以、日本第一の高直段とし、是より段々遠近と渡海、運送との差別はあるべきなれども、大率《おおむね》平均して万民大なる救を蒙り、就《なかんづく》レ中農民蘇生の心地すべし。

ここで商人が否定されていない点を確認しておく。ただし、商人は公定価格の範囲内で、現地で売買することが強制されるのである。ところで、なぜ「農民蘇生」するのであろうか。続けて、「二十ケ年を歴《へ》ずして良民増殖するのみに非ず、亡処となりたる田畑も漸々再び開発し、元の良田畠に立帰り」(35)と、二〇年以内に農村は復興すると説いている。たしかに凶作になっても飢饉にならず、低米価もなくなれば、農民は安定した経営を続けられるであろう。しかし、高米価は農家の経営を安定させるのではないか。逆に重い年貢の問題がある。これらの点の説明はない。ともかく交易館の構想は、当面する飢饉対策と農村復興に主眼をおいているのである。

利明の第一段階は、「万民次第に増殖」する復興期と、「渡世相続も安堵を得」た安定期との二期からなっていた。しかし、その議論をみると前者の復興期が優勢である。それだけ天明の大飢饉が重くのしかかっていたのである。商品生産が薄れてしまうのも、このためであろう。利明は第一段階を二期に分けて、食糧確保後の物質的豊かさも論ずべきだったと思う。

貨幣政策を検討すると、利明が商品貨幣経済の発展に、かならずしも肯定的でなかったことが指摘できる。利明の貨幣論は、貨幣の価値は物資との関係で決まる、と一節にみたように本庄によって高く評価されていた。しかし、内実は権力者の財政的安定と低物価政策である（経世秘策13）。

通用金銀の員数に際限を建て、放ち与ゆること肝要なり。天下の金銀銅は、通用の外は残らず上へ蘊積《うんせき》せざれば、国家を永久に保ち難し。其訳《わけ》後に見へたり。若過《もしあやまっ》て際限なく放ち与ゆるときは、諸色高直《しょしきたかね》になりて、金銀の位を卑下するものなり（五十年以前までは、木綿一段、代銭四百文より六、七百文を最上の高直とせり。今は一貫文より二貫文位となりたり）。

要するに財政を安定させるためには、貨幣流通量が多いので貨幣価値が下がっているから、幕府は減少政策を採れといっているのである。しかし、貨幣流通量の減少は享保期のように、デフレとなって不況を結果するのではないだろうか。二節にみたように、利明は都市の奢侈に問題の始まりをみていた。デフレ政策の主張は、利明が都市を中心とした過度の貨幣経済に批判的であったことを示している。しかし、それでは産業活動は活性化しない。利明の見解は矛盾しているのである。

第二段階は、人口が増加して国内生産では人口が養えなくなった属島開発の時期である。さきにみた「国民は国産よりも多く、国産は国民よりも少く迫り至る期」である。したがって、この時期も利明の念頭には、一つ大きく食糧問題があった。ほかに四大急務の第二条「諸金」の鉱山の開発が期待された（経世秘策44）。

属島之開業といふは、日本附之島々を開きて良国となすべきをいふ。日本附之島々を開き、良国となさば、六十余州のごときの国々数多出来、日本の要害となるのみにあらず。諸金山も開け、諸穀菓も出来、其外諸産物も出来、潤沢に入り来て、大に日本の国力を増殖すべし。

金山、穀菓の次に「其外諸産物」とあって、食糧がそのほかのものより優先されている。開発の結果はより具体的に、「蝦夷之諸島開業なつて良国ならば、当時之日本之国産に数倍となるべき道理」（経世秘策50）と見積もられた。それでは「属島」、日本領であるべき島とは、どこを指すのであろうか。

利明はアリューシャン列島西端のアムチトカ島の住民を、「アミシイツカの土人（中略）人物皆日本人の種類にて、則蝦夷人の如し」（西域物語142）と、とらえた。すなわち、蝦夷人つまりアイヌ人同様、日本人であると認めたのである。したがって、日本人の住む日本に帰属すべき蝦夷の地は、今日認識されるよりもはるかに広い。利明の誤認を除いてほかの地域を含めた日本に帰属すべき主な地名を列挙すると、カムチャッカ・北海道・千島・樺太・アリューシャン・北アメリカ・オホーツク・小笠原・琉球である（西域物語132〜135・142・162）。

しかし、当面は地域的に縮小される。『経世秘策』補遺は、四大急務の第四条「属国の開業」を説いたところである。そこでは、「此外東洋にも西洋にも日本に属すべき島々もあれども先措《まずおき》、蝦夷之諸島は当時モスコヒヤへ奪るべき大切之時節なれば、急務之内之又急務なり」（50）と、先の引用にも「日本の要害となる」とあったが、国防上の観点から、「蝦夷之諸島」が優先された。その範囲は、日本、正確には松前藩と交易のあったと認めた地域である。

具体的には、「明和・安永之比《ころ》迄はカムサスカより干鮭及魚油を出し、東蝦夷諸島より猟虎《らっこ》皮、海鹿《あしか》皮之類、魚油を出し、松前にて毎年売捌《うりさば》」（46）いた、カムチャッカと千島である。このうち千島列島のうち「拾八、九島」とカムチャッカは、ロシアが「横領して」（45）しまった。残っているのは国後・択捉などの南端の島のみである。これが当時の現実的な領域と認めていたのである。次に北海道である。北海道は千島列島の多くを奪われてしまったので、「是非ともに松前所在島計《ばか》りも取留置《とりとめおか》ざれば、大事に便《たよ》る場所なれば、片時も急ぎ其締《そのしまり》なくて叶《かなわ》ぬ事なり」（47）と、軍事的に重視された。そして、運上屋を置いて「松前家へ租税」（48）を納めていた樺太である。ここも「大切之国界なり。大切之趣意はモスコヒヤ之政務は開業を以帝業之大壱とするゆへ」（48）と、対ロシアの国境として重視された。

それでは、どのようにして開発するのか。同じく補遺によると、「船を遣《つかわし》て其島々北極出地を測量し、土地之幅員を測量し、自然土産を料《はか》り、土人之員数を料り、其島開業なりて、大概何ほどの国となるべきを知て後」（44）である。すなわち、まず調査をする。次に現地の住人への対策である。現地人に対する見方は、「属島之土人も永久に人間に可ㇾ化様なく、夷狄の儘に経歴する」（50）と、まさしく夷狄観である。したがって、文化的な徳化政策が採用される（44）。

> 若《もし》其島之土人いまだ穴居ならば、家宅の道を教示し、或は長たる土人の分は造作しても遣《つかわ》し、或は器財之闕《かけ》たるは補ひ遣し、万事万端、土人之欲る所に随《したがっ》て、救ひ施すに於ては、懐《なつ》き随ふ事、童児の父母を慕ふが如く信服すべし。夷狄といへども天下之人情一枚なるゆへなり。

そして、その費用は「此雑費之償《つぐな》ひ方は、其島之自然土産を取て日本へ運送し、交易して是《これ》を償ふ」(44)と、現地の生産物をあてるのである。

開発には労働力が必要である。移民が当然考えられるが、この点は補遺では述べられていない。寛政三年(一七九一)か四年とされる、老中松平定信に提出された上書では、一つには犯罪者が挙げられた。また一般人に対しては、「蝦夷土地に此方之人物住居仕候儀は勝手次第」と触れて、「奥羽越佐能加等之雪国出生之小民共は相悦」と、寒さに強い雪国の東北・北陸の人が期待された(78)。

『経世秘策』補遺に記された大要は、以上の如くである。『経世秘策』は現実になすべき政策を論じた書である。人口論からいえば、第二段階であったはずの属島開発が、ロシア対策のために、「如《かくのごとき》レ斯大切之趣意あるに依て急務之第四とす」(51)と位置づけられたのである。ただし、右にみたように積極的に進出するのではなく、現状維持の姿勢であった。

利明は『経世秘策』巻上で四大急務(焔硝・諸金・船舶・属島)を論じ、巻下で三慮(火災・米穀の売切れ・夜盗)を論じた。そして、巻下の最後に次のように記した(42)。

右四大急務の趣意、三慮策の趣意、末世柔弱を、豊饒《ほうじょう》剛強に立戻し、古《いにし》へ武国の高名たる大日本国を再興し、追々開業、大成就して、東蝦夷の内に都府を建《たて》、中央に江戸の都、南都は今の大坂の城と定め、三ケ所に巡周あつて、御政務あるに於ては、世界最第一の大豊饒・大剛強の邦国とならんことは慥《たしか》なり。

すなわち、属島開発も含めた国内改革が「大成就して」から、「東蝦夷の内に都府を建」と、カムチャッカに建都して、「世界最第一」の国家建設を提唱した。カムチャッカ遷都論は第三段階にあたるのである。この構想は、利明が理念を語った書『西域物語』に語られている。

『西域物語』では、ロシアに奪われた蝦夷地に対する態度は断固たる側面を呈する。「今にてはモスコビヤの属島と成たれば、取戻さんも手重くなり、捨置ば、末が末に至てはいか様の災害とならんもしれ難し」と述べて、続けて次のように論じた（133）。

> 他国を侵しても本国を増殖せんこそ国の務にて、我国の属島を無残に他国へ奪取らる、と云は、論も評も絶《たえ》果《はて》、大息して止《やまん》。

その核心として、「日本の天下第一の最良国と成べき」と論じられたのが、カムチャッカ遷都論である。「諸道も具足せしに乗じ」、すなわち改革が成功した勢いに乗ってである[79]（133）。

> カムサスカの土地に本都を遷《うつ》し（赤道以北五十一度也。ヱケレスの都ロントンと同じ、故に気候も相等し）、西唐太《からふと》島に大城郭を建立し（赤道以北四十六、七度也。フランスの都ハリスと同じ、故に気候も相同じ）、山丹（沿海州のこと、注吉田）、満洲と交易して有無を通じ、

カムチャッカに都を遷すだけでなく、樺太に大城郭を建設して、山丹・満州の大陸と交易する。その恩恵は「下庶民は救を蒙りたる心地し、上の大利とならん」と期待されている。しかし、「交易に金銀を用ひず、品物どしの遣取《やりとり》」、つまり物々交換である。これでは小規模なものしか期待できない。具体的に輸出品として挙げられているのは、「鍋及鉄類、海山獣の皮類」でしかない（134）。

都を置いたカムチャッカは、まったく新しい制度が導入される（160）。

> 古日本と国号を改革し、仮館をすへ、貴賤の内より大器英才ありて、徳と能と兼備の人物を選挙し郡県に任じ、彼地に住居を構へ、開業に丹誠をなさしむるにおゐては、年を経て良国と成、追々繁栄を添《そえ》、終《つい》に世界第一の大良国とならん。

カムチャッカは国号を「古日本」と改める。それのみならず貴賤、より具体的には「大身、小身、陪臣、庶人、匹夫」（161）の別なく、有徳で才能のあるものを官僚に登用して、郡県制を布くのである。そして、カムチャッ

カ開発が成功した暁には、「東洋に大日本島、西洋にヱケレス島」（138）とイギリスと併称される大国になる。すなわち、「古日本カムサスカに属し従ふべき自然具足の島々共」は、東は北アメリカ（なお、利明は北アメリカの西側の人も日本人とみなしている[80]）、西はオホーツクから満州・沿海州・樺太、南は千島・北海道・日本・琉球などと、領土的拡大を謳いあげるのである（162）。

しかし、カムチャッカに郡県制を布くといっても、武家社会を否定したことにはならない。第一、本土の改革が語られていない。また利明はしばしば外国から富を「抜取」と述べるが、この言葉は利明が日本中心主義者であったことを、如実に物語っている。属島の開発も、人口の増加する善政が持続するためであった。「撫育の道、渡海・運送・交易にありて、外に良法なき事明か也。小に取《とら》ば我国内、大に取ば外国迄に係る」（西域物語104）のである。そのために三節でみたように、利明は武士に治者としての自覚を求めた。そして、船舶による運送は商人から商権を回復するために官船であった。すなわち武士が主体となって行うのであった。そのうえ、国防を重視した利明であったが、武士の本来の職分は軍事であった。ただ利明が軍制を語ることはない。

それでは領土的拡大は、軍事力をともなうものなのであろうか。少なくとも利明は、そうは考えていなかった。四節にみたように、ヨーロッパは自然治道の実施されている徳治の国であった。ロシアを世界最大の領土を持つ国にしたと認めたエカテリナⅡ世の政策も、武力によるものは少なく、「皆大徳を博布して服し随《したが》ふ国のみ多し」（経世秘策71）と理解していた。また「兵威を以て暴逆にきりとるには非す、謂《いわれ》なき兵は出ざるとなり[81]」ともいっている。

利明はこの徳治政策に期待する。ロシアの日本近辺への進出は、「是非とも戦争を経ても蝦夷諸島を取んとするにも有まじ。只一筋にヲホツカ辺の大国の土人等の困苦を救助せん」ためである。日本と交易を望むのもこのためである。しかし、「運送不便利の国柄なれば、蝦夷の土人を思ふ儘に撫育も成兼たる」現状にある。それ故に、「取戻すべき時節也。穏便に謀らば、古来の如く日本の蝦夷諸島と成べし」と考える（西域物語137〜138）。また、次のようにもいっている（西域物語161）。

> 元来日本の属国の蝦夷土地なれば、彼も強て彼是《かれこれ》いふ事も成まじ。よしや、云とも前の道理あれば、異儀あるまじ。五千余里の陸地の遠国といひ、只今は大徳と聞しヱイカテリナと云女帝も逝去と聞ば、当時は蝦夷諸島及カムサスカの土地を取戻べき時節ならんか。

要するに、徳治主義の政策で蝦夷まで拡大したロシアだが、遠すぎてうまく経営ができていない。そのうえ、この政策を推進したエカテリナⅡ世も死亡した。元々蝦夷地は日本領なのだから、この点をいえば戦争をせずに交渉で取戻せる、と主張しているのである。利明の見通しは甘いというほかない。それはともかく、この甘い見通しの下、ロシアに奪われたと認めるカムチャッカなどへの進出は、「当時」今の時点に置かれている。ここでも三段階論は乱れている。

甘い見通しとは別に、『西域物語』下の本文は次のようにして終わる。カムチャッカ遷都論を説いたのちに、「左様の事も来れかしと、天地に祈る」と、希望であると告白する。続けて「雲上の御掌《おんたなごころ》の内にあるを遠く求めし」と述べた。この「雲上」は権力者である。帝王の決断を、期待できないほどかなたから求めたのである。利明の提言は採用されないと考えている。なぜならば、「此道理明白なればとて、直に此所《このところ》より入るに、当時の人情に移り応じがたからん」と、人情に適合しないからである。それ故に人情にかなうように、「衆智を容《いれ》ざればならざるなり」と述べて終わっている（162〜163）。

利明の提言が採用されない理由は、人びとの理解がえられないのみではない。利明はヨーロッパの航海術を学ぶことを繰り返し繰り返し述べる。それが達成される時期であるが、利明は『西域物語』上の最後に、この点を次のように歎いた（115）。

此書（シカツトカアメル、利明が『宝蔵』と名付けて翻訳した航海書、注吉田）の趣意得心して、新規に日本に製作せんとせば、国力の限を以てするともいかで成就を得んや。人数五千人程にて昼夜其事をする共、凡《およそ》二百年もせずんば、慥《たしか》に成就せんとも思はれず。彼国《かのくに》とても容易に出来たるにも有べからず。

なんとヨーロッパの航海術の習得に、二〇〇年もかかると判断している。これでは世界へ向けての発展は、遠い将来といわざるをえない。ここでも利明の三段階論は狂いを呈するのである。

三段階論の検討を終えたところで、その大きな問題点を二つ指摘しておこう。

第一に蘭学者であった利明は当然、「地体も、天体の如く立円形にして球の如く」（西域物語90）と、地球が丸いことを知っていた。それならば、第三段階が過ぎて、その次には、さらにその次には完全に限界に陥るのは明白である。おそらくこの点は考えなかったのである。そして、発展を夢みたのである。

第二に豊かさを求めて人口論に基づいて時期区分された三段階論であったが、北方問題に引きずられて、区分どおりの論調になっていなかった。そのうえ、豊かさを保障するはずの工業的生産物とその方法に関しては、具体的言及がなかった。農業に関しては食糧の拡大再生産が強調されたが、それは耕地面積の増大に限られた。単位面積あたりの増産は言及されていない。これらは、利明のもっていた技術と能力の限界を示しているといえる。

六　ヨーロッパ観の修正

利明は前節でみたように、ロシアに領土を奪われたことに「他国を侵しても本国を増殖せんこそ国の務にて、我国の属島を無残に他国へ奪取らるゝと云は、論も評も絶果《たえはて》、大息して止《やまん》」（西域物語133）と悲憤慷慨していた。しかし、それを取り戻す方法としては、徳治の国、「謂なき兵は出ざる」[82]国として信頼し、交渉によって可能であると展望していた。このヨーロッパへの期待は、享和元年（一八〇一）になると一変する。次にこの点を確認しよう。

享和元年七月に根室で書かれた『交易論』では、「近年ヱンゲランドより、オランダへ、大軍勢を押寄、痛く攻るといへり。其趣意を推察するに、彼国《かのくに》各無名の合戦する事なし」と述べて、名分なき戦争をしない両国が戦争をしていると記した。その理由として続けて、次のように説明した。オランダはイギリスの推挙によって日本と交易を始めた。そのためにイギリスが撤退した後も、両国で貿易の利益を折半していた。しかし、次第に貿易量が減少して、ついに銅六〇万斤になった。それより「ヱンゲランド不承知にて、オランダへ難渋をいひ掛たるべし」と（180）。すなわち、交易の利益をめぐる争いは開戦の名分になると理解している。それ故に、次のようにも述べている（175）。

> 総て欧羅巴《ヨーロッパ》は、万国交易を国務最第一とせし制度なり。たとへ戦争をふるといふとも、国家の為に益を謀るは、君道の本意なれば、至極其《その》道理なり。

戦争をしていたのは、イギリスとオランダのみではなかった。当時のヨーロッパは、フランス革命にともなう大動乱期であった。ヨーロッパが戦乱のさなかにあることを、利明はオランダ風説書から知った。寛政一一年（一七九九）の風説書の「文言の内」とことわって、次のように記している（181）。

> 去々巳年（寛政九年、注吉田）も申上候通、ヱゲレス国より、阿蘭陀《オランダ》国へ大軍勢を押寄、及二合戦一候。且又、フランス国とトルコ国と一致仕《つかまつり》、リユス国（ロシアのこと、注吉田）及二合戦一候。其外欧羅巴《ヨーロッパ》諸国、今以不レ穂（穏の誤カ）候旨、追々咬留巴《じゃがたら》表より申越候。

この現実に利明は自然治道の実施されている、安定した平和なヨーロッパとの認識を一変させた（181）。

> 当時は、欧羅巴《ヨーロッパ》諸国一同戦乱《たたかいみだれ》て静謐《せいひつ》ならず。欧羅巴の如き万事万端に脱目なく、諸道全備なりといふと

も、治乱存亡は歴世の定例なり。

ここで利明は「万事万端に脱目なく、諸道全備」の、すなわち自然治道の実施されているヨーロッパといえども、「治乱存亡は歴世の定例」ととらえた。四節に述べたように以前は、ローマ帝国崩壊後の戦国の「艱難辛苦を身に積で」築きあげた制度であった（西域物語147）。それとはおよそ違って、ヨーロッパといえども「治乱存亡は歴世の定例」ととらえられた。これは儒教的な治乱興亡の歴史観を適用したものといえよう。

理想のヨーロッパは、国益のためには戦争をも辞さない国に変わった。たしかに以前にも、「彼国よりは万国の内、侵し掠《かす》むること其数を知らず」（経世秘策30）と述べていた。この場合、侵略の対象はヨーロッパ以外の国と理解すべきであるが、基調は徳治の国として、現地の人のために支配下に組み入れると理解していた。それが一変したのみではない。その根本的原因は、「窮理学」にあるとまで述べるのである。『交易論』は次の文で終わっている（182～183）。

> 戦争を歴《ふ》るといふとも、国の益を謀るは、君道の深秘なり。国家守護の本業なり。此道理爰《ここ》にある故に、外国交易を以、国家守護の本業とすれば、交易の道は則合戦の道に協《かない》、外国を攻取て、所領とするに当るなり。是《こ》れ欧羅巴《ヨーロッパ》諸国の取用る所なり。吁亦《ああ》窮理学に縁《より》て立たる国風より得る所なり。

ヨーロッパ諸国は国益のためには、戦争をして外国を領土にすると認めたのみでなく、「窮理学に縁て立たる国風より得る所なり」と認めるのである。

それでは、なぜ利明はヨーロッパ観を変えたのであろうか。近代までの日本の知識人は、欧米の新しい学問・知識をえるたびに、見識を向上させた。蘭学者として、ヨーロッパの知識を吸収することに努めた利明も、例外ではなかったといえる。

右にオランダ風説書を挙げたが、利明が寛政一一年（一七九九）以降に新たに翻訳しようとした書は、二節にみたように三冊確認できる。一冊は寛政一一年一月に小宮山楓軒に宛てた書状にみえる、「追て翻訳出来候」「西洋諸君政務書」である。[83]一冊は享和元年（一八〇一）一月に立原翠軒に宛てた書状にみえる、「翻訳仕掛り、当時大半出来仕候」『地理書』である。[84]もう一冊は文化二年（一八〇五）三月に翠軒に宛てた書状にみえる、「当時専に翻訳仕候」「新渡之」「ロシア本紀」である。この書は「松木侯之御買上ケ相成、其後前野良沢へ被レ下候處、良沢死後払物に出候。（中略）其吏より私知人へ読訳候様にとの儀に付、預り申候」とあるから、[85]寛政五年に良沢が抄訳した『魯西亜本紀略《ロシア》』と同じ本である。利明は依頼されて全訳しようとしたのであろう。ただし、良沢は享和三年に死亡したから、この書は時期的にみて、利明のヨーロッパ観の修正に影響を与えたとはいえない。ともかく、利明はつねにヨーロッパに関する知識の収得に努めたのである。ヨーロッパ観の修正は、その成果といえる。

『交易論』は、交易の重要性を説いた短編の書であるが、むしろ右にみたヨーロッパ観の修正こそ重要であると、私には思われる。それでは日本はいかに対処すべきかは、『交易論』には書かれていない。それは享和元年（一八〇一）中の八月以降に著された『経済放言』に、まとまったかたちではないが述べられている。

侵略的なヨーロッパを認めたとしても、豊かな模範とすべきヨーロッパの認識が改まったのではない。『経済放言』は、「欧羅巴《ヨーロッパ》の盛隆の国々は何《いず》れも撫育を用て治るを国政の最初とするといへり、最然るべし」[86]と述べて、『西域物語』などよりは簡略であるが、よりたしかに理想のヨーロッパを説いている。この点は重複になるので省略する。もちろん、「窮理学」はその基礎として、「渡海の明法は天文学・地理学・算数学にあり」と尊重された。[87]

しかるに日本の海外発展策に関しては、趣を変えて、今が強調され、戦争も辞さない論調になる。たとえば、ロシアの東方経営は遠国のために「雑費莫大にして所益あるべき道理なし。然る道理を考勘すれば、リユスの撫育介抱の行届き、はか〳〵しき事のあるべき道理なし」と、成功していないと認めて、これに対抗して、日本のとるべき政策を次のように説いた(88)。

此故に自後以後は我国より蝦夷の島々よりカムサスカの大地までも撫育交易して、土人を介抱せんに、後々は悉皆我国の属島・属国となるべし、たとへ戦争を経るとも、土地人民を得べきは国家守護の本業なれば、(中略)今此時打捨置ば、蝦夷の島々及日本周廻の島々は、悉皆異国の所領となりて何の所益かあるまじ。

今、戦争に訴えてもカムチャッカまで進出しなければ、みな外国の領土になってしまうと、危機感を顕にするのである。また、こうも述べている(89)。

近年女帝も逝去なり。惜むといふも猶《なお》余あり。男帝嗣《つい》て治世すれども、政事不可なる哉、南隣のトルコ国より発起して、リユス領の小城と挑合《いどみあう》といへば、既に乱世の萌《きざし》なり。此乱に東方北亜墨利加《アメリカ》迄の大造なる大地、及嶋々迄の土人の撫育介抱も、思ふ儘に行届くべきにもあるべからず。幸と我日本国は東洋に所在し、神武以来人の道開けてより二千六百余年も経歴すれば、諸道も大抵《たいてい》全備し、殊に金・銀・銅・鉄も潤沢に、百穀・百菓も豊熟の大良国なれば、此末漸々と海国に具足すべき渡海の明法も独開け、渡海は陸地の旅行に勝れる道理を会得し、東洋の嶋々、及カムサスカよりタデイス迄の大地、及北亜墨利加の大地、及同處の嶋に迄も押渡り、撫育交易して介抱せんに、終《つい》に土人も服従し、属国属嶋も漸々出来《しゅったい》すべし。

英主エカテリナⅡ世の死後、ロシアは内政・外政ともに乱れて、「乱世の萌」の状態にある。これでは北アメリカを含む東方経営はできない。この機会に乗じて海外進出を図るのである。それが可能な国内的要因は、以前の論調とまったく違って、日本が「諸道も大抵全備し」た、物質的にも豊かな「大良国」だからである。ただし、「此末漸々」と「渡海の明法」を確立しなければならないが、それは「独開け」ると、すなわち、ひとりでに開けると、安易な展望をしている。そして、「東洋の嶋々」から北アメリカまで日本領になる、と意気込んでいるのである。

しかし、「渡海の明法」を確立するのは、容易なことではなかった。『経済放言』の終わりの部分では、次のように述べている。基礎となる数学だけでも、「其数を透脱せんには、二十余年の切磋にあらざれば透脱することかたし」と、二〇年以上も必要と見積もられた。そのうえ、さらに天文学・地理学が習得されなければならない。そうなってこそ、はじめて「海洋の渉渡を自在にして」「東洋に所在する近嶋より」「北アメリカの大地迄も、悉皆我国の国力を扶《たす》くべき土地とな」るのである。世界情勢をみて、今が海外進出の好機と判断できたとしても、理性に立ち帰ったときには、今できること、しなければならないことは、「只此海洋渉渡の明法を組立、国民へ教示するの外に異儀なし」と、認めざるをえなかったのである。(90)

自然治道の実施されている理想のヨーロッパ像は、国益のためなら戦争も辞さない国へと、一歩後退した。それにともない、戦乱にあるヨーロッパの現状に、利明は海外進出の好機ととらえた。しかし、日本の現状は、海洋渉渡の技術を学ぶ段階でしかなかった。それ故に、利明が海外進出を強調するようになったもう一つの理由は、一向に進まない技術習得の努力を、促進させるためであったのかもしれない。(91)

七　時代的意義

利明は自然治道の理念を掲げて理想のヨーロッパを描き出し、民衆までも豊かに暮らす国家の建設を説いた。そのために船舶を利用して世界と交易し、金銀財宝を獲得する重商主義的な政策を説いた。その基礎には工業化があった。しかし、理想が高かっただけに利明の議論は、そこに至る素直な展開になっていない。利明の議論は理想と現実の二重構造になっているのである。

私は本稿において、利明の思想には儒教の影響が色濃く認められることを指摘した。利明の思想の根本である自然治道の概念自体が儒教に由来すると認められる。さらにいえば、利明の経済論の主眼は、人口を増加させ、富裕化を実現して強国になるとの主張であった。この論理も儒教と矛盾しない。さしあたり『論語』「顔淵」と「子路」の次の文章を思い出せば、納得できるであろう。(92)

（顔淵）子貢政を問ふ。子曰く、食を足らし、兵を足らし、民之《これ》を信にすと。

（子路）子、衛に適《ゆ》く。冉有《ぜんゆう》僕たり。子曰く、庶《おお》きかなと。冉有曰く、既に庶し、又何をか加へんと。曰く、之を富まさんと。曰く、既に富めり、又何をか加へんと。曰く、之を教へんと。

また、利明は自然治道に基づく徳治を理想とした。この点も春秋・戦国の動乱のなかで、道徳の再確立を求め、道徳支配を理想とした儒教と矛盾しない。利明の活躍した時代は寛政期である。この時代、蘭学者といえども知識人は、儒教的知識・教養を根底にもっていたことは、なかば当然といってよいであろう。利明の場合、それがかなり核心的な意義をもっていたのである。

儒教的思考が濃厚であるということは、封建制に対する批判精神を希薄にした。三節にみたように、利明は財政破綻した武家の立場に立って論じている。もちろん、身分制は「四民の階級を締保《しめたも》ち」（経世秘策13）、また「衆人の中に士程貴きはなし」（経世秘策76）と、大前提であった。ただし、「武家に於ては商売をせずと一図に凝《こ》り塊《かたま》りたるは、不明、不穿鑿の沙汰」（経世秘策34）、また「古今・和漢・西域の事蹟に心を用、博く学で」（経世秘策76）と、武士に貨幣経済の現実に対応すること、有効な学問に励むことを求めた。改革は上から、「君と臣とは合体して時勢をよく知り、（中略）皆君の大慈より出たる」（西域物語131）ものでなければならなかった。利明の議論は明君の出現、英雄待望論に終始するのである。

具体的な政策論として利明は、五節にみたように三段階論を提案した。主として日本人が住む所として認めた北アメリカを含む蝦夷地と交易し、支配するのである。この提案は世界ではなく、事実上、地域的に蝦夷地に限られるうえ、交易に真実積極的であったのか、疑問を生じさせる。開発が成功した暁には、「諸金山も開け、諸穀菓も出来、其外諸産物も出来、潤沢に入り来て」（経世秘策44）と、日本が必要とする大量の主として一次産品が輸入されると述べられたが、逆に何を輸出するかは十分に述べられていなかった。それどころかほかのところでは、「交易に金銀を用ひず、品物どしの遣取《やりとり》」（西域物語134）と、物々交換であって、これでは大規模な交易は期待できない。なぜ世界的な大規模な交易を提唱しながら、具体性のない小規模なものになってしまうのであろうか。

利明は本来、金銀銅を主要な輸出品にしてきた近世の国際貿易に反対であった（西域物語157）。

　日本国中の金、銀、銅山三百年来掘穿《ほりうがち》て、大半過ヲランタと支那へ渡し、彼国より持渡たる産物は朽腐《くちくさり》て、国に止《とめ》て重宝なる品なし、必竟三百年来の骨折は異国の為となり、残念ともいふべし。

交易によって金銀が増加するのではなく、減少するあり方に対してである。それでは外国との交易は、全廃すべきだと考えていたかというと、そうではなく、有余不足の古い考え方であった（経世秘策61）。

　国用の外に入用なき物迄を取入べきにも非《あらず》。国内になくて事を闕物《かくもの》のみを取入べし。左《さ》あらば日本国土に年々出産の産物にて貯置《たくわえおか》ば、後々は腐朽《くされくち》ん品々は何物にても惜悋《おしむ》べきに非《あらず》。異国人の欲る所に任べし。

輸入品はこれまでと違って絶対に必要なものに限定する。輸出品は産物で余って腐るものである。いずれも具体的に品目を挙げていないが、輸出品の腐るものとは農産物・海産物を連想させる。それが単純再生産の日本でありえたか、少なくとも奨励もしないで大量に輸出するほど確保できたか、疑問を生じさせる。要するに貿易の縮小であり、交易によって金銀を獲得するとの考えは認められない。なお金銀の確保は、蝦夷地で新たに開発される鉱山に期待されていた。

交易に関する右の考え方は、次のことを示している。すなわち、儒教的封建的な考え方が強かった利明にとって、いかに表面、ヨーロッパを理想として描きだそうとも、具体的に考えたとき、古い考え方、ここでは封建経済の呪縛から抜け出ることは困難であったことである。たしかに利明は六節にみたように、つねによりよくヨーロッパを理解しようと努力した。しかし、利明にはそれを打ち破るだけのヨーロッパに関する、具体的詳細な知識はえられなかったのである。交易でいえば、当時の世界貿易の実態は、前近代の奢侈品交易の段階にはなく、生活に必要な日常的に大量に消費されるものであった点に無知であったのである。具体的に例示すれば、綿製品に代表される工業製品である。たしかに利明は工業製品に着目した。しかし、それは五節にみたように、ヨーロッパのは「奇器・名産」であり、日本のは奢侈品禁止令の対象になる「結構なる品物」であった。

その一方、利明は国内の商品貨幣経済の発展を十分に理解していた。二節にみたように『西薇事情』では、先進地帯備後での商品作物の生産と、それを工業課程を経た製品として販売する、富国政策を説いていた。また五節でみたように『河道』では、後進地帯関東での米穀の増産と販売による富裕化を説いていた。それが可能であったのは、大坂と江戸を中心とする全国的な流通経済が確立していたからである。もちろん、この点も利明は十分理解していた（経世秘策40）。

大坂に日本第一の湊あり。（中略）日本国中の米穀及び外《ほか》産物迄も、皆此地に渡海・運送・交易せざれば埒《らち》明難《あきがた》き風俗とはなりたる也。豪富群居せし故なり。日本の諸産物皆東都へこそ、渡海・運送・交易の直段決《ねだんけつ》著《ちゃく》すべきを、左《さ》はなくして大坂に於て直段相場の決著とは金銀の威勢ならん。

ここで大坂に物資が集まる理由を金融的な力に帰して、上方における加工業を無視した点は問題である。それはともかくとして、大坂と江戸を中心とする商品流通が確立した理由は、「東都を指して商船渡海、運送し、東都の万民を商民より哺啜《ほてつ》を請て相続せり」（経世秘策40）と、江戸の大量消費であった。利明の議論は人口増加政策のために、食糧確保の印象を強く受けるが、商品貨幣経済の発展を前提にしているとみなければならない。

しかし、利明はこの経済的発展の上に、素直に富裕化のための改革を唱えたのではない。「庶人の内に豪富出来、国政に害あるのみに非ず、奸商湧出」（経世秘策13）と、奸商との理解の下、抑商政策を主張した。貨幣政策も五節で領主財政の再建が目的であり、通貨量縮小のデフレ政策であると指摘した。そこにとどまらず、「慶長巳来入らざる通用金銀を多く造り出し」（西域物語154）と、当時の貨幣経済の発展には否定的であった。四節に述べたように、ヨーロッパの貨幣に言及しないのもこのためであろう。

利明は国内的な商品貨幣経済の発展を前提にして、世界との交易を説かなかった。利明の交易論は理想のヨーロッパのものと現実に実施すべきものとが大きく矛盾している。なぜこの矛盾は生じたのであろうか。支配の弛緩、武家の財政破綻とその結果としての農村荒廃である。一八世紀を通じての人口と生産の停滞・減少は、ついに天明の大飢饉を発生させた。この危機感から、そしてヨーロッパ、とくにロシアの南下政策による危機感も加わって、現状を打破する新しい制度が模索されたからである。かくして富のほとんどすべてを商人が獲得する経済構造の根幹となっているとみなした水運の権を商人から奪い、財政基盤を確立した武家の下での自然治道の富裕化施策、改革を提案したのである。そこでは過度に金銀貨幣中心に運営される経済活動を、少なくとも現時点においては抑制しなければならないと考えたからに違いない。

目標は、民衆をも含めた人口が増加するだけでなく、ヨーロッパの奢侈ともいえる豊かな社会の実現である。富国となってこそ強国になれる。そのための改革に焦点をあわせたときには、現実の政治的社会的矛盾に眼を向けることのなかった利明であったが、近世国家の基本的な枠組みさえ否定された。思想的にはキリスト教も「良法」ととらえられた。また愚民観も、「余りに国民の愚魯は他国より掠《かすむ》るの憂ありて大事に係れば、左《さ》なき様に有たきもの也」（西域物語101）と、修正を求めた。鎖国は万国との交易の必要から否定された。経済的には自給自足の石高制は、『西薇事情』にみたように、富裕化のためには商品生産が奨励された。また奢侈品禁止令も、輸出を考えて高級品を開発するために廃止を求めた。政治的には身分制も、武士が治者としての自覚をもち、富国のための改革を推進し、なによりも船舶の知識をもつ知識人に変わることを求めた。それのみではない。首都はカムチャッカに移され、そこでは郡県制が布かれるのである。

カムチャッカ遷都論は、利明が打ち上げた突拍子もない大構想であり、夢想である。それだけに利明の本音が吐露されているのではないか。ところで、遷都されたカムチャッカは新日本ではなく、「古日本」（西域物語161）と称される。なぜであろうか。単純に考えれば、古代律令制の郡県制を採用するからと考えられる。はたして、それのみであろうか。

カムチャッカ遷都論は『西域物語』では上と中とに書かれている。そこにはいずれも支配地域が書きあげられている。それは五節にみたように、北アメリカを含む蝦夷地と日本周辺の島々である。そこに「日本国」が含まれている。すなわち、カムチャッカに建国される「古日本」は、日本よりも上位の国である。

利明は「皇統連続し」「帝位を奪ひしことなく」（経世秘策23）と、天皇を帝王と認める。政治の実権を掌握する将軍を否定するものではないが、天皇を上位に位置づける。そうだとすると、封建制度を変えない「日本国」に対して、郡県制の古代の制度を採用した国「古日本国」に、利明は天皇制の古代国家の復活を夢みているのではないだろうか。一節で丸山が指摘していた「天下の万民皆国君に忠節を竭《つくさ》んことを計りて」（経世秘策42）との、一君万民の発想も、この文脈で理解すべきかも知れない。山県大弐を剣術の師とした利明であるが、その著作に尊皇思想を展開することはない。しかし、ここにその影響を垣間みせたものかもしれない。ただし、『経世秘策』（42）では五節にもみたように次のようにあって、カムチャッカの主は将軍である。

東蝦夷の内に都府を建、中央に江戸の都、南都は今の大坂の城と定め、三ケ所に巡周あつて、御政務あるに於ては、世界最第一の大豊饒・大剛強の邦国とならんことは慥《たしか》なり。

利明の議論は矛盾や不明確な点が多い。その理由としては、厳格さに欠け論理的でない、個人的な性癖も挙げられる。しかし、そこに留意しなければならないより重要な点は、利明は自由に発言できる環境にいたのではなかったことである。たとえば、鎖国がいかに利明の議論に影を落としているか、二例を挙げよう。四節にみたように利明はオランダの開祖が、みずから留学して渡海の法を学んだことを紹介した。それにもかかわらず、五節においても六節においても利明は日本に航海術が確立するには、二〇〇年、あるいは二〇年以上かかると歎いた。留学生の派遣を提案しなかった理由は、海外渡航の禁令のためであろう。また、北アメリカまでの人は蝦夷で、日本人と認めた点は、鎖国下、海外進出を合理化するためであったに違いない。

理想と現実のなかで屈折した議論を繰り返した利明であったが、最大の時代的な意義は、停滞する行き詰まった現状のなかで、政治は人口の増大する豊かな社会を実現しなければならない、と喝破したことである。利明の方法は官営の船舶による運送という単純なものであったが、そのためにヨーロッパを理想として海外進出の必要性を説いた。その国家的目的は強大国の建設であった。この構想は欧米列強を目標として富国強兵政策を採用した、我が国近代国家と通じるものである。そこに近隣諸国・地域を考えない、日本中心主義の独善があることもたしかである。しかし、時代を考えるならば、利明は朧げながらも封建制を止揚する近代国家の建設を構想した、時代を超越した偉大な思想家であったと評価できるのではないだろうか。

（1）塚谷晃弘「江戸後期における経世家の二つの型――本多利明と海保青陵の場合――」日本思想大系『本多利明海保青陵』解説、四四二頁、岩波書店、一九七〇年。

(2) 本庄栄治郎「解題」近世社会経済学説体系『本多利明集』、誠文堂新光社、一九三五年。なお引用は、九五～九六頁。
(3) 同右書。なお引用は、九六～九七頁。
(4) 同右書、一〇九頁。
(5) 丸山真男「近世日本政治思想における「自然」と「作為」――制度観の対立としての――」同著『日本政治思想史研究』所収、東京大学出版会、一九五二年。なお引用は、二八七～二八八頁。
(6) 同右書、なお引用は、二八八～二八九・三〇一頁。傍点は丸山。
(7) 同右書、二九八頁。
(8) 丸山真男「国民主義の「前期的」形成」同右書、三四五～三四六頁。傍点は丸山。なお、史料を引用するにあたっては、次の処置などをした。不自然にならないかぎり、片仮名は平仮名に改めた。適宜、振り仮名をつけた。変体仮名は平仮名に改めた。仮名遣いが間違っていて、意味が取りにくい場合は、今の仮名をカッコに入れて傍書した。誤字も同様。ただし、誤字と思われる漢字には（何の誤カ）と傍書した。
(9) (5) の丸山論文、同右書、二九八頁。傍点は丸山。
(10) 塚谷「本多利明」『本多利明海保青陵』解説、四五四頁。
(11) 佐藤昌介『洋学史研究序説』、一〇〇・一〇一頁、岩波書店、一九六四年。なお、阿部真琴「本多利明の伝記的研究」『ヒストリア』十一号、一九五五年。また、利明のオランダ語の実力の不確かさに関しては、ドナルド・キーンの具体的な指摘がある（芳賀徹訳『日本人の西洋発見』、中央公論社、一九六八年）。ただし、キーンは利明を肯定的に評価している。(10) の塚谷解説、四四七・四五五頁。
(12) 『本多利明海保青陵』塚谷補注、一〇二頁。
(13) 塚谷 (10) の解説、前掲書、四五五～四五六頁。
(14) 塚谷 (1) の解説、前掲書、四二七頁。

(15)同右書、四二三頁。
(16)同右書、四二五〜四二六頁。傍点は塚谷。
(17)塚谷（10）の解説、同右書、四六八〜四六九頁。
(18)同右書、四七〇・四七一頁。
(19)宮田純『近世日本の開発経済論と国際化構想――本多利明の経済政策思想――』、三〇七・三〇八頁、御茶の水書房、二〇一六年。
(20)利明の履歴に関しては、宇野保定「本多利明先生行状記」（前掲『本多利明集』所収）のほか、本庄前掲書解題、塚谷（10）の解説、宮田前掲書を参照した。なお本節ではこれらによるときは、とくに必要と認めた以外は、注記を省略する。
(21)『稽古談』『本多利明海保青陵』、三二七頁。
(22)『本多利明海保青陵』、九七頁の意味。以下、『本多利明海保青陵』に掲載されている『経世秘策』『西域物語』『交易論』『西薇事情』『長器論』は、このように注記する。ただし、書名が記されている場合は、書名の下のカッコ内に頁数のみ記すか、書名が離れていても書名がわかる場合は、カッコ内に頁数のみ記した。
(23)徂徠の貨幣説に関しては、本書第二章（一二四〜一二六頁）、春台に関しては、本書第三章（一七七〜一七八頁）。
(24)本庄（前掲書解題、六頁）と塚谷（前掲書（10）の解説、四四五〜四四六頁）は、利明に至る関流の系譜を、関孝和―建部賢弘―中根元圭―幸田親盈―今井兼延―本多利明とするが、「本多利明先生行状記」（前掲書、四〇〇頁）ではこのうち中根と幸田が抜けている。どちらが正しいかは、私には判断できない。
(25)①は寛政一一年一月二一日「小宮山楓軒宛書状」（「本多利明手簡」『本多利明集』、三五九頁）。②は享和元年一月二一日「立原翠軒宛書状」（同上書、三八八頁）。③は文化二年三月一日「立原翠軒宛書状」（同上書、三九三〜三九四頁）。

(26)松平定信『花月草紙』『日本随筆大成』第三期第一巻、七一頁、日本随筆大成刊行会、一九二九年。
(27)『河道』『本多利明集』、二三〇頁。
(28)同右書、二三四～二三六頁。ただし、秀勝が新発田に転封になったのは、慶長三年である(『寛政重修諸家譜』第三、一二五頁、続群書類聚完成会、一九六四年)。また福島潟の話は、『経世秘策』(79～80)では、山倉川を親川として河川改修をするように提案している。『河道』の話との関係は言及されていない。
(29)『新潟県史』通史編4、一二〇～一二三・三六二～三六九頁、新潟県、一九八八年。なお、一七世紀の新発田藩は新田開発に力を入れたが、その成果は表高五万石に対して、貞享の検地で約八万石の打出であった(同上書、一二〇頁)。
(30)寛政四年「蝦夷開発に関する上書」『本多利明手簡』『本多利明集』、三三一頁。
(31)「立原翠軒書状」『本多氏策論蝦夷拾遺』『本多利明手簡』同右書、二九五頁。
(32)寛政一一年九月一日「小宮山楓軒宛書状」『本多利明手簡』同右書、三七七頁。
(33)右の書状の前条に(同右書、三七六～三七七頁)、最上徳内が幕府の仕方では蝦夷地開発はできないと判断し、若年寄へ改革案を提出したが採用されなかった。そのために徳内は永御暇を願ったが、「遠州辺へ」御用を命じられたと、利明は書いている。
(34)寛政一一年一月二一日「小宮山楓軒宛書状」『本多利明手簡』前掲書、三六〇頁。
(35)宮田前掲書、二四二頁。
(36)『渡海日記』『本多利明集』、二九〇頁。
(37)文化二年三月一日「立原翠軒宛書状」『本多利明手簡』前掲書、三九二頁。このほかに利明は「蝦夷開発に関する上書」(30)と同じ)に、「私儀北越出生之者故、壮年之節は水主に紛れ度々渡海仕候。蝦夷土地風俗人情之儀能《よ》く奉ㇾ存」と書いているが確証はない。また「本多利明先生行状記」(前掲書、四〇二頁)には、天明四年に蝦夷に渡海したと記されているが、これは享和元年の渡海の事実に、本文で記したいくつもの事実がからみあった誤伝である。なお利明は寛政一〇年の『経世秘策』（28）において「余、諸国を巡視すること三次」と書いているが、これ以前の地方行として確認できるのは、天明七年の奥州と、寛政六年ころの備後のみで、右の壮年時の蝦夷行は誇張として否定され、三回行ったことは疑問視されている。たとえば、塚谷『経世秘策』（28）頭注。しかし、次に述べるように、「本多利明先生行状記」（前掲書、四〇〇頁）は「諸国を遊行」したと記しているから、記録に残らなかったものがあったとしても、おかしくない。

(38) 文化二年三月一日「立原翠軒宛書状」『本多利明手簡』前掲書、三九二頁。

(39)『長器論』『本多利明集』、二一五頁。

(40)「渡海日記」前掲書、二八七～二九〇頁。

(41)『交通史』、四〇〇・四三一～四三三頁、山川出版社、一九七〇年。

(42) なお「利明は航海術の基本を知らず」と飯田嘉郎「渡海新法における航海学」（『海事史研究』第二八号）に評されている。宮田前掲書（九五頁）によった。

(43) 福山藩の藩政改革に関しては、『広島県史近世2』（広島県、一九八四年）、一一二五～一一五五頁。

(44) 同右書、七九五頁。

(45) 福山藩の天明六年の百姓一揆に関しては、同右書、九七七～九八八頁。

(46)『西薇事情』『日本経済大典』第二十巻、三〇一頁、啓明社、一九二九年。

(47)(48) 同右書、三〇五頁。

(49) 同右書、三〇〇頁。

(50) 寛政一一年一一月八日「本多利明書状」『本多利明手簡』前掲書、三七〇頁。なお利明は『河道』のほかに、『常陸遊覧雑記』（寛政一二年一月二二日「小宮山楓軒宛書状」『本多利明手簡』前掲書、三七二頁）と、「那阿（珂）港へ鹿島入江を相通し候掘割之仕様三段を相記」した「草稿」（寛政一二年二月一八日「小宮山楓軒宛書状」同上書、三七二頁）、すなわち『河道』の下書を送った。前者は『常陸遊覧不問物語』として伝わったものであろう。ただし、現在所在不明である（『那珂湊市史料』第7集解説、一四頁、那珂湊市、一九八三年）。後者は『国易秘策』と命名されて、写本が茨城県立歴史館所蔵の『立原翠軒伝記資料12補遺2』（整理番号K289―16―12）に収められている。

(51)寛政一一年八月一三日「小宮山楓軒宛書状」『本多利明手簡』前掲書、三六四頁。

(52)寛政一一年一月二一日「小宮山楓軒宛書状」同右書、三六〇頁。

(53)享和元年一月二一日「立原翠軒宛書状」同右書、三八七頁。

(54)拙稿「水戸藩における化政期の改革」拙著『水戸学の研究』所収、明石書店、二〇一六年。なお水戸藩主は定府で、水戸に帰国することはきわめてまれであった。治保の場合、四〇年の治政のうち帰国したのは、寛政二年一一月から翌三年五月までの一度だけである。

(55)石川慎斎『水戸紀年』『茨城県史料近世政治編I』、五九一頁、茨城県、一九七〇年。

(56)『河道』前掲書、一二五頁。なお神尾の悪政の指摘は『西域物語』（145～150）にも記されている。

(57)辻達也『享保改革の研究』、一六五頁、創文社、一九六三年。

(58)『河道』前掲書、一二六頁。

(59)文化六年四月二一日「小宮山楓軒宛書状」『本多利明手簡』前掲書、三九四頁。

(60)寛政一二年一〇月七日「本多利明書状」『本多利明手簡』、前掲書、三八六頁。

(61)塚谷「収載書目改題」『本多利明海保青陵』、四七五頁。なお『経世秘策』には、ほかに補遺と後編がある。

(62)(63)塚谷（1）と(10)の解説、前掲書、四二六・四五五頁。なお傍点は塚谷。

(64)「本多利明先生行状記」前掲書、三九九頁。この書は二節でも指摘したように、享和元年の蝦夷行を天明四年とするなど、事実誤認がある。しかし、それは事実を混同したもの誇張したものとみられるものである。したがって、利明の考え方そのものを誤記するものとは認められない。まして、文化一二年は利明は存命中であった。

(65) 新釈漢文大系『易経』下、一五七五頁、明治書院、二〇〇八年。
(66) 島田虔次『朱子学と陽明学』、四一頁、岩波書店、一九六七年。
(67)『経済放言』『日本経済大典』第二十巻、二〇三〜二〇四頁。
(68) 同右書、一八二頁。
(69) 同右書、一八三頁。
(70) 同右書、一八二〜一八三頁。
(71) 同右書、二〇三頁。
(72) 辻達也「「御取箇辻書付」と「御年貢米金諸向納渡書付」」同著『江戸幕府政治史研究』、六〇六頁、続群書類聚完成会、一九九六年。
(73)(74)『経済放言』前掲書、二〇二頁。
(75) ここで「奥州一ケ国の餓死人数凡二百万人余」とあるのは誇張であるとの批判がある（たとえば、『本多利明海保青陵』塚谷二七頁頭注）。二百万人の餓死者を利明は「奥羽両国」（西域物語127）とも、たんに「二百万人」（西域物語128）ともいっている。また、ここでは「癸卯以来三ケ年」とあって、飢饉は五年までと読めるが、『西域物語』（123）の天明六年の飢饉を実見した記述には、「猶四ケ年目丙午に当て」とあって、丙午の六年までとしている。このほうが利明の天明の大飢饉の期間としては、一般的である。ところで、二百万人の数値であるが、視点を変えれば、誇張ではあるが、それなりの根拠があるといえる。松平定信は『宇下人言』（岩波文庫版、一一四頁）に「天明午のとし、諸国人別改られしにまへ之子之としよりは諸国にて百四十万人減じぬ」と述べて、安永九年と比べて一四〇万人減少したが、それは実数ではなく、帳外れが多くなったからだと説明した。これに関して、関山直太朗は安永九年と天明六年の人口を比較して、九二万人余の減少であると確認した。この差五〇万人余が生じた理由については、幕府の老中であった定信は正確な実数を知りえる立場にいたから、「減じた国々の総計」で、増加した国の分は「看却した」と推測した。人口減少の問題を強調するためである（関山『近世日本の人口構造』、一〇四～一〇五頁、吉川弘文館、一九五八年）。そうだとすると、人口調査は三月になされるから、また天明六年以後も大飢饉は続いたから、人口減少地域の減少が、すなわち餓死者のみでなく、村からいなくなった人も含めて、さらに数十万人いたとしてもおかしくない。利明が二百万の数字を挙げるのは、東北のみでなく関東なども含めた総計として、当時流布していたためではないだろうか。

(76)『河道』前掲書、二二六～二二九頁。

(77)同右書、二四一頁。

(78)寛政四年「蝦夷開発に関する上書」前掲書、三二四頁。

(79)ここでカムチャッカがロンドンと、樺太がパリと緯度が同じなので気候も同じとするのは、利明の誤りでなく、当時の気象学の水準であった。塚谷「本多利明」前掲書、四六三頁。

(80)『経済放言』前掲書、一九五・一九六頁。

(81)(82)寛政二年七月『蝦夷拾遺』『本多利明集』、三〇九頁。

(83)寛政一一年一月二一日「小宮山楓軒宛書状」前掲書、三五九頁。

(84)享和元年一月二一日「立原翠軒宛書状」前掲書、三八八頁。

(85)文化二年三月一日「立原翠軒宛書状」前掲書、三九三～三九四頁。

(86)『経済放言』前掲書、一八二頁。

(87)同右書、一八七頁。

(88)同右書、一九一～一九二頁。

(89)同右書、一九六～一九七頁。

(90)同右書、二〇六～二〇七頁。

(91)宮田純は一節にみたように、同著『近世日本の開発経済論と国際化構想』において、享和元年の利明は外国との交易を即時に始めると主張している、と論じていた。その理由は人口増加傾向になったので、「産業開発に基づく国内産の物資と対外交易から獲得される外国産の物資の総量により国内総人口の物資需要への呼応を図る」（同上書、三〇二頁）と述べている。しかし、即時の交易を開始する説明としては、「イギリスが既に対外交易を手段として国家「豊饒」化の達成という「君道（の）深秘」を実現したという事例を模範としながら、日本は「君道（の）深秘」を実現すべきであるという見解の提示が、利明の意図するところであったと位置づけられる」（同上書、二六一頁）というものにすぎない。イギリスが採用した方法を日本も採用すべしとは、およそいえない。関山直太朗は『近世日本の人口構造』において、全国の人口は、「享保六年以来弘化三年まで約百三十年間、ほとんど増加のあとはなく、むしろ中間では減少さえ示している」と指摘し、その理由として全国を一〇地域に分けて、そのうち近畿・東北・関東の「三地方の減少ぶりが顕著であったからに外ならない」と述べている（同上書、一四二頁）。念のために同書（一三七〜一三九頁）に掲載された「国別人口表」によって全国の人口の変遷の大略を示す。大飢饉以前の宝暦六年の人口は二六〇七万余人である。その後、最少であったのは天明六年の二五〇八万六千余人である。宝暦六年を上回った年は文政五年の二六六〇万二千余人である。その後、多少増加したが、また減って弘化三年は二六九〇万七千余人であった。その後は急速に回復して、明治五年は三三一一万余人である。私の住んでいる水戸を含む北関東では、天保の大飢饉以後、人口は増加に向かうと私はみている。

（92）新釈漢文大系『論語』、一二六五・一二八八頁、明治書院、一九六〇年。

あとがき

水戸学を研究していた私が、日本近世経済思想史を研究するようになったには、理由があった。私が勤めていた大学は、茨城県つくば市にある小さな大学である。そのために御多分に漏れず、恒常的な定員割れに悩まされていた。改革につぐ改革である。そして、経営情報学部への改編にあたって、二〇〇八年に学長と学部長との三者面談で、専門からはずされ、日本経済史関係の授業も担当するように通告された。

そのなかに経済思想があった。本来、日本文化論で採用された私であるが、現状からして日本史の研究者だから日本経済史関係を担当するのはやむをえないとしても、これには当惑した。小さな大学なので、その種の科目はほかになかった。それならば、古典派経済学の歴史を講義するのがオーソドックスな方法であると考えたが、それはとてもできないことである。

大学の講義は、その分野で最良なもの、さらに向上させるものでなければならない。この大前提をまえにして、私は思い悩んだ。幸い、それ以上の指示はなかった。それならば、これならなんとか理想どおりいかなくとも、一定の水準は保てるだろうと決めたのが、この日本近世経済思想史であった。

なぜそう考えたかというと、やはり私が水戸学を研究していたからであった。水戸学は直接的には思想史の対象であるが、その性格からして、政治史や社会経済史と深くかかわっていて、その方面のたしかな理解が求められるからである。また水戸学は内憂外患の危機を解消するために、新しい国家論を模索した思想であった。そのために採長補短の方針の下、当時日本にあった学問・思想を総動員して理論を構築していった思想であった。したがって、少なくとも近世の主要な思想家は、自分なりに押さえておかなければならなかったからである。

具体的には、熊沢蕃山・荻生徂徠・太宰春台・海保青陵・本多利明の五人を取り上げた。この五人を取り上げた理由は、一つには思想的に影響関係にあること、とくに徂徠・春台・青陵は系譜的につながっているからである。そして、日本近世は封建制の時代とされるが、それと不似合いに初期から全国的に都市が成立し、商品貨幣経済が発展し、さらにそれが進行する社会であった。そうしたなかで、戦国的な自給自足の農村に武士を復帰させる土着は可能と考えた蕃山から、鎖国下にもかかわらず世界交易の必要を説いた利明までの経済思想の展開を追求することで、この分野においても近代へと着実に向かっていたことが確認できると思ったからである。

楽な仕事などないだろう。この仕事もそうであった。定年退職した二〇一六年には出版するつもりでいたのが、二年も遅れたことがこの点をよく示している。困難さの一つは、怠惰な私はすぐに何かに頼りたいと思うのだが、頼れる先行研究がみつからなかったことである。まったくなかったとは、もちろんいわないけれど不十分であった。この分野は戦後、もっとも遅れている分野といえるのではないだろうか。逆に私にとって経済思想史は専門外であったから、この研究は十分研究史を踏まえていないのではないかと恐れる。たとえば、渡辺浩氏からは、なぜ徳盛誠氏の著作を無視するのかとの、厳しい批判を頂戴した。おかげでより充実したものになったのであるが。

ここに識者の心温まる厳しい批評を期待して『日本近世経済思想史研究』を出版する。

最後に出版事情のますます厳しくなるなか、出版を快諾された明石書店の大江道雅代表取締役社長と担当された内田光雄氏に感謝の意を捧げたいと思う。

二〇一八年九月四日

吉田俊純

初出一覧

第一章「熊沢蕃山の経済思想」　拙著『熊沢蕃山』（吉川弘文館、二〇〇五年）を基礎に据えて、経済思想として書き下し

第二章「荻生徂徠の経済思想」『筑波学院大学紀要』第10集、二〇一五年、原題「荻生徂徠の経済論」

第三章「太宰春台の経済思想」『歴史文化研究（茨城）』第2号、二〇一五年、原題「太宰春台の経済論」

第四章「海保青陵の経済思想」『筑波学院大学紀要』第12号（二〇一六年）と『歴史文化研究（茨城）』第4号（二〇一七年）に上下に分けて掲載、原題「海保青陵の経済論」

第五章「本多利明の経済思想」　書き下し

著者紹介

吉田俊純（よしだ・としずみ）
1946年、東京都に生まれる。
1971年、横浜市立大学文理学部卒業。
1974年、東京教育大学大学院文学研究科修士課程修了。
現在、筑波学院大学経営情報学部名誉教授。
【著書】
『後期水戸学研究序説――明治維新の再検討』（本邦書籍、1986年）
『農村史の基礎的研究――茨城県地方史研究Ⅰ』（同時代社、1986年）
『明治維新と水戸農村』（同時代社、1995年）
『水戸光圀の時代――水戸学の源流』（校倉書房、2000年）
『水戸学と明治維新』（吉川弘文館、2003年）
『熊沢蕃山――その生涯と思想』（吉川弘文館、2005年）
『近世近代の地域寺社の展開過程――常陸国高田神社を事例に』（名著出版、2007年）
『寛政期水戸学の研究――翠軒から幽谷へ』（吉川弘文館、2011年）
『徳川光圀――悩み苦しみ、意志を貫いた人』（明石書店、2015年）
『水戸学の研究　明治維新の再検討』（明石書店、2016年）

日本近世経済思想史研究

2018年11月20日　初版第1刷発行

著　者　吉田俊純
発行者　大江道雅
発行所　株式会社　明石書店
〒101-0021　東京都千代田区外神田6-9-5
電　話　03（5818）1171
ＦＡＸ　03（5818）1174
振　替　00100-7-24505
http://www.akashi.co.jp
装　幀　明石書店デザイン室
印刷・製本所　モリモト印刷株式会社

（定価はカバーに表示してあります）　ISBN978-4-7503-4752-3

水戸学の研究
明治維新史の再検討

吉田俊純［著］

◎A5判／上製／376頁　◎8,000円

幕末から明治維新にかけて、水戸学が日本の文化史的に果たした役割は大きい。本書では、水戸藩による改革、尊王攘夷思想の成立過程、近代の水戸学理解や影響など幅広い視野から水戸学と明治維新史の関係を再検討する。

●内容構成

〈価格は本体価格です〉